RENAISSANCEPEOPLE

LIVES THAT SHAPED THE MODERN AGE

RENAISSANCE PEOPLE

LIVES THAT SHAPED THE MODERN AGE

文艺复兴人

[英] 罗伯特·戴维斯 [英] 贝丝·琳达史密斯/著

Robert C.Davis & Beth Lindsmith

祝羽捷/译 郭红/校译

江苏凤凰文艺出版社

伊拉斯谟肖像，昆汀·马西斯作（1517）。

序言　回顾文艺复兴 / 001

一

旧传统和新理念

1400
—
1450

01.　赫里索洛拉斯 1350—1415：
　　　一个带着礼物的希腊人 / 007

02.　克里斯蒂娜·德·皮桑 1364—1430：
　　　女权先锋 / 010

03.　李奥纳度·布伦尼 1369—1444
　　　"时代的明灯" / 014

04.　扬·胡斯 1370—1415：
　　　波西米亚的原始新教牧师 / 017

05.　菲利波·布鲁内列斯基 1377—1446：
　　　史上最大穹顶的设计者 / 021

06.　锡耶纳的圣伯尔纳定 1380—1444：
　　　人民的牧师 / 026

07.　多那太罗 1386/1387—1466：
　　　醉心于石头和青铜的雕刻家 / 030

08.　科西莫·德·美第奇 1389—1464：
　　　佛罗伦萨的"国父" / 034

09.　扬·范·艾克 1395—1441：
　　　通过细节抓住世界 / 038

10.　马萨乔 1401—1428：
　　　第一位采用透视法作画的画家 / 042

二

和平时期的欧洲人

1450
—
1475

11. 弗拉维奥・比翁多 1392—1463：
复原罗马的人 / 052

12. 卢卡・德拉・罗比亚 1399/1400—1481：
伟大的陶瓷雕塑家 / 054

13. 库萨的尼古拉 1401—1464：
重新定义人与上帝关系的人 / 058

14. 弗朗切斯科・斯福尔扎 1401—1466：
自封的公爵 / 061

15. 利昂・巴蒂斯塔・阿尔贝蒂 1404—1472：
文艺复兴第一位"通才" / 064

16. 庇护二世 1405—1464：
人文主义者、诗人和教皇 / 068

17. 劳伦佐・瓦拉 1406—1457：
备受争议的享乐主义者 / 072

18. 亚历山德拉・斯特罗齐 1407—1471：
一位为孩子们婚事操碎心的母亲 / 075

19. 伊索塔・诺加罗拉 1418—1466：
年轻的人文主义圣女 / 079

20. 费德里科・德・蒙泰费尔特罗 1422—1482：
精明的公爵 / 082

21. 卢克雷齐娅・托尔纳博尼 1425—1482：
冲破封建枷锁的杰出女性 / 086

22. 詹蒂利・贝利尼 1429？—1507：
肖像画和壁画的大师 / 090

23. 穆罕默德二世 1432—1481：
君士坦丁堡的征服者 / 094

三

新兴国家

————

1470
|
1495

————

24. 威廉·卡克斯顿？—1492：
机智的英语大众图书出版商 / 103

25. 海因里希·克雷默 1430—1505：
宗教裁判所的猎巫人 / 106

26. 弗朗西斯科·希梅内斯·德·西斯内罗斯 1436—1517：
大器晚成的宗教大法官 / 110

27. 菲里克斯·法夫里 1441—1502：
虔诚的朝圣者，贫穷的流浪者 / 114

28. 安东尼奥·德·内夫里哈 1441—1522：
西班牙语发明者 / 117

29. 马提亚·科尔温 1443—1490：
匈牙利的人文主义国王 / 120

30. 洛伦佐·德·美第奇 1449—1492：
伟大的洛伦佐 / 124

31. 卢卡·帕西奥利 1445/1446—1517：
会计之父 / 127

32. 桑德罗·波提切利 1445—1510：
从异教徒场景到启示录主题 / 130

33. 若斯坎·德普雷 1450—1521：
永不满足的唱诗班指挥，明星作曲家 / 133

34. 阿尔都斯·马努蒂乌斯 1450—1515：
以传承保护经典著作为目标的印刷商 / 136

35. 列奥纳多·达·芬奇 1452—1519：
"一事无成的男人" / 139

36. 国王若昂二世 1455—1495：
"完美王子"还是"暴君"？ / 144

37. 安东尼奥·里纳尔德施里斯？—1501：
酒鬼、赌徒和渎神者 / 149

四

突然打击

1490
—
1515

38. 克里斯托弗·哥伦布 1451—1506:
"发现新大陆的海军上将" / 158

39. 约翰·卡伯特 1451—1498:
威尼斯海员，英格兰探险家 / 162

40. 吉洛拉莫·萨沃纳罗拉 1452—1498:
佛罗伦萨的一把火 / 166

41. 雅各布·富格尔 1459—1525:
教会和帝国的金融家 / 170

42. 德西迪里厄斯·伊拉斯谟 1466/1467—1536:
温和的改革者 / 174

43. 尼可罗·马基雅维利 1469—1527:
第一位政治科学家 / 178

44. 托马索·英吉拉米 1470/1471—1516:
梵蒂冈英雄，舞台主角 / 181

45. 阿尔布雷希特·丢勒 1471—1528:
把文艺复兴带到德国 / 184

46. 尼古拉·哥白尼 1473—1543:
天文学革命者 / 190

47. 伊莎贝拉·德·埃斯特 1474—1539:
"文艺复兴第一女收藏家" / 194

48. 恺撒·博尔吉亚 1475—1507:
"统治者楷模" / 198

49. 米开朗基罗·博纳罗蒂 1475—1564:
绘画和雕塑领域的奇迹 / 201

50. 巴尔达萨雷·卡斯蒂利奥内 1478—1529:
完美的廷臣 / 206

51. 拉斐尔·圣齐奥 1483—1520:
文艺复兴盛期的大师 / 209

52. 利奥·阿非利加努斯 1490—1554:
心向流浪，假依基督 / 213

五

旧秩序的坍塌

————

1510

|

1535

————

53. 海雷丁·巴巴罗萨？—1546：
海盗王 / 221

54. 大卢卡斯·克拉纳赫 1472—1553：
作画最快的画家 / 225

55. 托马斯·莫尔 1478—1535：
捍卫天主教，崇尚真自我 / 229

56. 马丁·路德 1483—1546：
宗教改革运动的领导者 / 233

57. 巴托洛梅·德拉斯·卡萨斯 1484—1566：
西印度群岛的传教士 / 236

58. 提香·韦切利奥 1485—1576：
威尼斯的一抹亮色 / 240

59. 尼古拉斯·克拉策 1486/1487—1550 后：
皇家钟表匠和占星师 / 243

60. 伯纳德·范·奥利 1488—1541：
挂毯大师 / 246

61. 克里斯托福罗·德·梅中斯布戈 1490—1548：
奢靡宴会的大厨和管家 / 250

62. 维托丽娅·科隆纳 1490—1547：
神圣诗人 / 253

63. 纳瓦拉的玛格丽特 1492—1549：
皇室作家 & 摄政女王 / 256

64. 彼得罗·阿雷蒂诺 1492—1556：
"国王的灾难" / 260

65. 威廉·廷代尔 1494—1536：
将拉丁文《圣经》翻译成英文的人 / 264

66. 弗朗索瓦·拉伯雷 1494—1553：
《巨人传》 / 267

67. 小汉斯·荷尔拜因 1497/1498—1543：
国王们的镜子 / 271

68. 尼科洛·塔尔塔利亚 1499/1500—1557：
结巴学者 / 275

六

新浪潮

———

1530
|
1550

———

69. 保罗四世 1476—1559：
最让人憎恨的教皇 / 284

70. 神圣罗马皇帝查理五世 1500—1558：
西方世界的君主 / 288

71. 本韦努托·切利尼 1500—1571：
伟大的雕塑家和自传作者 / 292

72. 圣弗朗西斯·泽维尔 1506—1552：
东印度群岛的使徒和传教士 / 296

73. 安德烈亚·帕拉第奥 1508—1580：
伟大的意大利建筑师 / 300

74. 约翰·加尔文 1509—1565：
命由天定 / 303

75. 格雷西亚·门德斯·纳思 1510—1569：
塞法迪姆族的夫人 / 307

76. 安德里亚斯·维萨里 1514—1564：
御医及解剖学家 / 310

77. 阿维拉的圣特蕾莎 1515—1582：
上帝的狂热门徒 / 313

78. 凯瑟琳·德·美第奇 1519—1589：
心机王后 / 316

79. 路易丝·拉贝 1520/1524—1566：
竞技场的女诗人 / 320

80. 托莱多的埃莉诺 1522—1562：
公爵夫人和派对策划人 / 324

七

近代欧洲

———

1550

—

1600

———

81. 劳拉·巴蒂费里·阿曼纳蒂 1523—1589：
"时代的萨福" / 333

82. 大彼得·勃鲁盖尔 1525—1569：
农民画家 / 336

83. 迪克·塔尔顿？—1588：
女王的喜剧演员 / 340

84. 乔瓦尼·皮耶路易吉·德·帕莱斯特里那
1525/1526—1594：圣乐的救世主 / 343

85. 朱塞佩·阿尔钦博托 1527？—1593：
以自然元素创作人物肖像 / 347

86. 索福尼斯巴·安圭索拉 1532—1625：
以女性视角作画 / 351

87. 米歇尔·德·蒙泰涅 1533—1592：
创作内省的文学艺术 / 355

88. 阿尔坎杰洛·图卡洛 1535—1602：
贵族的杂技演员 / 358

89. 埃德蒙·坎皮恩 1540—1581：
"英格兰的钻石人物" / 361

90. 卡泰纳？—1581：
偷马贼、强盗和土匪头子 / 365

91. 维罗妮卡·弗朗科 1546—1591：
妓女作家 / 368

92. 第谷·布拉赫 1546—1601：
观星堡的主人 / 372

93. 乔尔丹诺·布鲁诺 1548—1600：
献身科学 / 377

94. 伊莎贝拉·安德烈尼 1562—1604：
天生的舞台演员 / 380

在米尔堡的神圣罗马帝国皇帝查理五世，提香作 (1548)。
查理五世作为当时最有权势的君王，通过帝国联姻，统治着两倍于古罗马面积的帝国。

| 回顾文艺复兴

文艺复兴点燃欧洲文化版图的五百年之后，依然激发着现代文明的春天，那一时期新希望驱散了中世纪的恐惧和愚钝。文艺复兴始于意大利半岛，人们重拾久已遗忘的拉丁语，开始重新研究古典人文，考量古典人文的地位。文艺复兴的拥趸自称人文主义者，他们的呼声很快传遍欧洲大陆。但是我们也不能忘记中世纪宗教所宣扬的上帝救赎旨意，它们阻止人们寻求知识，抗拒新文学、新科学、新社会，乃至整个新世界。经过近一个世纪的发展，文艺复兴在 15 世纪大放异彩，代表成果有达·芬奇的发明、米开朗基罗和丢勒的艺术、伊拉斯谟的学说，以及哥伦布、维萨里和哥白尼等人的发现。

这是学校里通常教授的有关文艺复兴的知识。但是，如同发起文艺复兴的人类本身，欧洲文艺复兴也有其阴暗面。在桑德罗·波提切利完成《维纳斯的诞生》的第二年，一位名叫海因里希·克雷默的德国牧师发表了第一本全面的猎巫手册。当时许多受过教育的欧洲人不仅认为魔法和巫术确实存在，还相信诸如占星术和炼金术之类的伪科学。屠杀、宗教审判和千禧年宗教运动甚至比中世纪时更甚。对于宗教势力泛滥，几乎无人敢言，无人敢抗。15 世纪 90 年代以后，普世教会瓦解，各个国家陷入王朝更替或宗教战争，士兵们奸淫掳掠，传播梅毒。大拓疆土的欧洲人——心怀帝国的野心和圣战的残余观念——所到之处征服、同化、奴役当地的民众。

文艺复兴人士没能用古典学说解决他们的现实问题，这是古希腊人和罗马人的经验教训，也反映了欧洲人观念、信仰和情感的冲突。从文艺复兴人士的著作中，我们看到他们在才智方面似乎不如中世纪的先人自信，亦不比启蒙时代的后人。但是从意大利传播出来的人文主义观念更多传达的是方法，而非答案。文艺复兴人士提供了一种认识世界的方法，而非解答所有问题的正统教规。

接触人文主义的人们了解他们想要了解的或是能够了解的，涉及广泛的领域。此书旨在通过 94 位人物的生活和作品展示文艺复兴的广度，其中包括男人和女人，圣人和罪人，学者和艺术家。这其中有许多我们耳熟能详的名字：在 1400 年到 1600 年间，涌现出众多划时代的人物，如米开朗基罗、哥伦布、路德和哥白尼。同时也有许多小人物，虽然名气稍逊，但是也用各自的方式诠释了文艺复兴，或推动或阻碍了这一进程。

全书分为七部分，人物并没有按照国籍划分。每部分将时代主流与政治和社会问题紧密联系起来。因为对于我们而言，文艺复兴不是一个国家或一个民族的事情，而是关乎人们的思想状态。在文艺复兴最初 50 年（1400—1450），首先介绍的 10 位人物（大部分是意大利人），他们成就斐然，影响广泛。

随后的一个世纪（1450—1550）思潮涌动。这一时期自然划分为五个部分，每部分都涉及一个大主题，标志欧洲文艺复兴过程的一个阶段。尽管有连续的叙述主线，但是由于我们所研究的文化转变并不是在欧洲所有地方同时出现，所以各章节之间有所重合。文艺复兴在 15 世纪 50 年代突显，见证了君士坦丁堡在历时三年的争夺战中沦陷（1453），百年战争结束（1453），意大利《洛迪和约》①的签订（1454）和古腾堡 42 行《圣经》的出现（1455）。不论这些重要事件的长期影响如何，其短期影响是欧洲大部分地区呈现出相对的和平与繁荣。我们用两部分来详细描述这一时期，勾勒出这一时代造就的个人自我实现（1450—1475）和国家演变（1470—1495）。

这一时期的和平繁荣引发了野心勃勃的对外扩张，对外扩张最后又无情地摧毁了和平繁荣。第四部分讲述了动荡时期（1490—1515）的 15 位人物，这一时期欧洲各国大肆拓疆，在军备上一掷千金，开始了帝国扩张。硝烟纷争和经济剧变打破了 15 世纪后期建立起来的文艺复兴共同价值。接下来的部分（1510—1535）讲述了 16 位欧洲人，这一时期时势动荡——普世教会倒台和西班牙势力崛起。新的社会秩序在旧的社会和政治秩序残骸之上逐步建立起来。作为文艺复兴的尾声，第六部分介绍了 1530 年至 1550 年间颇具影响力的人物，这一时期出现了前人始料未及的新教文化。结尾介绍了 1550 年至 1600 年间的 14 位人物。他们迎接了现代社会的曙光，目睹了文艺复兴在历史的镜花水月中渐渐褪色。

---

① 《洛迪和约》，1454 年 4 月 9 日在伦巴第的洛迪，由威尼斯与米兰签订的和平协议，结束米兰公国继位战争，规定由弗朗切斯科·斯福尔扎一世继位。《洛迪和约》为意大利的城邦、大公领地和王国带来 40 年的和平。

德二世画像，詹蒂利·贝利尼作（1480）。
是威尼斯驻东方的文化大使，其画作生动新颖，惊艳土耳其朝廷。

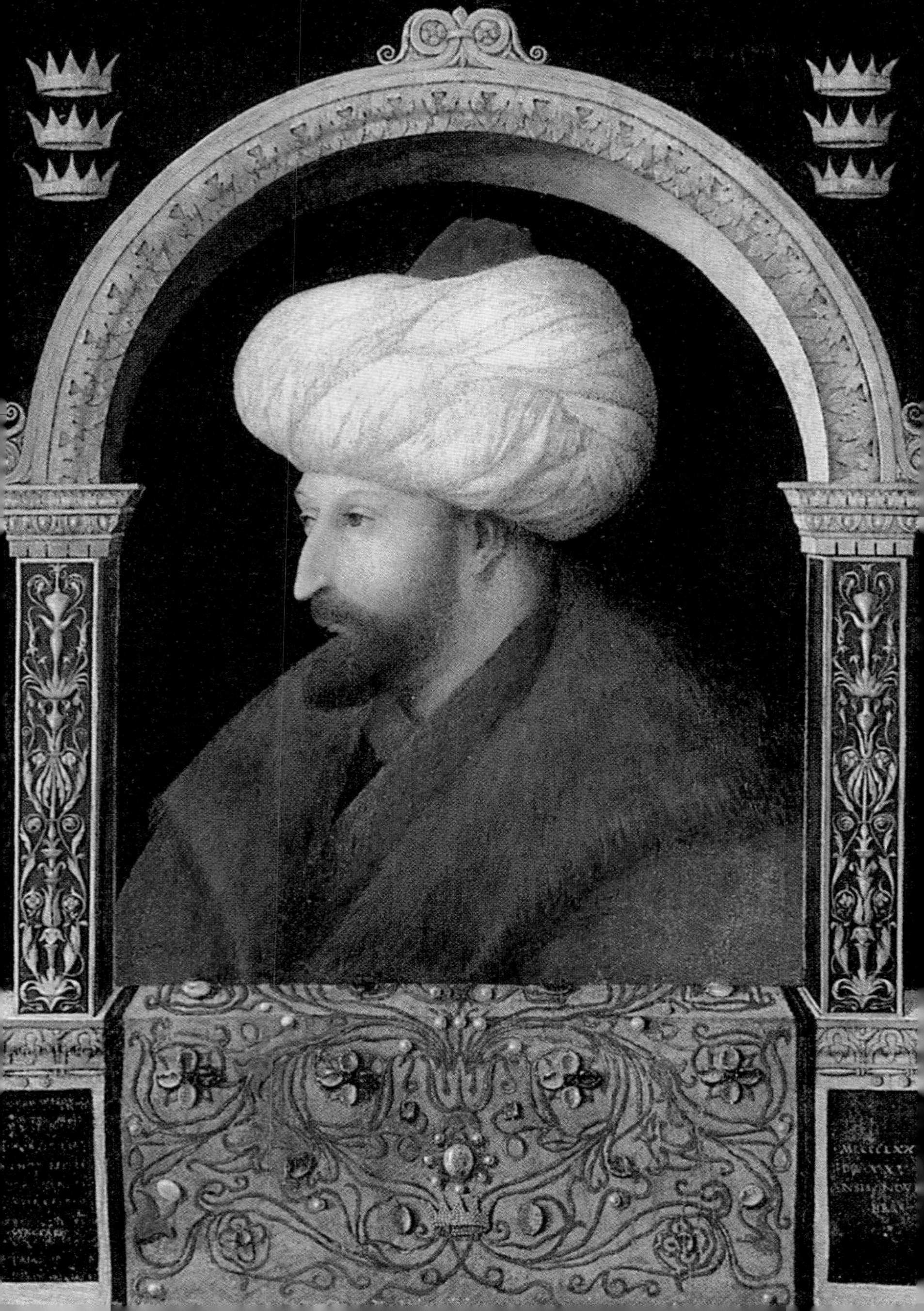

Old Traditions and New Ideas

公元 1400 年文艺复兴之初，欧洲前景黯淡。黑死病自 1348 年到 1350 年爆发以来，成为每一代人的噩梦，以至于人口数量长期处于低位，在 1400 年到 1401 年间跌至谷底。欧洲大陆的中心——罗马帝国政权危机四伏，于公元 1400 年陷入分裂，一位君主下台，一位君主被谋杀，另一位君主遭倒戈。德国大部分地区陷入匪患和混乱当中。欧洲的两大君权都遭遇了麻烦。1399 年，英国国王理查二世遭遇政变，影响持续近一个世纪。这期间，未被英国军队占领的部分法兰西领土由"疯子国王"查理六世统治。作为欧洲大陆道德罗盘的天主教会在罗马和阿维尼翁遭遇分裂——一位教皇才疏学浅，一位教皇遭到大多数红衣主教背弃，这被后来的历史学家称为"教会历史上最悲伤的时期之一"。1399 年，由于相信教皇制度的衰落会很快遭到上帝的惩罚，忏悔的世人开始在加泰罗尼亚、普罗旺斯和意大利的城市间游走，众生云集、自我鞭笞，并预言社会恐将崩溃。

神圣罗马帝国和教廷都是中世纪发展的精髓，其衰落并非永久不变，最终就像英国和法国的封建王权一样，找到了现代化和复兴的道路。人口减少的欧

佛罗伦萨美第奇 – 里卡迪宫的庭院 (1445—1460)。科西莫·德·美第奇的府邸，由米开罗佐·迪·米开罗兹设计，既是美第奇家族的私人院舍，也是其政治活动场所。（左页图）

《大臣洛林的圣母》，扬·范·艾克作（1430）。范·艾克突破传统，将贵族和圣人置于同一画面，创造了新的绘画风格。这种被称为"神圣对话"的风格开始在意大利南部流行。

洲发展缓慢。尽管 15 世纪早期遭遇人口危机，欧洲仍取得了一些经济进步。虽然公元 1400 年的欧洲人口远远少于公元 1300 年的欧洲人口，但是社会财富在某种程度上保持恒定，这意味着每个幸存者更加富足，有更多更好的耕地，居住更宽敞卫生。寻找工作的工匠人数减少，而市场用工需求增加。于是他们得以获得更高的报酬，而房价也更低。因为遗产的继承人减少了，躲过瘟疫的上层社会的境遇也变得更好。上层贵族丰厚的资产促成了更精细划分、更有效运作的金融和交易体系。他们渴望脱颖而出，渴望享受生活，由此引发了对奢侈品、宫殿和艺术品的巨大需求。

人口和经济上的优势特别有利于欧洲两大城市中心的发展——低地国家①和意大利北部。在菲利普二世的良性（虽然不总是开明）统治下，佛兰德斯②和荷兰的纺织和贸易进入繁荣发展时期，从当时的建筑、土地开垦，以及扬·范·艾克等艺术家们的创新活动可见一斑。意大利北部的自治城镇，虽然与罗马帝国联系甚微，此时也迎来了繁荣发展。在1400年，尽管大部分的自由领土未被侵占，但在某些寡头共和国，仍然有附属领地，民粹主义呼之欲出。

在意大利北部大部分地区，这种萌动表现在人们开始重新发掘古典文化。意大利人对历史引以为豪——罗马共和国和罗马帝国时期可谓文化领先的时代。大量神秘的遗迹留存数世纪，但是直到 14 世纪晚期，人们才开始大量复制和传播拉丁文著作。受过教育的意大利人发掘文化遗产后，许多人近乎宗教狂热般地虚构自己的族谱，甚至将族谱追溯到埃涅阿斯时代，或者为罗马的公共建筑追本溯源。除了热情追溯古典的学者，富有的商人也要求建筑师按照维特鲁威的教义设计府邸，军队指挥官学习恺撒和庞培的经验，统治者将西塞罗关于公共服务的理念运用到教育和政府规划中。

从 14 世纪晚期以来，意大利人充分发掘古典文化，但是学习拉丁文、研究

---

① 低地国家，指比利时、荷兰、卢森堡。
② 佛兰德斯，指中世纪欧洲一伯爵领地，包括现比利时以及法国部分地区。

原著和运用所学的热情也仅限于当地。阿尔卑斯山以外的欧洲国家，尤其是那些曾经与罗马帝国敌对，被疏远或遗忘的地区，学习拉丁文古典的热情并不高。教会本可以在阿尔卑斯山以外地区传播拉丁文，但由于其对大多数罗马异教徒作家持反对态度，所以也难以发挥传播拉丁文的作用。

就在公元 1400 年前，意大利人拓宽了古典学说研究，当时佛罗伦萨人邀请了学者赫里索洛拉斯从君士坦丁堡前来教授他们希腊语。在此之前西塞罗和其他罗马学者也向意大利人证明了希腊先贤思想的重要影响，但是意大利人能否掌握希腊语则并不确定：希腊语异常难学，大多已被人遗忘，而且希腊文化也并不像过去那样影响广泛。这些罗马学者这样做不只是为个人学识添彩。通过接触希腊语，意大利学者和古文物爱好者从对拉丁语的人文研究，扩展到更为广泛的古典人文世界——不仅包括他们的罗马祖先，还包括了整个古代先贤。从 1400 年至 1450 年，意大利人掌握了希腊语并领悟了主要的著作篇章，开始了真正的欧洲文艺复兴——恢复古典文化并将文艺复兴扩大到整个欧洲大陆。

01. | 赫里索洛拉斯 1350—1415：
　　　　| 一个带着礼物的希腊人

　　早期意大利文艺复兴进程中，最引人瞩目的不是意大利人，而是一位希腊人。赫里索洛拉斯出生在君士坦丁堡，家世显赫，年轻时就精通希腊经典著作。作为拜占庭王室的红人和拜占庭皇帝曼努埃尔二世的好友，赫里索洛拉斯自然而然成为拜占庭派驻西方的使臣。公元 1390 年至 1391 年，他出使寻求盟友以抵抗土耳其进犯。尽管他没有获得任何有意义的军队或财政支持，但是由此他发现意大利人对古希腊文化求知若渴。

　　尽管意大利文艺复兴的核心是发掘古典人文，而且 14 世纪晚期发掘古典人文已经在进行中，可学者们苦于无法阅读希腊文——希腊语在公元 1100 年就已在西方失传——无法了解古希腊经典人文代表人物，如荷马、柏拉图，无法了解雅典剧作家、抒情诗人、讽刺作家和伟大的科学家等，让他们倍感痛苦的是自己国家的拉丁语文学就传承于古希腊文化先贤。他们渴望探寻西方文化的本源，却只能阅读一些词不达意的由阿拉伯语翻译过来的译本，或是艰难地阅读希腊语原著。彼特拉克拥有一本荷马的著作，却因无法阅读而心急如焚。薄伽丘曾经尝试翻译《伊利亚特》，但是翻译出来的东西晦涩难懂。

　　1391 年，赫里索洛拉斯在威尼斯见到了佛罗伦萨人罗伯特·罗西。拜占庭帝国曾拥有大量的古希腊文献，罗伯特·罗西满腔热情地写信将这一情况告诉佛罗伦萨总督科卢乔·萨卢塔蒂。在得到一些富有且有才识的佛罗伦萨人的支

赫里索洛拉斯画像，无名画家作于 15 世纪，题写 "赫里大师于 1400 年在佛罗伦萨教授希腊语法"。

持后，萨卢塔蒂派遣使者邀请赫里索洛拉斯到佛罗伦萨大学教书，并交给他一份希腊著作的购置书单，既作为教学用书，也为扩充佛罗伦萨的希腊图书馆打基础。赫里索洛拉斯因为薪水迟迟没有谈拢，直到 1397 年才抵达佛罗伦萨，一入职他立即认识到，他的主要任务是教意大利学生使用古希腊文学著作。在当时，训练学生使用和理解一门已经消亡的语言可谓前所未有。赫里索洛拉斯发现，将古希腊文翻译成佛罗伦萨文人精英的通用语言——拉丁文，是一门艺术，这就要求其学生必须掌握先贤的精神和文学词汇，才能既忠实于原文又优雅地翻译出古希腊文。

在意大利期间，赫里索洛拉斯向数百名有志于古典学说的学者首次传授了希腊语。他最好的学生组成了活跃而团结的小圈子。如同布鲁尼所说，他们是七百年来第一批掌握古希腊文的意大利人。受赫里索洛拉斯的影响，他们翻译了无数希腊著作，使佛罗伦萨成为 15 世纪人文主义中心，并成为文艺复兴的最中心。

赫里索洛拉斯只在佛罗伦萨待了三年。随后他被佛罗伦萨人的老对手米兰公爵挖走，在帕维亚大学任教。但是不久，赫里索洛拉斯开始访问博洛尼亚和帕多瓦等大学。后来君士坦丁堡君主将赫里索洛拉斯召回，命其承担外交使命。他开始在巴黎、罗马以及德国之间穿梭往来，为衰败的拜占庭帝国寻找资金和支持（虽然很少能找到）。赫里索洛拉斯赞同基督教会合一，因此也尝试弥合

在赫里索洛拉斯死后 7 年，佛罗伦萨制图师克里斯托福洛·布戴尔蒙特于 1422 年绘制了君士坦丁堡地图，详细描绘了圣索菲亚大教堂、竞技场、金角湾河口和加拉塔石塔。

希腊教会与拉丁教会。1415 年，赫里索洛拉斯作为希腊正教的代表在参加康斯坦茨会议的途中，突然去世。

在随后一个世纪，其他希腊学者来到意大利，其中有些比赫里索洛拉斯更有能力。但是，再没有一个人像他一样掀起学习希腊文的热潮。虽然赫里索洛拉斯不是一个多产的作家，但他将荷马著作和柏拉图的《理想国》翻译成拉丁文，译作很快成为影响深远的古希腊经典作品，成为意大利人译作方面的典范。

在他死后多年，1484 年他的著作《问题集》——第一部希腊语法书——在威尼斯出版，获得古典文学和新约全书学者的高度评价。

02. | 克里斯蒂娜·德·皮桑 1364—1430： 女权先锋

克里斯蒂娜·德·皮桑在《财富转化》中写道："我曾经是女人，而现在，我实际上是个男人。"这行文字可能是现代报纸的头条，但实际是 15 世纪的暗喻——一个女人因生活不幸而不得不承担男性角色的自传故事。因为丈夫英年早逝，克里斯蒂娜陷入贫困，但是她并没有屈服于一般寡妇的选择：进修道院或是改嫁。相反她投身文学，执笔著书，以此谋生。她为人称道原因有三：她是欧洲第一位专职写作的女性作家；法国最早的人文主义者之一；早期女权主义先锋，对欧洲普遍歧视女性的想法予以前所未有的还击。

克里斯蒂娜 1364 年生于威尼斯。四年后父亲被法国国王查理五世任命为医官，她随父亲迁往巴黎。像当时其他女孩一样，她没有接受正规教育。尽管她较为开明的父亲鼓励她学习，她的母亲却让她"忙着纺织和家务琐事"。克里斯蒂娜只能勉强在父亲的案头零星学习。15 岁时她与一名帅气的年轻学者结了婚，与丈夫感情深厚。不料 1389 年丈夫猝然去世，给她带来了沉重的打击。25 岁的克里斯蒂娜经济困顿，几近破产。为了拿回丈夫的遗产，此后几年她一直在打官司，坐在冰冷的法庭中，攥着自己的包和文书，忍受着肥胖酒鬼傻里傻气的目光。债主收走了家里值钱的东西，这位孤苦的寡妇必须养活自己，以及三个孩子、母亲和侄女。她后来回忆说："看到苦难潮水般涌来，我情愿去死。"

克里斯蒂娜年老时，她认为这段痛苦的时期至关重要，认为"已婚妇女的

画中克里斯蒂娜在教导她的儿子。她于 1400 年左右写作《道德教育》一书。她否认女性在道德上的低劣性并认为："女性可以优雅而甜美，希望你有幸能够遇到这样的女性。"

职责和频繁的生育"剥夺了女性的精神生活。正是丈夫的离世让她获得写作的自由。她开始将自己的痛苦过往写成诗歌，之后又转向流行抒情诗。不久，她在富有的赞助人的支持下，赢得了尊敬和收入。文艺复兴时期赞助人是艺术家主要的收入来源。但是，她渴望更体面的工作，并为此制定了野心勃勃的自学计划："我关上门，不再被外界事物干扰。"她专注学习了古典和当代的拉丁文、历史、科学和文学。

　　自由和学识促使她完成了大量的作品。到 1405 年，她已经写了 15 部长篇作品和数量很多的短篇作品。她引起学者精英们的注意是因为参与了一场争论。中世纪著名作品《玫瑰传奇》描写了一个男人"摘花苞"的故事（即追求处女）。

法国文学界对其艺术价值争论了数年，克里斯蒂娜率先谴责这部作品贬低女性，抨击其对女性不公平的诋毁。她以自己的经历作为写作素材，谴责女孩无法接受教育以及社会对寡妇的漠视。历史上男性总是嘲弄女性低人一等，既无知又诡计多端，还会与人通奸。克里斯蒂娜对此辛辣地指出，女性怎么可能既无知又诡计多端。在《妇女城》中，她构想了一座保护女性的城堡，并假设了男性诋毁女性的原因，其中最为尖刻的一条是：阳痿的老男人，通过毁谤女性来"获得别人拥有而自己无法享受的快乐"。

克里斯蒂娜对其他主题的写作也驾轻就熟。查理五世死后不久，克里斯蒂娜受托撰写查理五世传记，她采用了注重个人、强调细节的写作手法。这种写作方法在意大利盛行而法国人对此比较陌生，后来成为文艺复兴时期的写作手法范本。这一时期国内冲突和与英国的百年战争让法国时局动荡。克里斯蒂娜写了纪念牺牲士兵的爱国诗篇以及一篇军事专著。英国国王亨利七世和拿破仑的将军们都读过她的专著。在她最后一本书中，她赞美了"圣女贞德"。贞德在 1429 年成功领导法国军队对抗英军的袭击，促使法国国王查理七世加冕。在这场战斗结束后几个星期，克里斯蒂娜写道："一位女性让整个国家士气大振，这是成千上万男性都没能做到的啊，作为一名女性，是多么荣耀！"

克里斯蒂娜一生写了 30 本书，令人惊叹。许多早期版本至今仍在流传，这说明她在世时，著作就已经广为流传并经常再版。在她死后很长时间，她的著作和译本依然不断重印。16 世纪有记载显示，欧洲最有权势的女人伊丽莎白一世就拥有一条取自《妇女城》场景的挂毯。现在的大学课本中也收录了《妇女城》。现今那些像克里斯蒂娜一样"摆脱女性的负担，全心投入学习"的女性，仍然翻阅着克里斯蒂娜的众多作品。

克里斯蒂娜·德·皮桑是欧洲第一位通过写作谋生的女性，她得到数名富人的赞助。在这张可追溯到 1410 年的手绘图中，她向巴伐利亚的伊莎贝拉、法国皇后和多位赞助人展示自己的作品。

03. │ 李奥纳度·布伦尼 1369—1444：
│ "时代的明灯"

    在文艺复兴早期，将所谓"新学问"带入佛罗伦萨主流知识界的当属李奥纳度·布伦尼。当时的古典文学作家仍背负异教徒的罪名，布伦尼不懈地推广希腊和罗马文学，消除学者们的疑虑。像许多早期人文主义者一样，布伦尼开始时也是一位名不见经传的门外汉。作为一名普通粮食商人的儿子，布伦尼于1396 年到佛罗伦萨学习法律，不久希腊语专家赫里索洛拉斯的教学令其着迷。曾经有段时间，他在法律和古典学说之间游移不定。他后来回忆说："索洛拉斯的到来让我开始产生疑惑。尽管不应该放弃学习法律……作为年轻人，我经常问自己，你如何能够舍弃荷马、柏拉图、德摩斯梯尼和其他希腊诗人、哲学家和演说家……你什么时候才能与他们对话，充分领会他们的学说？你怎能错失良机？"

    布伦尼最终选择了古典学说。他曾提到："教授法律的老师很多，你随时可以学习。但是教授希腊语的只有这一名老师，如果他离开，将没有任何人可以教你希腊语。"布伦尼放弃了法律学习，他在希腊语方面的才能让他结交了许多慷慨而有权势的朋友，这些朋友对于身无分文的学者而言又是必需的。尤其是他赢得了彼特拉克的老朋友，也是彼特拉克人文主义推崇者——佛罗伦萨总督科卢乔·萨卢塔蒂的支持。

    布伦尼从萨卢塔蒂那里学到了如何理解"积极的公民"。萨卢塔蒂在西塞罗的文字中发现了该教义，而对于布伦尼来说，这不只是一种不同于中世纪静默沉思的生活方式。他把西塞罗时期罗马民众积极参与的生活方式视为一种社会模式，这种模式可以让佛罗伦萨人摒弃旧的割据敌对，团结一心应对各种挑战。佛罗伦萨城在 1400 年至 1402 年成功抵挡了米兰大公吉安·加莱亚佐·威斯康提的军事入侵，人民向往自由的力量对抗了米兰暴政，俨然成为用古典学说解决当今问题的力证。

1406 年萨卢塔蒂去世后，布伦尼离开了佛罗伦萨，担任了教皇的秘书。在天主教分裂的最后一段时间里，布伦尼依附于几任教皇和伪教皇，在罗马和康斯坦斯度过了十年时间。1415 年，他又回到了佛罗伦萨，并在此度过余生。1427 年，他被授予萨卢塔蒂生前担任的总督职位，又称共和国首席秘书职位。他始终热衷于写作和古典学说。早在 1405 年，他就将柏拉图最重要的著作《对话录》、亚里士多德的《政治学》，以及德摩斯梯尼和普鲁塔克的重要著作翻译成拉丁文。

布伦尼手稿（1450—1470）。作者的缩微肖像出现在首字母"R"内。这是文艺复兴早期作家赢得关注和尊敬的常用做法。

1492 年出版的布伦尼著作《佛罗伦萨人民史》中，布伦尼的微缩头像。

从西塞罗和其他伟大的古典人文大师身上，布伦尼发现了拉丁语散文和修辞范例。对于布伦尼来说，掌握这些著作并理解它们的精妙之处不仅仅是为"真才实学奠定基础"和展现品位，也为社交互动奠定了基础。布伦尼相信，这种构思巧妙的说服艺术就是大众交流的核心。

布伦尼的著作范围广泛，涵盖历史、传记、实践论文和道德等各个方面。他用了一个古典术语来概括自己的著作，即"人文研究"，或简化为"人文学"。

尽管他的著作中道德建树颇高，但是布伦尼本质上还是一名世俗的思想家，更多关注社会和个人，而非信仰或心灵启示。一些保守的牧师指责古典文学作家为危险的异教徒，布伦尼如此回应："希腊和罗马的智者已经论述了道德问题。他们告诉人民心灵的自制、节欲、谦虚、正义、勇气和灵魂的伟大，这些值得我们敬仰。"

布伦尼在晚年完成了他的杰作《佛罗伦萨人民史》，该书分 12 卷。1415 年完成该书第一卷后，佛罗伦萨统治者授予他荣誉市民称号。完成第九卷后，他被给予终生免税的奖励。布伦尼参照恺撒等古典大师，尤其是李维的《罗马史》来编写人民史，他相信"认真研究历史会增加我们对于当代事务的预见性"。我们同样也能从历史中找到道德认知的范例。

04. | 扬·胡斯 1370—1415：
波西米亚的原始新教牧师

扬·胡斯，波西米亚的牧师和教授，早在马丁·路德前整整一个世纪，就已经开始谴责天主教会，其思想对马丁·路德产生了重要影响。胡斯在布拉格布道几千次，谴责神职人员的腐败，抗议外国对捷克内政的操控。尽管获得了广泛的支持，但他最终仍因异教徒罪被处死。他的死导致捷克爆发了持续数十年的战争，以及针对胡斯信徒的十字军讨伐。

胡斯于 1370 年出生于波西米亚王国（包含现在的捷克共和国，以及德国和波兰的部分领土）。胡斯进入布拉格大学进修，获得神学学位。1400 年成为牧师后，他被任命为伯利恒礼拜堂的院长，这个礼拜堂是布拉格当时主要使用捷克语而非拉丁语的两所教堂之一，很受人们的欢迎。捷克语的书写形式非常烦琐，但是胡斯多年来以拉丁语编写布道，然后以捷克语传道。他简化了捷克语字母，加入变音符，减少了辅音，使容易混淆的元音发音更清楚。现代捷克语仍然保留着他的创新，例如其他斯拉夫语言也使用罗马字母，而非西里尔字母。

在 15 世纪早期，一小撮保守的德国人控制了布拉格教会、政府和学术界，这激怒了进步的捷克人。德国人自 967 年占领斯拉夫人的土地以后，紧张局势一触即发。胡斯倡导捷克民族主义，斥责自己的同胞"连狗都不如"，受到威胁时不起来抗争。"德国人压迫我们，占领了所有的政府部门，我们却忍气吞声。"在 1406 年，信奉正教的胡斯开始接受英国神学家威克利夫的改革信条。

这幅 16 世纪的扬·胡斯木刻作品包括一只鹅——胡斯的象征符号，以及一只代表马丁·路德的天鹅。胡斯对教会的许多做法提出了抗议，正是这些做法使得路德和他的追随者脱离了天主教。

像胡斯一样，威克利夫在 1382 年被视为异教徒，他认为神职人员已经背弃了许多基督教核心价值观，例如《圣经》和苦修。为打击布拉格日益高涨的改革浪潮，教会领导人命令禁止教授、传播甚至阅读威克利夫的著作。在 1410 年 3 月，从民众那里收缴的威克利夫著作在大主教宫殿外被烧毁。

胡斯蔑视禁令，他谴责教皇兜售"赎罪券"大肆敛财，当时人们购买赎罪券以减少地狱之苦。此举触怒了教会。为此教皇将胡斯逐出教会，并威胁说如果胡斯不离开教会，将拒绝主持布拉格圣礼。在乡间避难期间，胡斯虽然远离众人视线，但并没有噤声。流放期间，胡斯写出了最有名的著作《论教会》。他借鉴威克利夫的理念，劝诫神职人员应该视世俗之物为粪土，效仿耶稣"舍弃浮华、贪婪和奢侈"。他写道，《圣经》中并未提及"教皇"，也没有提到需要教宗进行救赎。教会的首领是基督，而不是教皇。他认为，教皇权力是人的发明，而不是神圣的法令。与《圣经》相悖的信仰是"愚蠢的罪恶"。

胡斯对教义的抨击适逢天主教会大分裂时期，教会内部的纷争已经使教会摇摇欲坠。1378 年，罗马教宗和阿维尼翁教宗都宣称自己是正统。1409 年，人们试图弥合分裂，不曾想比萨又出现了一位得到波西米亚人支持的新教宗 ①。效忠于不同教宗的国家互相敌对，冲突弥漫整个欧洲。1414 年数千名牧师和神职领袖聚集德国，参加康斯坦茨会议，讨论解决教会分裂和应对异教威胁等问题。胡斯认为这是一次为自己正名的机会，于是在流放两年后，他怀揣表面上支持他的神圣罗马帝国皇帝西吉斯蒙德所颁的安全通行证，前往康斯坦茨。

但是到达不久，委员会审查了他的著作后，胡斯就被捕了。他因"责难和推翻教会"的罪名，被正式指控为异教徒。胡斯说，如果《圣经》证明他是错的，他就撤回自己的主张。在当时，他如果收回自己的言论就可以免除惩罚。但是在监狱的八个月间，胡斯拒绝认罪，耗尽了宗教议会的耐心，最终被裁定为异

---

① 罗马和阿维尼翁的红衣主教团于 1409 年在比萨举行会议，将罗马的格列高利十二世和阿维尼翁的本笃十三世同时废黜，另选教皇亚历山大五世。但格列高利十二世和本笃十三世分别得到一些国王支持，均拒绝退位，因而形成三个教皇鼎立的局面。

教徒罪。

　　1415 年 7 月 6 日的早晨，七个主教先给他穿上牧师法衣，然后又郑重其事地扒下他的法衣。他们在胡斯的头上戴上纸做的皇冠，上面有魔鬼的图案，写着"异教徒首领"。他被绑到柱子上，干柴一直堆到下巴。他最后仍然拒绝撤回自己的主张。围观的人说，火点燃后，胡斯的朋友还没有念完三次祷文，胡斯就已化为灰烬。他的骨灰被撒入莱茵河。

　　死去的胡斯比活着的胡斯更危险。处决胡斯使得这场改革升级成反抗，加剧了之后六年的紧张局势，引发了胡斯战争，这场战争一直持续到 1436 年。今天，胡斯被认为是捷克共和国的英雄，7 月 6 日成为国家假日，被定为扬·胡斯日。

05. | 菲利波·布鲁内列斯基 1377—1446：
史上最大穹顶的设计者

菲利波·布鲁内列斯基出生时，那座让他日后成名的建筑已经动工 80 年。当他成年时，当时世界最大的大教堂——佛罗伦萨圣母百花大教堂除了穹顶已近完工。宽 43 米的顶部将安装一个巨大的穹顶。中世纪建筑师设计了一座当时无法完成的建筑，相信未来的工程师能够完成这个史上最大的穹顶。布鲁内列斯基——一名佛罗伦萨的金匠——最终不仅用聪明才智解决了这个问题，而且改变了整个文艺复兴时期建筑、绘画和雕塑的面貌。

儿时的布鲁内列斯基生活在大教堂西侧一个富足的家庭。少年的皮波（每个人都这么叫他）常常看到建筑工人和设计精巧的起重设备。15 岁时，他在当地金匠作坊做学徒。他精于数学计算，制作了各种金饰品，包括金叶装饰的灯饰、精致的圣物盒和精巧的镀金墓碑。

1398 年，布鲁内列斯基成为一名金匠大师。这一时期佛罗伦萨因为饥荒和数十年的瘟疫遭受重创，同时强大的米兰正向佛罗伦萨城大举进兵。为了激发民众的爱国主义热情，祈求复仇之神的保佑，国王宣布开展一项竞赛，召集艺术家为洗礼堂设计全新的铜门。洗礼堂是佛罗伦萨的中心，也是最古老的建筑。尽管入围了最后决赛，但布鲁内列斯基并未赢得奖赏。一气之下他前往罗马。在那里他和朋友多那太罗研究了尚存的古典雕塑和建筑，并测量了古建筑的比例。

布鲁内列斯基修建的育婴堂（1419），以 15 世纪晚期的视角来看，该建筑采用了文艺复兴时期比较典型的通风拱形门廊。拱廊有个石转盘，方便妇女们悄悄将婴儿留在育婴堂。（上图）

圣母百花大教堂是佛罗伦萨最高的建筑。该教堂穹顶的建造历时 12 年，耗费 29000 吨材料。如果不包括顶部的石灯笼，教堂大约有 35 层楼高。（右页图）

在人文主义者多梅尼科·普拉托看来，布鲁内列斯基正是凭借在古典建筑方面的研究了解了空间的概念，最终成为透视法的专家。在 1413 年到 1425 年，他研究发现了单点透视[①]的规律，改变了整个艺术世界。单点透视作为一种已失传的数学体系，可以让艺术家在二维平面上创造出三维景象。在布鲁内列斯基发现单点透视规律之前，佛罗伦萨的风景画总是有点杂乱无章，构图角度混乱，就像从不同的视角构图。他运用算得上是文艺复兴时期的特效，采用完美角度（现实的光学幻影）画出了一座八角洗礼堂，让同行大为惊叹。布鲁内列斯基将这

① 单点透视，又称为平行透视，由于在透视的结构中，只有一个透视消失点，因而得名。平行透视是一种表达三维空间的方法。当观者直接面对景物时，可将眼前所见的景物表达在画面之上。

布鲁内列斯基在佛罗伦萨圣神大殿的设计中采用了平衡、和谐的比例，该教堂在布鲁内列斯基死后 36 年才建成。其简洁的线条和圆形拱顶使它与巴黎和米兰尖塔高耸的哥特式教堂截然不同。

一技巧传授给他的朋友马萨乔和多那太罗。他们成为第一批将这些原则用于艺术创作的艺术家，而他的另一位朋友利昂·巴蒂斯塔·阿尔贝蒂则是第一个将这些方法技巧记录下来的人。

  布鲁内列斯基三四十岁的时候，一直忙于别人的委托任务，1419 年他迎来了两项重大的任务：圣洛伦佐教堂，以及佛罗伦萨育婴堂。他修建育婴堂的设计理念标志着西方建筑设计的转折点。他采用古典建筑元素，创造了带科林斯式圆柱 ① 的凉廊 ②，这些圆柱均匀分布托起圆拱。育婴堂成为文艺复兴时期意大利的标志性建筑，数百年来人们争相模仿。

---

① 科林斯式圆柱，源于古希腊，是古典建筑的一种柱式，柱头形似盛满花草的花篮。
② 凉廊，指建筑物外的过道或独立有顶的通道，具有遮阳、防雨、小憩等功能。

但是，真正让布鲁内列斯基功成名就并斩获建筑天才美誉的是他对圣母百花大教堂穹顶的设计。原方案要求采用"浮托法"在教堂上方安装圆屋顶，不使用可见的支柱，托斯卡纳人否决了哥特式大教堂的飞拱设计，觉得那样的设计既不美观又过时。为此佛罗伦萨又举行了一场比赛。布鲁内列斯基为防止有人剽窃他的设计，用编码进行设计。他设计了一种自支撑穹顶，就像罗马的万神殿一样，内部无需支柱、梁或拱，外部无需外骨架支撑，形成高耸而开放的空间。圆顶为双层薄壳形，内层薄壳增加强度和支撑，八根垂直支架分布在内壳层上以加固外壳层。每个壳层由水平的砂岩箍构成，这些砂岩箍底部大，顶部小，从而平衡内向力。借鉴古罗马人的智慧，他设计了鱼骨式排列，横竖铆合，从外向内的铺砖方式，从而实现顶层自支撑。在靠近八角边的底座处，他放置了粗削的大木梁，用巨大的铁钩将它们相连，形成略有弹性的木链，可以随着建筑不可避免的偏移进行微调。

建筑材料非常沉重，穹顶需要用到数十块数吨重的石板，因此施工队需要专门的起重装置。布鲁内列斯基又为此设计了起重设备。到 1436 年教堂启用时，工人们为建造穹顶，已经吊起并铺设了 400 多万块砖。在同一年，他还完成了佛罗伦萨圣神大殿的设计。如同圣洛伦佐教堂一样，该教堂结构对称，内部采用低调的灰色，显得宽敞而肃穆。总而言之，布鲁内列斯基的杰作促进了文艺复兴的发展，让佛罗伦萨成为后来建筑师们效仿的范例。布鲁内列斯基 1446 年逝世时，佛罗伦萨给予他最高的荣耀，将其葬在圣母百花大教堂。随着时间流逝，这位著名的佛罗伦萨人的坟墓已渐渐被人遗忘，直到 1972 年修复教堂时才重新被人们认识。

06. 锡耶纳的圣伯尔纳定 1380—1444：
人民的牧师

孩童之时，伯尔纳定就已经选定了自己未来的职业，唯一需要考虑的是加入哪个宗教团体。加入纪律严明的圣方济各会后，他于 1404 年成为一名牧师，在靠近锡耶纳的地方开始隐士生活。1417 年他放弃了隐居生活，追随内心召唤，决定去做一名传道士。他曾说："上帝赐予人类舌头，这是多么伟大的工具！人们来听牧师布道，三两个小时的布道让人身心愉悦！这是上帝给我们最好的工具和器官。"伯尔纳定坚信自己的口才，他告诉追随者，只要坚持来听布道，就一定能超凡脱俗。

不久后，伯尔纳定形成了自己的布道风格，一跃成为文艺复兴早期最著名的传道士。尽管他在油画中的形象是一位羸弱的老人，但他在讲坛上精神十足。他曾自诩"像狮子一样强壮"，可以连续布道几小时。来到新的城市后，每次在为期 40 天的大斋节期间，他都要进行一场长时间的布道。由于听众人数众多，他只得到户外的公共广场讲道。有时要提前准备好便携的讲坛。

伯尔纳定的讲道技巧十分突出，一些忠诚的追随者忠实地记录了他的布道，将每一个词语和每一个手势都简短地记录下来。他仔细琢磨自己要传递的信息，

壁画圣伯尔纳定，桑诺·迪·彼得洛作（1450）。伯尔纳定手持一个锡耶纳的模型，其中信仰（条纹教堂）和公民社会（锡耶纳市政厅）都被城市坚固的城墙所保护。（右页图）

MANIFESTAVI · NOMEN · TVVM · SENTIBVS

早晨的布道围绕当周的主题，之后的布道推导出广泛的结论，轻松将讲道引入高潮。他有时并不谈及一些具体的话题，如高利贷、异端邪说、虚荣心、巫术、卖淫、通奸、同性恋或其他常见罪行，而是讲些趣闻轶事，或是揶揄一下听众："你们听懂了吗？懂了吗？我说的可不是法语！？"他用精心安排并且非常流行的信仰疗法和倡导"焚烧虚荣之物"来劝导人们弃恶。

然而，伯尔纳定常常接受邀请去布道的原因，也是他想要实现的远大目标，就是在四分五裂的城市间建立起和睦的关系。意大利中部的城市是暴力和仇杀的温床，个人、宗族和城市之间为了名誉、权力和复仇而纷争四起。伯尔纳定因

圣伯尔纳定布道，桑诺·迪·彼得洛作（1445）。许多锡耶纳居民每天聚集在坎波广场，聆听伯尔纳定布道。就像在普通的教堂礼拜一样，男性和女性彼此隔开。

此经常谴责"父子、手足、朋友、同胞之间彼此敌对"。随着布道的进行，他心情沉重，指责党派之争的残酷，因为它妨碍贸易，加剧贫困，并纵容士兵奸淫掳掠。他警醒受众，"就像耶路撒冷，你们的城市将受惩罚"；发出怒吼，"不要做伤天害理的事，要宽恕！宽恕！宽恕！啊！我是在跟谁说话？"然后，他指着每个人说："我在跟你，跟你们每个人说话……人人爱邻。谁是邻居？

我们都是彼此的邻居！"

布道到高潮时，伯尔纳定拿出自己设计的一个木画板。蓝色的背景上有金色的太阳，上面有圣名的首字母缩写 IHS（Iesus Hominum Salvator，即耶稣，人类的救世主）。看到这个场景时，男人和女人们都跪下，尖叫、彼此拥抱，以近乎歇斯底里的方式悔罪，表现出兄弟般的情谊。在布道的最后，人们深受感动，不再陷入派别之争，纷纷拿起圣名的标志。在接下来的数周，市议会通过了伯尔纳定法案，将他的布道内容加入法律。宗族争斗和仇杀被定为违法。各种越轨行为，如穿着奢侈、有败风俗、鸡奸、高利贷，都会被"处以火刑或罚金"。

1444 年伯尔纳定去世，因为功绩卓著而备受赞誉，仅 6 年后就被封圣。然而随着时间流逝，他布道的影响力不比以往。根据后来一些传教士的记载，伯尔纳定法案渐渐被人们遗忘。伯尔纳定曾经强烈反对的派系争斗仍然势头强劲。当锡耶纳居民要求拉奎拉居民返还伯尔纳定（伯尔纳定在拉奎拉布道时死亡）的遗体时，遭到拒绝、辱骂和威胁。

07. ｜ 多那太罗 1386/1387—1466：
醉心于石头和青铜的雕刻家

      从许多方面来讲，多那太罗算得上是文艺复兴时期的第一位艺术家。他让基督教早期就已消失的古典雕塑艺术焕发生机。最初基督教信徒将独立的雕像看作是异教徒的膜拜物。信奉新教的艺术家主要从事镶嵌和绘画。雕刻也仅限于浮绘板和小型雕像，开凿大型雕塑的艺术已经失传千年。在中世纪，大型基督教雕像开始出现，但是主要用作建筑物或坟墓的装饰，而不是独立的艺术品。到了 14 世纪，哥特雕塑家开始雕刻独立的人像，而非仅仅作为柱子和教堂门廊的装饰。人们对于古老艺术的崇尚增加了对圆雕①的需求。但是在 15 世纪早期，即多那太罗之前，还没有一个雕刻家能够完美再现古典雕像的技艺。

      多那太罗本名多纳托，1386 年或 1387 年出生于佛罗伦萨。他的早期生平不详，但是有两处经历可以确定。一是大约 15 岁时，他因为用木棍打伤一个德国男孩而被捕。二是几年后，他开始与著名雕刻家洛伦佐·吉贝尔蒂一起接受训练。当时吉贝尔蒂设计了著名的佛罗伦萨洗礼堂铜门，赢得了比赛。由于当时佛罗伦萨的人文主义领袖希望将佛罗伦萨打造成新罗马，就举办了很多类似的比赛选拔工匠，希望将公共空间打造成古典艺术风格。

      多那太罗和吉贝尔蒂两人受托修建佛罗伦萨圣弥额尔教堂。这座教堂有 14

---

① 圆雕，又称立体雕，是指非压缩的，可以多方位、多角度欣赏的三维立体雕塑。

个大型外部壁龛，可以放置大型雕像。两个人几乎同时完成了任务，但是作品却大为不同，像是出自不同的时代。吉贝尔蒂的《施洗者圣约翰》完成于1416年，运用了典型的后哥特表现手法：长袍的衣饰褶皱很难表现人体形态。多那太罗早三年完成《圣马可》，但是雕像看起来更现代，腰部以下的服饰呈现自然的褶皱，袖子堆叠在手臂上。这是自古典时期以来，第一次通过雕刻衣服织物来传达人物形态，不像之前衣服表现只是罩在人物外面。

多那太罗完成于1413年的《圣马可》预示了雕像新时代的到来。圣人写实的面庞和逼真的造型，与同一时期其他雕塑家创造的后哥特风格作品大不相同。

更重要的是多那太罗掌握了已经失传的对立式平衡①或称之为重心转移的原理。2000年前，希腊人就掌握了这一概念。在这一概念中，正直站立是一种平衡态；但是要创造写实人物，就必须要传达出张力。多那太罗的圣马可雕像中，人物将其重心放在一条腿上，另一个膝盖放松，碰到长袍，栩栩如生地描绘了一个人停下来思考，还没有将

---

① 对立式平衡，是在视觉艺术中用来描述雕塑将重心集中在其中一侧脚上的姿态，以这种姿态雕塑的雕像肩部和手臂便可以偏离中轴，做出更有动感、更自然的姿势。

另一只脚重心转移的形象。这一大理石雕像震惊了佛罗伦萨人。这尊雕像与过去的雕像如此不同，以至于许多人认为它是文艺复兴第一件艺术品。

多那太罗掌握了很多一手的古典雕刻知识。在青少年时期，他曾和现代透视学的先驱——菲利波·布鲁内列斯基一起研究罗马废墟。15世纪30年代他又一次考察了罗马。根据布鲁内列斯基的透视学，多那太罗创作了一个写实铜板浮绘雕像《希律王的宴会》（1425），描述了《圣经》中夺取约翰头颅的场景。该作品与其同时代的朋友——马萨乔创作的壁画《圣三位一体》，被称为古典时期以来最早采用透视法创作的艺术作品。

除了《希律王的宴会》外，多那太罗还对中大型青铜雕像进行了创新。在15世纪20年代末，科西莫·美第奇委托多那太罗制作铜像《大卫》，放置到府邸草坪。多那太罗塑造的这位《圣经》中的英雄只戴了桂冠头盔，身穿胫甲，脸色平静。这是古典时期以来第一尊独立裸体雕像。1443年到1453年间，多那太罗在帕多瓦生活，他为教堂创作了真人尺寸的耶稣受难像，复兴了古罗马骑马雕像，如代表作《加塔梅拉塔骑马像》，用于纪念一名为威尼斯而战死的雇佣兵——古罗马用骑马像表现对人物的尊敬。

除了大理石雕塑和青铜雕塑，多那太罗的木雕也极具感染力。他的《抹大拉的马利亚》以白杨木雕刻而成，展现了忏悔妓女的痛苦形象。人们曾经认为该雕塑是多那太罗在15世纪50年代中期创作的作品，

大约从15世纪30年代起，多那太罗用心创造的《抹大拉的马利亚》影响了后来许多有关圣徒忏悔的油画和雕塑。该雕塑曾经上色，现在这座真人大小的塑像斑驳不堪，头发上还留有镀金的痕迹。

但是现在许多历史学家认为该作品创作于 15 世纪 30 年代。作品中的马利亚因为常年禁食，虚弱不堪，双眼凹陷，神情憔悴。雕像镀金并涂上颜色，展现了栩栩如生的虔诚信徒形象。多那太罗采用新写实主义，着力表现她的情绪状态，这点与中世纪的雕像大为不同。在 60 年的创作生涯里，他创造了大量或静或忧、或喜或怒、表情各异的人物形象。

在晚年，委托多那太罗制作雕像的人逐渐变少，但是科西莫一直委托多那太罗创作雕像。事实上，这位富有的赞助人给予多那太罗莫大的尊重，甚至留下遗言让多那太罗葬在自己身边。科西莫死后三年，多那太罗去世。遵照科西莫的遗愿，多那太罗被葬在圣洛伦佐教堂美第奇家族墓群中。

08. 科西莫 · 德 · 美第奇 1389—1464：
佛罗伦萨的"国父"

虽然不是艺术家或人文主义者，科西莫·德·美第奇却是艺术家和人文主义者的赞助人。科西莫不仅仅是金融家，而且还是政治家和赞助人（赞助人在15世纪非常常见），为将佛罗伦萨推向文艺复兴前沿发挥了至关重要的作用。美第奇家族在1397年崭露头角。那年科西莫的父亲乔瓦尼在佛罗伦萨开设了一家银行，并在罗马设立分行。因为善用贤才和资本化运作，乔瓦尼很快在1402年将业务扩展到威尼斯，之后是意大利各地。到1435年，业务范围跨越阿尔卑斯山脉，延伸至日内瓦、布鲁日、阿维尼翁和伦敦。

科西莫和他的弟弟洛伦佐从小对家族产业耳濡目染，熟悉记账、管理存款、转账和贷款，在15世纪初期就基本接手了银行业务。美第奇家族发放信用证（中世纪旅行支票），向生活奢靡的欧洲贵族发放贷款，生意日益兴旺。随着财富增长，美第奇家族政治影响力也不断扩大。科西莫经常作为佛罗伦萨的代表觐见教皇。在15世纪20年代，他在瑞士、法国和德国开展外交活动，进一步开阔了眼界，巩固了政治地位。所到之处他还自学当地语言，精通拉丁语和阿拉伯语。

尽管科西莫做事低调，避免炫富，但还是有些人认为他怀有野心。1433年，政府财政政策失败，为找替罪羊就逮捕并流放了科西莫，并打算没收美第奇家族的财富来填补财政亏损。然而，科西莫对此早有预见，提前将财产转移到了威尼斯。他到了威尼斯后过着舒服的日子，照常开展业务。当局这才意识到犯

科西莫·德·美第奇肖像画，蓬托尔莫作（1519）。艺术家画了一株从切断的茎秆上重新长出新枝的植物，
预示美第奇家族顽强的生命力。丝带上写着维吉尔的名言："折断一枝，另一枝还会再长出来。"

了个大错——赶走了佛罗伦萨最富有和最有名望的人，于是转变态度将他迎回。

当时，意大利贵族虚张声势，靠恐吓威压进行统治。科西莫不动声色渐入政坛，驱逐了政敌，而又没有触及佛罗伦萨的政治体系。他常常漫不经心地沿着城市散步，不带任何警卫，丝毫不畏惧。坊间关于他与寻常百姓聊天的逸闻很多。实际上，科西莫做事颇具黑手党风范——暗箱操控，很多事情都在他气势宏伟的宅邸密谋策划，政府部门常常有他的亲信，帮他跑腿办事。他喜欢外交事务，积极斡旋并通过 1454 年的《洛迪和约》，实现了国家之间力量的新平衡。他最大的政绩是在 1439 年让佛罗伦萨成为教会议会所在地，团结天主教和正统基督教。他促使教皇、君主、宗主及其随行人员齐聚新圣母马利亚教堂，并安排他们在自己的府邸会面。这是佛罗伦萨人做梦都想不到的外交和文化壮举。这一事件提高了佛罗伦萨的名声，并巩固了科西莫的政治影响力。

但是科西莫之所以能够名垂青史更多是因为其对艺术的慷慨资助。在他被流放前，大约每年投资 15000 弗罗林用于修建圣马可区的多米尼加修道院，圣洛伦佐的教堂和圣器收藏室，圣十字区的方济各教堂等。他在宅邸上也豪掷千金——除了城中的美第奇宫外，还建了好几座乡间别墅。在艺术方面，科西莫对雕刻的兴

科西莫像章（1465），作者不详。科西莫头像下的字母缩写"P.P."代表"Pater Patriae"（即"国父"），表明像章是科西莫死后铸造的。古罗马有名人死后铸造纪念像章的传统。

趣超过绘画。科西莫赞助多那太罗几十年，供他购买石料，还委任他创作青铜雕像《大卫》。该雕像最初就在美第奇府邸的庭院里。

洛伦佐·德·美第奇曾经估算，自己的祖父科西莫一生豪掷 60 万弗罗林，用于赞助"建筑、捐款、缴税，更不用说别的开销了"。科西莫回顾自己的一生时，这样说道："在 50 年里，我只做了两件事，挣钱和花钱。我觉得花钱比挣钱感觉更好。"佛罗伦萨人在他死后不久授予他古罗马名誉称号——"国父"。当初他们也没有料到，1434 年科西莫重返佛罗伦萨，就开启了美第奇家族在佛罗伦萨 300 年的统治——见证了意大利共和国倒台和独裁统治的开始。

09. | 扬·范·艾克 1395—1441：
通过细节抓住世界

　　红宝石切口、狗的湿鼻子和下巴上的胡茬，扬·范·艾克作品所展现的生动细节让习惯于哥特艺术的观众为之震撼。范·艾克出生于佛兰德斯，是早期荷兰画派的先驱。荷兰画派追求自然主义，甚至在描绘超自然现象时亦是如此。北方艺术的现实主义与意大利的现实主义同时发展，但彼此各成派系。与范·艾克同时代的马萨乔善于运用单点透视和固定光线下的光影效果来绘画人物。而当时的佛兰德斯艺术家关注微小的细节，以及光线在物体表面上的变化。对于范·艾克来说，这种方法远超过审美偏好：他将中世纪的观念（即自然界的所有事物都反映上帝的意志）转变为超写实主义。这可谓北欧文艺复兴的显著特点。

　　15 世纪早期是托斯卡纳区和低地国家的艺术家的春天。如同佛罗伦萨一样，佛兰德斯的主要城市都是银行业中心。安特卫普和布鲁日到处都是富有的赞助人，他们乐于寻求奢侈纺织品、高雅油画和精心制作的祈祷书。范·艾克早期的一些小型画作说明其曾接受过微图绘画训练。1422 年，他在海牙为巴伐利亚约翰公爵作画。1425 年，他被任命为宫廷艺术家兼里尔地区有权有势的勃艮第公爵菲利普的侍从。地位显赫的范·艾克不仅仅是画家，还曾被菲利普派往海外执行外交任务。

　　在 15 世纪 30 年代早期，范·艾克与妻子和两个孩子搬到布鲁日一栋漂亮的石房子里，菲利普也在布鲁日有官邸。范·艾克完成了不朽的《根特祭坛画》（1432），它是 15 世纪最大的祭坛饰品画。画卷高 3.5 米，打开后有 4.5 米宽。打开后，该

不朽的《根特祭坛画》（1432）是当时最为宏大的画作。在这幅作品中，范·艾克使用了先进的油画技术，创造出复杂的场景和立体的效果。

画卷展示出华丽的场景，表现了人类的救赎。范·艾克对微小细节的关注要求高超的技巧和稳定的手法，同时也要求颜料足够丝滑以勾勒出发丝般纤细的线条。大多数 14 世纪的艺术家使用蛋彩（将生鸡蛋与基础颜料混合），这种颜料干燥速度快，但是随着时间推移，很容易裂开并剥落。范·艾克和其他北方人开始使用油彩，油彩容易在画布上着色，干燥较慢，这一技巧比意大利人领先了数十年。油画所呈现的半透明色彩和漆般的光泽是蛋彩和壁画技艺所无法比拟的。

范·艾克与其他意大利画家不同之处还在于他画人物的方法。当时，欧洲南部文艺复兴的理念还没有传到北欧。没有古罗马人的指导，范·艾克严格遵照写实绘画。一位现代艺术历史学家曾经评价他：他对事物观察入微，不管是在前景还是在背景，他的眼睛一会儿像显微镜，一会儿像望远镜。细致入理，

书本大小的一幅油画。范·艾克的《带红头巾的男子》（1433）可能是画家自己，算得上是欧洲早期独立的自画像。

也要关注表面。他的肖像画是面部平
面和轮廓的立体浮雕，是生命的重
现，而不是再造。他的自画像《带红
头巾的男子》（1433）真实再现人物
的外表——布满血丝的眼睛到褶皱的
皮肤，这显然与以往肖像画所表现的
理想之美完全不同。

　　对于范·艾克来说，崇高存在于
日常生活细节中。他的《阿尔诺菲尼
夫妇》（1434）看起来像是一幅世俗
绘画，描绘了意大利金融家乔瓦尼·阿
尔诺菲尼和他的妻子或未婚妻。没有
天使在人物头顶徘徊，也没有圣人指
着这对夫妇，但是房间里的日用品与
婚姻的神圣相互呼应。床柱顶饰上刻
着圣玛格丽特，是孩子出生的守护神；
小狗代表忠诚；凸镜就像上帝的眼睛，
镜子周边有许多缩微图，表现基督受
难的场景。镜子里有四个人物，面向
夫妇俩站着两个神秘男子。镜子上写

《阿尔诺菲尼夫妇》（1434）。奢华的服饰、精致的镜子，
以及闪闪发光的铜吊灯表现了范·艾克对光线在各种物体表
面上的精确把握。画面中的许多东西都有象征意义，例如，
窗户下面的橘子代表多产。

着"扬·范·艾克在此"，表明其中一位就是艺术家本人。

　　1441 年范·艾克死后，他的画作在意大利流行起来，画家们学习他的油画
技巧，模仿他的写实画风。他的名字渐渐被意大利人所熟悉，桑德罗·波提切
利及其他南方艺术家都受其影响。对于范·艾克来说，写实绘画不只是一种地
域风格。无论是神圣夺目的圣母马利亚，还是细致描绘的一只泥泞木鞋，都是
对造物主的崇拜和致敬。

10. | 马萨乔 1401—1428：
第一位采用透视法作画的画家

　　15 世纪以前的欧洲绘画中人物面无表情，情绪难以捉摸。场景扁平，缺少边角的立体感。马萨乔于 1418 年来到佛罗伦萨时，艺术界仍然遵循着乔托 ① 一个世纪以前所形成的绘画风格。马萨乔为艺术带来了一种新的自然主义，改变了中世纪以来人物理想化的形象，使绘画中人物生动，背景立体。他是自古典时期以来第一位运用透视法的比例绘画的画家。

　　马萨乔原名托马索·迪乔瓦尼·迪西莫内·圭迪，人们称他马萨乔，意为"邋遢的汤姆"。根据 16 世纪历史学家乔尔乔·瓦萨里的记载，这位画家获得这个绰号的原因是他不关心"凡情俗事，衣着邋遢，一心钻研艺术"。他师从何处无从得知，但从他习惯用红笔勾勒人物可以看出他受到的训练不同于传统壁画家。不管他的背景如何，他于 1418 年在佛罗伦萨成为一名画家，在 1422 年成为绘画大师。

佛罗伦萨布兰卡契礼拜堂中两幅马萨乔的壁画（1427）：《献金》（上）和《抚养西奥菲勒斯的儿子》（下）。左上角为《逐出伊甸园》。马萨乔创新地通过统一光源造成的阴影，营造出逼真的立体效果。（右页图）

---

① 乔托·迪·邦多纳（Giotto di Bondone， 1266—1337），意大利画家、雕刻家与建筑师，被认定为意大利文艺复兴时期的开创者，被誉为"欧洲绘画之父"。

FLOS CARMELI   VITIS FLORIGERA   SPLENDOR COELI   VIRGO PUERPERA SING.

在《抚养西奥菲勒斯的儿子》右侧，马萨乔将自己和其他三个朋友画了进去。从左至右依次为马索利诺、马萨乔、阿尔贝蒂和菲利波·布鲁内列斯基。

在马萨乔早期的作品中，创新性已初见端倪。早在 1422 年，他就开始用透视法作画，为靠近佛罗伦萨的圣朱韦纳尔教堂创作《圣母子与诸圣徒》。他可能学习用消失点①构图，并模仿菲利波·布鲁内列斯基的三维立体构图。建筑师菲利波·布鲁内列斯基创立了透视原则。另一方面，马萨乔绘画中追求人物生动自然的想法与雕刻家多那太罗创作青铜浮雕时的理念不谋而合。马萨乔吸收布鲁内列斯基的长处，将画作的视觉表现和情感表达提升到了新高度。

在这些绘画理念的共同影响下，马萨乔在佛罗伦萨创作了两幅重要作品。一幅是大型、多框壁画，描述圣彼得在佛罗伦萨卡尔米内圣母大殿布兰卡契礼拜堂的生活。马萨乔受托与比他年长、更为出名的艺术家马索利诺·帕尼卡莱共同创作。马索利诺·帕尼卡莱在 1424 年已经开始做这项任务。1427 年，相比马索利诺的传统画作，马萨乔所绘制的部分生动形象，引人瞩目。凭借为布兰卡契礼拜堂绘制的油画，马萨乔成为第一位从单视角展现多幅场景的西方艺术家，同时创造出了三维舞台视觉效果。他利用背景虚化和展示与单一光源一致的阴影，创造出面向观众的透视效果。

中世纪绘画多是深不可测的面部和脱离现实的背景空间，但是，在布兰卡契壁画中，马萨乔将背景放在人类世界。《逐出伊甸园》表现一对悲伤夫妇的

---

① 消失点，又称"消点""灭点"，就是与画面不平行的成角物体，在透视中伸延到视线心点两旁的消失点。可以简单地理解为由两条平行的水平直线通过透视朝远处伸延，越远越靠拢，最后交于一点，即为消点。

悲惨形象。其他大多数画作展示的是佛罗伦萨虚化的风景和面孔清晰的人群，有些是布兰卡契家族成员，还有马萨乔自己和他的三个同事。这表明艺术家不仅仅是工匠，而且已经成为这世俗世界的参与者。

在同一时期，马萨乔独自完成了圣马利亚诺维拉教堂中殿墙上的壁画——《圣三位一体》。这是已知最早完美应用透视法则的绘画作品。这座壁龛式的教堂有类似罗马凯旋门的拱顶。通过将消失点设置在观众的水平视线上，他创作了金字塔构图的"仁慈的君王"。画面上部，圣父向虔诚的人贡献自己被钉上十字架的儿子，圣父两侧是圣母和圣约翰。在神龛外，两个凡人（画家的赞助人）虔诚地跪着。《圣三位一体》结构对称且具有神秘感，是第一幅也可能是最好的一幅尝试表现人和宗教之间和谐平衡的作品。

这位文艺复兴时期极具开创性的画家却是穷困潦倒的。马萨乔没钱支付画家协会会费，甚至都没钱买香肠。完成《圣三位一体》后，贫困潦倒的马萨乔四处躲债，年仅 27 岁就不明不白地去世了。但在六年的职业生涯里，他所留下的为数不多却意义重大的作品，重新定义了意大利绘画艺术，并被波提切利、米开朗基罗和萨尔瓦多·达利等艺术家仔细研究。

围攻君士坦丁堡，伯特兰·德·拉·布罗基尔手稿（1455）。图中画有很多土耳其大炮。

Europeans at Peace

虽然文艺复兴的进程缓慢，但是 15 世纪 50 年代发生了一些重要事件，瞬息万变的事态加快了这一时期的发展进程。短短几年里，就像从碰倒的棋盘上散落的棋子，人们的传统观念遇到了挑战。这之后的两代人经历了非同寻常的繁荣和相对的和平，之后迎来了复杂又不同于以往的新秩序。

1453 年 5 月，奥斯曼土耳其人经过不到八周的包围封锁就占领了君士坦丁堡。1100 年历史的拜占庭帝国①到了末期，版图已经大为缩小，所以对于欧洲人来说，拜占庭帝国的灭亡不足为奇。君士坦丁堡沦陷后，重建为伊斯坦布尔，成为奥斯曼土耳其帝国的首都。这不仅让基督教欧洲失去了东方的根据地，还碾碎了中世纪以来十字军东征的幻想。一扇门关闭了，又会打开另一扇门。许多希腊人带着珍贵的经典手稿逃离罗马。这些手稿包括神父、经典剧作家、希腊哲学家和诗人等名人的著作。这些难民来到意大利，重新燃起了人们对希腊古典文化的热情。对学术领域的古典研究逐渐转变为一场规模浩大的思想运动。这场运动迅速蔓延到阿尔卑斯山以外，对巴黎、牛津以及低地国家的学术界形成挑战。

①　拜占庭帝国：395 年，罗马帝国皇帝狄奥多西一世逝世。临终前，他将帝国分为东西两部分，与两个儿子继承。其中的东罗马帝国延续了近千年之久，称为"拜占庭帝国"。

就在君士坦丁堡沦陷两个月的同时，英国君主放弃了一直以来对法国的统治。经历几代人的百年战争代价惨重，英法终于分道扬镳。百年战争中失利的英国人此时又面临国内矛盾的不断升级，最终引发了玫瑰战争①，这让英国人在之后的二三十年无暇顾及欧洲大陆。相反，获胜的法国人自信心大增。在几代有能力或者有野心的统治者统治下，法国一面扩张领土，一面企图通过武力或联姻的方式征服意大利和低地国家。

意大利统治者意识到内讧将招致土耳其人和法国人的觊觎，于是停止了内部争斗。1454 年 4 月 9 日，在意大利北部城市洛迪，佛罗伦萨、米兰和那不勒斯签署了和平条约。随后威尼斯和教皇国②也加入和约。《洛迪和约》承认当时国家边界和势力均衡，规定意大利各公国之间不得相互征伐。意大利各主要势力既一致抵抗外来入侵者，同时又保持彼此独立，形成了所谓的意大利联盟。这一和约给意大利带来了两代人的相对和平与繁荣，促进了文艺繁荣向北方扩展。

同年出现的印刷机也加快了文化传播。约翰·古腾堡是一名生活在德国美因茨的金匠。他在印刷机出现的十年前就发明了活字印刷术。古腾堡在 1455 年印刷了 42 行《圣经》，名气大振。他的技术突破可以追溯到一年前，当时他接了一项重要的订单，为当地大主教印刷赎罪券。通过印刷普通印刷品，而非像《圣经》这样的经典，古腾堡发现了印刷作为大众传播工具的重要作用。在接下来的一二十年，德国和意大利北部建立了无数印刷所，极大地降低了文字材料的成本，扩大了传播的范围。伴随着语言标准化，人们文化程度迅速提高，促进了德国、法国、英格兰和西班牙的民族觉醒。第一场伟大的信息革命如火如荼地展开了。

在欧洲政治格局和文化版图变化的同时，世界也在发生影响深远的变化。

---

① 玫瑰战争（ Wars of the Roses, 1455—1485 ），是英王爱德华三世（ 1327—1377 年在位 ）的两支后裔，兰开斯特家族和约克家族的支持者为了争夺英格兰王位而发生的一系列内战。

② 教皇国（ 754—1870 ），一个政教合一的君主制国家，位于欧洲亚平宁半岛中部，由罗马教皇统治，与神圣罗马帝国有着密切关系，是当时欧洲最有影响力的国家之一。

约翰·古腾堡的42行《圣经》的一页，印刷于1455年。很少有人意识到印刷术所能带来的革命性改变。包括古腾堡在内的许多人都模仿精心装饰的中世纪手抄本进行印刷，尽管它们看起来有些过时。

在 1452 年和 1455 年的两份宗教诏书中，教皇尼古拉五世允许基督徒奴役异教徒并占有他们的土地，特别是非洲黑人，这是基督徒对穆斯林一贯的做法。尽管当时诏书的本意是鼓励开拓西非，但实际上却让欧洲开始了明目张胆的扩张和奴隶贸易。1456 年威尼斯探险家阿尔维塞·卡达莫斯托偶然发现了佛得角群岛，为欧洲人探索世界打开了大门。

15 世纪 50 年代中期，欧洲人的生活发生了一系列变化，他们发现世界更开放，旅行变得更容易。各种难懂的本地方言取代了中世纪的通用语言拉丁语，但是关于艺术、经济、科学和战争的一系列新的共同规则加强了国家之间的联系。人们打量这个世界，新思想不断涌现，但依然一片祥和。

11. 弗拉维奥·比翁多 1392—1463：
复原罗马的人

历史学家和考古学家弗拉维奥·比翁多出生于教皇城弗利。他接受过全面的人文主义教育并于 1433 年担任罗马教廷秘书长。来到罗马后，比翁多发现罗马并不是想象中的古代世界之都——世界中心。在中世纪期间，如同那些迁移到卡匹托尔山与梵蒂冈之间的低地国家，罗马人已经改变了城市和社会中心，他们放弃了曾经的城市中心——罗马广场、竞技场、迪欧克勒提安浴室、埃斯奎林山和西莲山。倒塌的神殿和别墅、地下墓穴和古帝国城墙沦落为牧人的放牧场。

随着 15 世纪 20 年代亚维农教廷①的结束，大量新贵和牧师的拥入让罗马重新焕发活力。但是古帝国城墙仍然荒凉，到处是残垣断壁。曾是古典世界中心的罗马广场成了牧牛场。

但对于弗拉维奥·比翁多来说，罗马废墟充满魅力。他盛赞这些废墟，认为它们散发着史书中记录的古典美。比翁多开始研究史料和探究遗迹，从拉丁文典籍中搜索、研究古迹中的碑文、雕刻和建筑材料。

通过多年的悉心收集和分析，比翁多写了一些著作，丰富了古典研究，创造了考古科学。他在考古学方面的杰作是写于 1444 年至 1446 年的《复原的罗马》。在这本书里，比翁多第一次对古罗马地貌进行了描述，注释了数百座当时不知

---

① 亚维农教廷，指天主教教廷机构迁移到法国亚维农（当时亚维农是教宗领地）的一段时期。

比翁多《复原的罗马》（1444—1446）原始手稿页。这两页描述了古罗马一处伟大的公共工程——迪欧克勒提安浴室。

名的神殿和公共建筑，说明了它们的作用，并以卡匹托尔山为中心描述了它们的位置。此外他还介绍了城市的基督教纪念碑，特别是那些早期古典建筑顶部或内部的纪念碑。

在《复原的罗马》中，比翁多不仅准确地介绍了罗马，而且重新梳理了古典世界的文化脉络。《复原的罗马》不仅仅是一部历史和考古学著作，它还吸引和激励着人们重现古罗马辉煌。在他的续作《罗马的胜利》（成书于 1459 年）中，比翁多进一步阐述了政府改革和军队重组模式。

尽管比翁多的著作（早在 1481 年出版）广泛传播，他本人也积极保护城市现有遗迹，但在他有生之年，罗马古典遗迹却遭到了加速破坏。教皇重返罗马后引发了建筑潮，建筑者搜刮废墟上可再利用的石块，将它们烧成灰浆。罗马教廷的人文主义者带着外国来访者参观古罗马广场时，曾经引以为豪的广场建筑被拆除，用于建造银行家和红衣主教的新宫殿。数十年间，古罗马竞技场沦为一个大型人造采石场。那些所谓崇尚人文主义的教皇们命令将没有烧成灰浆的古典建筑碾平，准备修建城市宽阔的马路。令人感到讽刺的是，他们声称这些都是为了重现罗马的辉煌。

12. 卢卡·德拉·罗比亚 1399/1400—1481: 伟大的陶瓷雕塑家

传说年轻的卢卡·德拉·罗比亚在工作上笃好钻研，他把脚放入木屑中保暖，彻夜工作。像许多 15 世纪的雕塑家都曾拜师金匠一样，他也曾是金匠学徒。15 岁时，他已经师从佛罗伦萨雕塑家南尼·迪·班科，学习动态人物雕像新手法。1421 年南尼死后，卢卡来到著名雕塑家多那太罗的工作室。多那太罗非常强调作品的生动性。1432 年他加入石匠协会，开始雕刻作品《教会唱诗班》。卢卡在佛罗伦萨大教堂的大理石屏风上雕刻了风琴和许多跳舞、击鼓、唱歌的天使。该作品虽然是 500 年前的作品，但是人物神情各异，生动活泼，充满了古典美，即使在今天仍具有相当的艺术吸引力。作品中一队游行的乐童，声文并茂演绎赞美诗。小天使演唱和弹奏赞美诗 150 篇，大理石上刻着："吹奏喇叭赞美主；弹奏竖琴和七弦琴赞美主；演奏手鼓和舞蹈赞美主；演奏弦乐和笛子赞美主；敲打钹赞美主。"

卢卡在花了近 10 年时间完成《教会唱诗班》和其他项目后，据说后来就变得斤斤计较起来——"计算自己花费了多少时间创作作品，回报却寥寥无几"。他显然也认识到，他的人物雕像虽然细致入微，个性十足，但是这些作品被安

卢卡·德拉·罗比亚的《玫瑰圣母》（1460）。在这一大上釉赤陶雕像中，卢卡放弃了传统大理石雕塑，塑造了色彩丰富、平易近人的圣人形象。（右页图）

卢卡·德拉·罗比亚为佛罗伦萨大教堂创作的《教会唱诗班》中的两块雕塑板（1431—1438）。卢卡受到意大利中部保留的高凸浮雕大理石棺的启示，创作出生动描绘这些男孩的作品。

放到 10 米或 20 米高的位置时，人们很难注意到。所以乔尔乔·瓦萨里在一个世纪后这样描述："他决心放弃大理石和青铜雕像，看看能不能通过其他方法赚得更多的钱。"

卢卡花了将近 10 年的时间来找寻将油画的亲切感与大理石雕像的持久保存和宏大主题结合起来的方法。他的上釉陶器技术可以让雕像具有像大理石般光泽的外表。他的手艺立即引起了教堂管理者的注意。他们让卢卡制作样本，卢卡在圣器收藏室的门上设计了弦月窗。釉陶人物在 15 世纪并不新鲜，但是卢卡是第一个将其运用于高凸浮雕的工匠。卢卡对自己的技术和材料严加保密，包括细致的雕塑和高温烧制在内的制作过程非常复杂。从风格上看，卢卡的陶瓷作品就像他所做的雕塑一样，避免了多那太罗和洛伦佐·吉贝尔蒂所钟爱的复杂几何图形和多视角，而是仅在单色背景上简单构置人物（通常是白色）。圣器收藏室弦月窗图案构图经典，情感明晰，可以与佛罗伦萨当时最好的画家的作品媲美，作品轰动一时。卢卡很快就收到无数订单。

　　1446 年，卢卡说服了自己的兄弟们放弃雕塑，加入他的制陶工场，工场位于佛罗伦萨西北部偏僻地区。这样的选址是考虑窑炉溢出的火焰不会吞没拥挤的城市。科西莫·德·美第奇的儿子皮耶罗也住在附近，他特别推崇卢卡的作品。皮耶罗鼓励卢卡尝试更多颜色，说服卢卡尝试弦月窗和圆盘之外的东西，如拱顶和人行道。其中一些作品现今仍装饰着美第奇宫。

　　通过这项创新，卢卡和他的兄弟们名利双收。他们获得了大量的订单，创造了大量作品装饰托斯卡纳区，甚至包括法兰西和西班牙的教堂和宫殿。卢卡的陶瓷雕塑可以在户外展示，不像油画或雕塑，容易受到天气的影响。1450 年，卢卡年轻的侄子安德里亚加入家族生意，开始使用模具生产装饰用的叶片、花朵和水果，极大提高了生产效率。尽管该技术被广泛模仿，但是安德里亚和他的儿子乔瓦尼传承保持了卢卡产品品质卓越的声誉。工场传到第三代时沦于平庸，成为佛罗伦萨众多艺术家工场中的一个。卢卡·德拉·罗比亚曾经凭借陶瓷雕塑成为意大利著名的艺术家和技术创新者，而如今很多工场都可以复制并进行批量生产。

13. | 库萨的尼古拉 1401—1464：
重新定义人与上帝关系的人

尼古拉出生于德国西部摩泽尔河附近小镇库萨的一个富商家庭。据说尼古拉·克雷布斯小时候被父亲不小心用船桨打了头，所以他不再从事船运生意。在荷兰旅行期间，他在兄弟会学习，随后在海德堡和帕多瓦的大学学习。1423年他获得教会法博士学位。1425 年，尼古拉开始在科隆大学教书，但是他的教学生涯非常短暂。几年后，他获得特里尔大主教秘书的职位，开始在罗马和巴塞尔从事法律工作。他最初强烈支持教会理事会的权力高于教皇。15 世纪 30 年代中期，他全面接管了教皇尤金四世的事务后，被尊称为"尤金四世的大力神"。尤金从 1437 年起任命尼古拉为教廷使节，出访君士坦丁堡。在那里尼古拉要处理棘手的事务，说服那些犹豫不决的希腊神职人员返回意大利，讨论基督教会的统一问题，以对抗势头日甚的奥斯曼势力。

1449 年，尼古拉被任命为红衣主教，从此自称为"库萨的尼古拉"。尽管之后的 20 年里，他一直为教会事务奔波，但仍然思考和写作自己感兴趣的课题。他的著作有些涉及政治和宗教，反映出他对弥合基督教各分支的关切——希腊和罗马、教皇和教会会议、德国和意大利等各派别。还有一些关于神学——人的生命有限，无法去了解无限生命的神。他写道，人可以通过放弃依赖概念智力来克服这种障碍。人可以通过了解自己所不了解的东西来感知上帝。尼古拉将这一明显自我矛盾的过程称为"习得无知"，并以几何图形圆进行比喻。他将上帝比喻成圆心和圆周。尼古拉写道，尽管在概念上理解上帝是不可能的，

在尼古拉家乡库萨的尼古拉图书馆保存的书籍和天象仪。在两个星象仪中间是一个中世纪流行的黄道仪——用于标绘恒星和行星之间的角度和磁偏角。

但是一个人可以不断学习，弥补自己的无知，从而更接近上帝。因为一个多边体的边越多，它就越接近圆，虽然永远无法与其相等。

尼古拉对几何、命理学和占星术的痴迷从他的著作中可见一斑。他认为上帝的暗示既在人间，也在天堂。因为神性不仅在有限的地球，也在宇宙的中心。尼古拉否认托勒密的地心体系，接受了更为激进的世界多级理念——该学说认为地球和太阳只是无数天体（但不是无限的，只有上帝是无限的）中的两个。此外，尼古拉还摈弃了圆形行星轨道和球形行星的观点，因为它们对于真实而又非永恒的宇宙来说太过完美，不符合亚里士多德学派关于纯净天堂与堕落地球的表述。

尼古拉是文艺复兴早期伟大的思想家之一，也是阿尔卑斯山以北唯一对人文主义知识和拉丁文充满热情的学者。他在旅途中发掘了许多久已失传的经典著作，并在佛罗伦萨和罗马把这些著作翻译成意大利文。他甚至涉足科学观察，写了一些凹透镜、矿物绿宝石属性以及勺子应该是什么形状的论文。虽然他的许多理论颇有远见卓识，为后来哥白尼、布鲁诺和开普勒的研究奠定了基础，但是尼古拉的研究仍基于理论和逻辑的学术模型，而不是基于实验。他用亚里士多德的术语和柏拉图的数字及形式质疑中世纪的宇宙论，而非通过观察和实验。尽管尼古拉的个人兴趣在其科学和改革思想方面发挥着至关重要的作用，但他的眼界仍然完全局限在无限的上帝的观念上，而非研究现实中的人。他在去意大利中部为庇护二世招募基督教十字军的途中去世。

14. | 弗朗切斯科·斯福尔扎 1401—1466：
自封的公爵

意大利语"斯福尔扎"意为"非凡的力量"，是弗朗切斯科·斯福尔扎的昵称，这个昵称起源于他的父亲穆齐奥·阿当多罗。据说穆齐奥·阿当多罗十分健壮，可以徒手拉直马蹄铁。穆齐奥是来自意大利罗马涅地区的贵族，当时他与几个兄弟和堂兄弟离家并组建了一支雇佣军。在 14 世纪晚期，雇佣军在意大利非常普遍，这些雇佣军为一些小公国和自由共和国南征北战。从军为上千无业游民提供了工作，他们觉得当雇佣兵比种田好得多。一个优秀的雇佣兵也可以被雇主授予贵族头衔。

弗朗切斯科出生在战乱时期，是父亲穆齐奥七个私生子中最为得宠的一个。18 岁时，他和父亲并肩作战，谁家给的报酬高就成为谁家的雇佣兵，曾为教皇、米兰、那不勒斯、佩鲁贾或费拉拉等公国而战。1423 年，穆齐奥在过河的时候淹死。弗朗切斯科当时只有 22 岁，他接手了父亲的雇佣兵团并很快找到了理想的雇主。米兰公爵菲利波·马里亚·维斯孔蒂非常渴望恢复自其父 1402 年死后丧失的领土。菲利波·马里亚足智多谋，需要像斯福尔扎这样纪律严明、能征善战的人。战场上弗朗切斯科常常大获全胜，但他个性强势常常与菲利波产生冲突，后来被派到偏远地区守卫要塞。

耶稣受难像局部（1480）。尼古拉跪在被钉在十字架上的基督面前，画中带有标志性的徽饰：一只鳌虾 [他的姓克雷布斯（Krebs），意为"螃蟹"]。（左页图）

安东尼奥·波拉尤洛著作中弗朗切斯科·斯福尔扎的骑马像（1482—1483）。斯福尔扎的儿子卢多维科·斯福尔扎为纪念自己的父亲，希望按照古典传统建立纪念碑，但是该作品一直没有完成。

事后斯福尔扎决定建立自己的领地，以对抗菲利波·马里亚的颐指气使。他意识到罗马对亚平宁山脉以北地区控制薄弱，于是举兵征服了费尔莫城，自立门户。菲利波·马里亚为了赢回得力大将斯福尔扎，开出一个非常诱人的条件，即将自己的私生女，也是唯一的继承人比安卡·马里亚·维斯孔蒂嫁给斯福尔扎。斯福尔扎花了一年的时间才结束了原来的婚姻，1432 年和比安卡订婚。但此时斯福尔扎和菲利波又生口角，斯福尔扎一气之下跑去为米兰的敌人——佛罗伦萨和威尼斯效劳。直到 1441 年两人才尽释前嫌，斯福尔扎和比安卡举行了婚礼。

1447 年，菲利波·马里亚去世，没有任何男性继承人。由于存在权力真空，一些米兰贵族以米兰城保护人圣安布罗斯为名，建立了安布罗斯共和国。起初斯福尔扎和他的军队效忠新的政权，挫败了威尼斯人夺取米兰的企图。但他很快改变了立场，封锁了米兰城近一年时间。米兰民众迫于饥荒，要求统治者将城市和权力拱手让给斯福尔扎。1450 年 3 月，斯福尔扎与比安卡一起入驻米兰城就职。

与斯福尔扎同辈（及后辈）的意大利统治者大多自负、嗜杀和自我吹嘘，

卢多维科委托乔瓦尼·西莫内塔为其父所作的斯福尔扎传记，这本书歌颂了弗朗切斯科·斯福尔扎的生平事迹。该书印刷于 1490 年，插图由乔瓦尼·彼得罗·比拉戈手绘。

而自封的弗朗切斯科·斯福尔扎·维斯孔蒂公爵则显得冷静理性。他通过建立公平有效的税收体系，赢得了米兰人的心；通过税收建起了医院并连接了阿达河的航道；此外还重建和加固了米兰的老维斯孔蒂城堡，即后来的斯福尔扎城堡——时刻提醒人们斯福尔扎家族曾显赫一时。

凭借勇敢向前的劲头，斯福尔扎也成功地稳定了意大利混乱的政局。他提倡利用外交官刺探对手的意图并弥合彼此分歧。他和佛罗伦萨的实际统治者科西莫·德·美第奇建立了可靠的合作关系，尽管两个国家曾经是世仇。1454 年，这种友好关系扩展到那不勒斯王国，随后是威尼斯和教皇国。通过放弃小块领土，斯福尔扎赢得了美第奇的信任，签订了欧洲第一个互不侵犯条约，即《洛迪和约》。该和约确认和确保了半岛势力平衡。在斯福尔扎有生之年，米兰一直享受着和平。斯福尔扎甚至将其最精锐的雇佣兵借给之前的老对手威尼斯人调遣。

15. 利昂·巴蒂斯塔·阿尔贝蒂 1404—1472：文艺复兴第一位"通才"

利昂·巴蒂斯塔·阿尔贝蒂一生喜欢吹牛。他描写自己如何双腿绑住就能跳过站立的人的头顶；如何在佛罗伦萨大教堂将一枚硬币扔到拱顶发出声音；如何驯服野马和攀登山峰。这对于一个建筑师、语言学家、解密码者，以及发表过很多论文、剧本、诗歌的作者来说，显得稚气未脱，但是阿尔贝蒂总是想要获取别人关注而显露自己的天分。

也许因为自己是佛罗伦萨流放贵族的私生子，阿尔贝蒂为家族和自己的身份感到耻辱。他的父亲尽可能让他接受最好的教育，但在父亲 1421 年去世后，阿尔贝蒂便无依无靠。刻薄的亲戚们拿走了他上大学的费用，并将他从家族自 13 世纪以来定居的城市赶走。1428 年，阿尔贝蒂获得教会法学位，佛罗伦萨当局取消了他的流放令，阿尔贝蒂才从私生子和被人驱赶的双重压力下解放出来。从此阿尔贝蒂称自己为"利昂"，即雄狮的意思。

阿尔贝蒂有理由像雄狮一样骄傲。20 岁时，他就可以写出与莱皮杜斯的古典著作十分相像的拉丁喜剧，以至于许多人文主义者以为它就是久已失传的剧作。在 15 世纪 30 年代，他创作了阐述婚姻生活的经典著作《论家庭》。15 世纪早期，通俗的社会学研究备受争议。阿尔贝蒂感叹，他曾无意间听到"自己的亲戚公开嘲讽写书徒劳无功"。因此阿尔贝蒂像大多数早期人文主义者一样，选择了更为保险的教会职业。1431 年他被佛罗伦萨教皇尤金四世授职，在罗马的教皇总理府担任闲职，因此有时间发展自己的兴趣爱好。

阿尔贝蒂的兴趣非常广泛，算得上是文艺复兴和宇宙研究方面的典型人物，尤其热衷于表现人文思想的艺术。作为马萨乔和布鲁内列斯基的密友，他见证了绘画艺术在意大利的变革历程。虽然他并不是一位伟大的艺术家，但他所著的《论绘画》（1435）促进了艺术的发展。他运用自己接受的古典学说，从理论和功能的角度探讨了绘画。在新的自然主义、透视和肖像画潮流中，他发现艺术"具有神圣的力量，不仅能够从无到有……而且可以让逝去的事物几世永存"。

阿尔贝蒂制作的铜质圆形浮雕（1436）是最早的独立自画像之一。艺术家采用了非常独特的罗马风格——侧面像和身穿罗马宽松外袍。

阿尔贝蒂竭尽全力将他的理念运用到建筑领域。到罗马后，他开始在废墟中探索古罗马人的设计原则。阿尔贝蒂将自己的研究成果应用到实际设计中，如佛罗伦萨鲁切拉府邸和里米尼马拉泰斯塔教堂，后来又结合自己的亲身经历和人文主义理论撰写了《论建筑》（1452）。阿尔贝蒂的著作模仿了古典主义罗马作家维特鲁威的著作《建筑十书》，但是他的研究更深入，不仅描述了现有建筑的建造方法，而且对未来建筑的结构、审美和社会功效提出了指导意见。作为第一本关于建筑的著作（出版于1485），《论建筑》出版了拉丁语等数十个版本。该书在两个世纪后，仍被用作实践指南。

阿尔贝蒂不断探索新的领域，写了许多关于剧作、诗歌、小说、考古学、

城市规划和数学游戏的论文。因为喜欢数字,他在晚年还写了一本密码学专著《论密码》。在这本书中,他第一次提出了"多码加密"的加密设备。阿尔贝蒂晚年热衷于建筑,为美第奇和其他佛罗伦萨富人工作,在曼托瓦、费拉拉和乌尔比诺之间穿梭,为当地领主提供建筑指导。1459 年,教皇庇护二世委托他采用维特鲁威风格,重新设计整个潘萨城。阿尔贝蒂设计的潘萨城是古典欧洲之后,第一座真正意义上的人文主义和文艺复兴城市,也代表了这位经历丰富的欧洲文艺复兴第一人的最高成就。

受古罗马遗迹提图斯凯旋门和马克森提斯殿的启示,阿尔贝蒂设计了曼托瓦的圣安德里亚教堂(1462)。(左页图)

16. | 庇护二世 1405—1464：
人文主义者、诗人和教皇

凭借智慧和真诚打动他人的天赋，埃内亚·皮科洛米尼几乎毫不费力地从卑微身份登上权力巅峰。作为失宠的锡耶纳贵族长子，他在家族田地劳作中长大。他曾经跟着一名友善的牧师识字。在进入锡耶纳大学后，他花费大量的时间饮酒，而不是学习典籍。他承认自己容易受到他人影响：当圣贝尔纳迪诺布道时，皮科洛米尼放弃了堕落的生活。但当这位修士离开后，他立即故态复萌。1432 年一位前往巴塞尔参会的主教途经此处，还在学习法律的皮科洛米尼迷上了这位主教，于是当即放弃了法律学习，成了一名教会秘书。

在他的第一位资助人钱财耗尽后，皮科洛米尼在巴塞尔不断改投门第，每一位新的赞助人都比前一位声望更高。他被派往法兰西和德国执行外交任务，同时秘密前往苏格兰，试图说服苏格兰国王入侵英格兰，但是没有成功。因为牧师要求宣誓独身，所以他放弃了牧师的职位。他逐步参与到德国高教会派的政治之中。后来皮科洛米尼成为德国国王腓特烈三世的朝臣和秘书。因为写作了大量的诗歌、剧作、讽刺诗，以及情色、浪漫和薄伽丘式小说，他于 1442 年被授予"宫廷桂冠诗人"的称号。

锡耶纳大教堂皮科洛米尼图书馆的壁画，平图里乔绘制（1502—1508）。壁画描绘了教皇竞选的场景：庇护二世带着圣彼得三重冕，由轿子抬进圣乔瓦尼大教堂。（右页图）

皮恩扎的皮科洛米尼宫，设计师贝尔纳多·罗塞利诺（1459—1464）。作为佛罗伦萨贵族最爱的建筑师，罗塞利诺设计了五个独立建筑构成的皮恩扎中央广场。这是文艺复兴城市规划的早期样本。

　　作为腓特烈三世的掮客和罗马的拥护者，皮科洛米尼逐渐和教会阶层，特别是和教皇尤金四世熟络起来。1445 年，他决定放弃在罗马的放纵生活，不再喝酒，加入了神职。他很快获得了回报。不到一年，尤金四世就任命皮科洛米尼为里雅斯特主教。1450 年，他被任命为自己故乡锡耶纳大教区的主教。1452 年，他为讨好腓特烈三世，特为腓特烈三世去罗马参加加冕礼保驾护航。1456 年得益于腓特烈三世的支持，皮科洛米尼当选红衣主教。仅仅一年后，经过激烈的红衣主教竞选，皮科洛米尼当选教皇。

　　为纪念诗人维吉尔，皮科洛米尼选择"Pius"（庇护）作为自己的封号，因为维吉尔在史诗中经常称主人公 Piccolomini 为"pious Aeneas"（庇护二世的本名为 Aeneas Piccolomini）。一些希望得到庇护二世资助的人文主义者前往罗马，却大感失望，因为庇佑二世对古典文学的态度也不过是取封号而已。身为教皇，他不得不放弃写作，只是晚年写了《闻见录》。《闻见录》是目前唯一的一部教皇自传，直率地揭露了庇护二世跌宕起伏的青年时期，以及文艺复兴早期教皇制度的内部运行方式。

庇护二世将其对人文主义的热情倾注到重建其出生地克斯格纳诺之中，并为此耗费了大量的精力和金钱，他根据自己的名字将克斯格纳诺重新命名为：皮恩扎（Pienza）。庇护二世邀请了利昂·巴蒂斯塔·阿尔贝蒂等建筑师，并说服其他红衣主教们在皮恩扎建造自己的府邸，由此建立了第一个也是最完整的文艺复兴时期的规划城市。这座城市成为斐德列克公爵等人的灵感来源（斐德列克公爵是乌尔比诺城的缔造者）。皮恩扎城市中心广场周边分布着小教堂、市政厅和皮科洛米尼宫。与托斯卡纳区缺乏生气的城市相比，皮恩扎是文明城市设计的样板，人文理性的瑰宝。

如此世俗而天性欢喜的庇护二世一方面迫于局势，另一方面也由于其多变的个性，最终不得不走上另一条道路。奥斯曼土耳其帝国征服君士坦丁堡后继续入侵巴尔干，庇护二世任教皇不到一年就声明要组织十字军，重新占领东正教的首都。他召集了基督教国家的国王到曼托瓦商议，并亲自带领队伍前往，可是除了受土耳其直接威胁的匈牙利人提供了军队和资金，响应者寥寥无几。庇护二世只能抱怨唯利是图的威尼斯人和自私自利的法国人，甚至不得不在1464 年亲自率领东征军前行，希望其他人能心感羞愧进而采取行动。当他拖着虚弱的身体带军行至安科纳时，仍没有其他军队前来会合。他在苦等军队前来会合的过程中郁郁而终。庇护二世从一名诗人沦为一场失败的十字军东征的领导者。

17. │ 劳伦佐·瓦拉 1406—1457：备受争议的享乐主义者

文艺复兴早期，几十名年轻学者竞相争取资助，劳伦佐·瓦拉凭借自己的才气和好斗的性格脱颖而出。他尖锐地攻击"一些伟大的作家已经成为长期御用工具"，自称不在乎他们可能"对其大发脾气，同时也不在乎他们一有机会就伺机报复！"他认为，在人文主义的英雄时代，捍卫真理和正义才是这个时代最高的美德、最大的荣耀和奖赏！

瓦拉出生于意大利北部，在罗马和佛罗伦萨接受了一流的人文主义教育。他师从莱昂纳多·布鲁尼学习拉丁文，师从乔瓦尼·奥里斯帕学习希腊文。这两位都是当时非常有名的老师。学生时代他的写作就展露出好辩的风格：在一篇早期论文中（目前已遗失），他宣称罗马雄辩家马库斯·费比乌斯·昆体良是一位比西塞罗更伟大的文体学家。而他的老师布鲁尼最为尊崇西塞罗。1431 年，瓦拉参加帕维亚大学辩论并获得了第一雄辩家的称号。他在大学完成了著作《关于快乐》，赞颂伊壁鸠鲁①和人们追求欲望的享受。这是第一部捍卫古典价值观的人文主义著作，而这种古典价值观与数千年来的基督教教义是背道而驰的。基督教教义仅从古典哲学中吸收了斯多亚学派②的思想，而忽视了大部分其他哲学。

① 伊壁鸠鲁(公元前341—前270年)，古希腊哲学家、无神论者，被认为是西方第一个无神论哲学家。他主张寻求能够达到心灵宁静的快乐与幸福。

② 斯多亚学派，塞浦路斯岛人芝诺（Zeno）（约公元前336—约前264 年）于公元前300 年左右在雅典创立的哲学学派；因在雅典集会广场的画廊（古希腊语转写：StoaPoikile）聚众讲学而得名。斯多亚学派是希腊化时代一个影响极大的思想派别。

在冒犯了热心读者之后，瓦拉又攻击了 14 世纪意大利最伟大的法学家巴尔托洛·德·萨索费拉托拙劣的拉丁文，这导致他被帕维亚大学开除。在当了三年流浪学者后，瓦拉最终得到那不勒斯国王阿方索一世的青睐，1435 年他被授予皇家秘书的职位。在随后 12 年间，瓦拉将希腊经典翻译成拉丁文，并在朝堂上与其他人文主义者激烈辩论，以取悦国王阿方索。他还写了言语尖刻的有关人文主义黄金时代的著作。这些著作攻击了中世纪哲学的核心，其中主要的论据是早期学者粗浅的拉丁文导致论证缺陷，以及对亚里士多德的错误理解。1441 年，瓦拉写了《论拉丁语的优美》。这是古代以来第一部拉丁语法书，同时也是首部系统地阐释拉丁语文体和语言标准的书。1471 年，该书首次出版，并在未来半个世纪重印了 50 多次。《论拉丁语的优美》清理了中世纪拉丁语的新词和非规范语言。但是这也使得拉丁语变得僵化，让拉丁语注定难以成为雅

《君士坦丁赠礼》，拉斐尔作于 16 世纪 20 年代。教皇利奥十世以此画作纪念君士坦丁大帝赠礼。瓦拉很早以前就开始怀疑教皇世俗权的正当性。

瓦拉著名的有关君士坦丁赠礼的论文手稿（1440）。他使用最新的语言学工具，表明教会拥有最高政治权是虚假论断。

俗共赏的语言。瓦拉特别喜欢使用自己的语言技巧和讽刺的智慧，来揭露中世纪的虚伪并将其拉下神坛。他最著名的著作是《关于君士坦丁赠礼的辨伪》。瓦拉从 1440 年起开始写这本书，在书中驳斥了教皇世俗权的起源，即君士坦丁大帝在 4 世纪早期向教皇西尔威斯特的馈赠。根据《赠礼》记载，君士坦丁大帝在离开拜占庭时，为感谢教皇西尔威斯特为其洗礼，并治愈他的麻风病，将其帝国以西一半领土赠予教皇。瓦拉机智地揭露了《赠礼》在修辞和历史术语上的虚假性，最关键的是其中包含一些后来才有的拉丁词语（大约出现于 750 年），从而证明该书为伪作。

瓦拉进一步证明《使徒信经》并非传说中由十二信徒所写。他还嘲笑拉丁文《圣经》是对原希腊文的拙劣翻译。因为大胆的言论，他多次被指控为异端，靠着阿方索的干预，及时逃往巴塞罗那才幸免于难。后来新当选的人文主义者教皇尼古拉五世授予瓦拉梦寐以求的教皇秘书一职。瓦拉立即抛弃了自己的保护人阿方索，前往罗马享受闲职。他仍然脾气暴躁，在多米尼加修道士聚会上，攻击圣托马斯·阿奎那的著作。但此时瓦拉的激烈抨击不再会对自己造成任何危险。六十年后，当他的著作被伊拉兹马斯和卢瑟等人重印时，教会仍然感到不满。

18. | 亚历山德拉·斯特罗齐 1407—1471： 一位为孩子们婚事操碎心的母亲

文艺复兴时期的佛罗伦萨，富裕的精英阶层婚姻多是一种政治联姻，而不是出于爱情。亚历山德拉·斯特罗齐是一位名门望族的女家长，在给自己的两个儿子菲利波和洛伦佐的信里，她指出了政治婚姻的本质。她的两个儿子均被竞争对手美第奇家族放逐，写信是她和儿子唯一的沟通方式。她经常用意大利语写信，内容多是一些冗长的家常闲聊。这些私人信件让我们对 15 世纪妇女们的生活有所了解。

亚历山德拉 14 岁时结婚，28 岁就守寡。在家族被流放亚得里亚海岸时，她的丈夫马泰奥和三个孩子死于瘟疫。政治上备受屈辱，财政上窘迫，之后她和剩下的五个孩子回到了佛罗伦萨。她时常给亲人们写信——在当时这通常由家中的丈夫来完成。已经成年的菲利波和洛伦佐在 1458 年被放逐到那不勒斯。亚历山德拉开始写信告诉他们家中的情况和一些政治新闻，后者常常是用暗语。尽管她能够流利地读写意大利文，但蹩脚的写作和拼写反映出当时大多数贵族妇女的受教育水平有限。

她写的多是些日常琐事，缺乏文雅。她在信中讨论便秘、大斋节饮食、与屠夫的争论以及杏仁的价格。在给小儿子的信中，她写道"按照你喜欢的样式"缝制了几条新亚麻内裤。当菲利波没有回信时，她就内心不安。她这样写道，

佛罗伦萨富人在洗礼堂附近的聚会（可能是参加婚礼），作于 15 世纪 50 年代，这一时期亚历山德拉·斯特罗齐正忙着安排子女的婚事。

他不应该完全忘记母亲，因为儿子出于本性也会想起自己的母亲，"特别是他不离不弃的母亲"。她知道菲利波如果没有来信，一定是因为非常忙。她会四处打问儿子是否有写信给其他人——如果有的话，至少知道自己的儿子没有死。

她一直为孩子们的婚事操心。1447 年她给菲利波写信告诉他，小妹卡特琳娜将与一名富有的丝绸商人马尔科·帕伦蒂结婚。亚历山德拉本希望自己的女婿系出名门，但是将女儿嫁入贵族家庭需要 1500 弗罗林，这对于经济窘迫的斯特罗齐家族来说难以承受。帕伦蒂只要 1000 弗罗林。另外让女儿继续待字闺中也是不明智的，因为卡特琳娜已经 16 岁了，同龄人几乎都已经出嫁。帕伦蒂待他的新娘很好，送她可爱的深红色丝绸睡袍、孔雀羽毛，珍珠花环和珍珠头饰。这位骄傲的母亲这样写道："每次她出去约会，总会拿回 400 多弗罗林的零花钱。"

一方面为了巩固家族名声，另一方面也是想和孩子们生活在一起，亚历山德拉·斯特罗齐对菲利波和洛伦佐的婚事忧心忡忡。这位着急的母亲一直催促

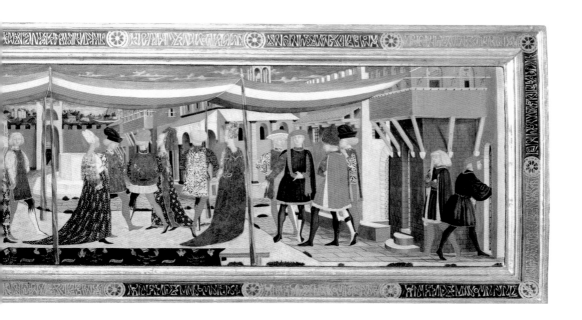

儿子们相亲，但是儿子们并不着急。她的两个儿子在那不勒斯忙于打理家族银行业务，虽然没有正式娶妻，但也从不缺少情人。亚历山德拉对于儿子们的情人都非常恼火，因为每个情人都意味着嫡出孙子又要多等上一阵子。她与菲利波开玩笑说，一名叫作玛丽娜的女奴待他太好，难怪他一直不愿结婚。洛伦佐的情人给他生下了两个私生子，这在亚历山德拉看来也不是什么大事。她尖酸地评论道："（你和菲利波）要是再不结婚，你们会有一大堆私生子。"

　　娶妻可不是一件简单的事情。长得太漂亮不行，长得不漂亮也不行。亚历山德拉注意到一位姑娘是个不错的人选，但据说比较笨拙。另一位姑娘脸太长又不太白皙，但是皮肤很好。因为贵族女孩很少出门，所以想要了解她们的情况并不容易。亚历山德拉经常在某个姑娘家附近侦察，看她是不是坐在窗边聊天——这通常代表举止轻浮不检点。在打听到某个姑娘常去的教堂后，亚历山德拉偷偷参加礼拜，偷瞄那个姑娘。弥撒后，她又尾随另一个姑娘并且评头论

亚历山德拉儿子菲利波·斯特罗齐的陶质半身像（1475）。菲利波直到快40岁才结婚，让他的母亲十分不满。在佛罗伦萨贵族圈，男子平均29岁结婚，而大部分女孩子16岁就结婚。

足："从她的仪态来看，我觉得她品性纯洁，不是懒惰的人。"

1466年，洛伦佐留在那不勒斯继续打理生意，所幸年近40岁的菲利波回到了家乡。菲利波与16岁的费梅塔结婚。亚历山德拉称她为"一块活色生香的好肉"。9个月后她的孙子阿方索出生，成为亚历山德拉此后的生活重心。菲利波离开后，她写信告诉他阿方索的事情，记录他的牙牙学语和蹒跚学步。她写道，小孙子跟着她在房间里蹒跚学步，就像一只小鸡跟着母鸡。孙子15个月大时，她称赞孙子聪明，已经开始教他认字了。1470年，她在信中写道，阿方索很好，并且加了一句"就像我们一样"。亚历山德拉从1447年起就一直说自己快要死了。1471年，她在亲人的陪伴下安然去世。

19. 伊索塔·诺加罗拉 1418—1466： 年轻的人文主义圣女

　　年轻时伊索塔·诺加罗拉就已是一位全面发展的学者。她在 20 岁时就已成为意大利第一位人文主义女性。但是一名口才出众、学识渊博的女性也有自己的麻烦。1439 年，有人用假名发表文章，虽然承认伊索塔口才出众，但是声称"雄辩的女性不贞洁"，指责伊索塔水性杨花。他声称这是对上帝的蔑视，只有不纯洁的女性才"敢于深入研究文学"。此后伊索塔很少公开发表文章，她回到母亲那里，在浩瀚的书海中潜心研究。在掌握人文主义的语法、修辞和文学后，她转向神学，成为一名宗教学者。

　　即使像诺加罗拉这样的精英家族，女孩也很少接受高等教育，并且需要得到男性亲属的同意。伊索塔开明的母亲虽然是个文盲，但是却让她的四个女儿接受了古典教育。伊索塔和她的妹妹吉内芙拉特别突出，但是吉内芙拉出嫁后就不再学习了。伊索塔独自深造学习，听取家里男性亲属的建议和意见，这是年轻未婚妇女唯一适当的男性通信对象。

　　1436 年，伊索塔给瓜里诺·威罗尼写了封自荐信。瓜里诺是她老师的导师，也是著名的古希腊学者。瓜里诺没有回应。当地妇女们对她大胆的举动风言风语，让伊索塔倍感羞愧。当她鼓起勇气寄出第二封信时，信中的语气沮丧又责备。因为"女性总受男性嘲弄"，她为自己生为女性而惋惜。同时她以西塞罗的格言责备瓜里诺，"我们应该谦卑地对待不如我们的人"。她生气地写道："我看你对他（西塞罗）的教导毫无所动。"瓜里诺很快给她回复，鼓励她继续学习，提醒她要坚强，培养更为坚韧的"男性灵魂"。

在 15 世纪，写信不仅是一种信息交流手段，更像是现代的学术期刊，让人文主义者可以传播思想、讨论问题以及发展事业。志向远大的年轻学者将书信集结成册，称之为"书信集"，而伊索塔是少数发表书信集的欧洲女性之一。虽然伊索塔未曾离开过维罗纳，但这些书信集和其他单独的信件，在整个知识界不断复印传播，使她的名声广为流传。

虽然这给伊索塔带来了名声，但是 1439 年有人匿名攻击她的贞洁，她不得不退隐。人们对伊索塔在 15 世纪 40 年代的活动知之甚少，有人写给她的书信中提到了虔诚，希望她保持纯洁。也许是认同这些看法，或是吸取了妹妹婚后中断学业的教训，伊索塔终身未婚，也没有加入修道院。诺加罗家庭富足，思想开明，所以伊索塔以成年单身女性的身份与家人生活在一起，追求自己的事业。她能够自由地阅读基督教典籍、基督徒著作和亚里士多德哲学。

1450 年前后，伊索塔以宗教作家的身份重新出现在众人面前，以一种平和的角色重新开始文化生活，从宗教的视角解读人文主义。她最著名的著作《亚当和夏娃的对话》中，她与维罗纳统治者、好朋友卢多维科·福斯卡里尼进行了辩论，争论的问题是伊甸园中谁犯的错更大。该书写于 1451 年，虚构的对话可能是基于伊索塔和福斯卡里尼的真实讨论。福斯卡里尼认为夏娃的愚蠢和自大导致她违反上帝的戒规，诱骗亚当犯下原罪。而伊索塔认为，上帝赋予

描绘书房中的伊索塔·诺加罗拉的木版画《著名的女人》（1497）。15 世纪 30 年代，当伊索塔开始她的学习时，全欧洲只有 5 位女性掌握了拉丁文。

夏娃较弱的意志和有限的智力，而亚当"能够更好地理解和了解真相"，应该知道得更多。

这样的对话吸引了维罗纳的民众，不仅仅因为主题涉及性和原罪，而且因为参与讨论的是一位声名显赫的已婚男性和一名著名的独身女性。福斯卡里尼有两个博士学位，精神强大。他与伊索塔志趣相同，两人就像恋人一般写了大量的书信。现仅存一封伊索塔早期写给福斯卡里尼的正式信件。福斯卡里尼写给伊索塔的信件频繁而热情，信中大多表达对她的智慧聪颖和守身如玉的赞扬。两人就像情侣一样，在伊索塔感觉受到忽视时，福斯卡里尼总会安慰她，表达对她珍视有加。福斯卡里尼也会因为别人向伊索塔求婚而生气，提醒她拒绝"淫荡的生活方式"，恪守"完整、未受玷污"的基督徒生活。

尽管他们彼此深爱，但是没有证据表明他们发生过性关系。福斯卡里尼常去探望伊索塔以及他们之间频繁的书信引起了人们的猜忌，维罗纳主教坚持禁止他们见面。但是伊索塔在 1461 年母亲死后，搬到了福斯卡里尼家里，在那里继续学习和写作，直到 1466 年去世。

20. 费德里科·德·蒙泰费尔特罗 1422—1482：精明的公爵

费德里科·德·蒙泰费尔特罗是意大利东部贫穷山区一位小公爵的私生子。他从碌碌小辈成为耀目的明星。22 岁时他凭借雇佣兵事业（几乎全胜的战绩）获得了巨大财富，之后接管了乌尔比诺公国，将这里变为文艺复兴礼仪和艺术的模范。他被称为"意大利之光"，成为意大利贵族的榜样。费德里科非常尊重人才，他从没忘记自己的卑微出身。还是一名年轻的雇佣兵首领时，他就学会了不以个人喜恶行事，支持赢家，奖赏忠者。作为一名统治者，他不分贵贱，一视同仁。费德里科深得民众拥戴，常常不带警卫，在街道上溜达，进入工坊参观，与工匠聊天。

他意识到乌尔比诺财力薄弱，成为统治者后，仍然继续雇佣兵事业。他只站在愿意付钱的雇主一边，而不结成任何政治联盟。他战绩卓越，勇于创新，率先在战场上使用大炮。他没有像其他领地的统治者那样征收重税，而是将自己丰厚的收入带回自己的领地。

在近 40 年的领主生涯中，费德里科将城市变为人文主义主题公园，变成一个礼仪和博学朝堂。在贫瘠的小山城里，他兴建了宏伟的宫殿、天主教堂，以及意大利最大的图书馆。为了维持这些机构运转，他从意大利各地甚至更远的地方雇请了众多学者、艺术家和抄写员。巅峰时期费德里科和他的儿子以及继任者吉多贝多雇请了将近 500 人。除此之外，还有伯爵、侍臣和绅士 60 多人，

《书房里的费德里科·德·蒙泰费尔特罗》，佩德罗·贝鲁格特作于 15 世
纪 70 年代。费德里科身穿战甲、公爵袍，以及英格兰爱德华四世授予他的
嘉德勋章。

在这些人中，有 6 名秘书、22 名侍从、38 名马倌和侍者、5 名厨师、31 名脚夫、50 名马夫和 100 多名男仆，以及大约 100 名作为工匠和乐师的人。相比于米兰或费拉拉这样的大城市，乌尔比诺的规模并不大，但影响力非同小可：城镇里 1/3 的成年人都直接为费德里科工作，剩下的为他的朝臣工作。人人都能在费德里科的雇佣军队中找到临时工作。

费德里科一掷千金修建首都，建造宫殿花费 200000 达克特，装修花费 50000 达克特，修建图书馆花费 30000 达克特。在当时，2500 达克特就可以购买米兰或曼托瓦的大商铺。他的大肆铺张给人一种暴发户的感觉。尽管他的图书馆有成百上千的书籍，但是没有任何证据表明他曾经阅读过，或者他能够阅读那些从希腊和希伯来购得的书籍。费德里科作为藏书家的兴趣更多在于展示书籍，而非阅读书籍的内容。他对藏书的装订、羊皮纸书封和插图引以为豪。据说，他看不上流行的印刷艺术，视其粗俗。

乌尔比诺公爵府。按照文艺复兴时期的标准，这一府邸规模较小，但仍吸引了大量的人才，如皮耶罗·德拉·弗朗切斯卡、佩德罗·贝鲁格特、佩鲁基诺、布拉曼特和卡斯蒂利奥内。

　　费德里科豪掷千金，大摆排场，也是为他自己以及家族扬名。他雇请了许多画家为其作画，包括皮耶罗·德拉·弗朗切斯卡和西班牙人佩德罗·贝鲁格特，塑造自己虔诚、尊贵、疼爱妻子、博学和勇武的形象，但是因为他在 1450 年的一场战斗中失去了一只眼睛，所以画中从不展示他的右脸。因为他不是嫡长子，人们怀疑他曾经暗杀兄长。后来费德里科重金迎娶了教皇侄子的女儿。1474 年教皇西克斯特四世最终授予费德里科公爵爵位。一介平民雇佣兵首领最终实现了自己的梦想，代价是将自己的公国与更强大的帝国绑在一起。1508 年，多病的吉多贝多去世，没有留下继承人，乌尔比诺被教皇国收回，随之而去的还有费德里科的大部分书籍、艺术品和装饰品。只剩下宏伟典雅的宫殿，就像是戴在乌尔比诺头顶上的巨大皇冠。

21. 卢克雷齐娅·托尔纳博尼 1425—1482：
冲破封建枷锁的杰出女性

卢克雷齐娅·托尔纳博尼是 15 世纪意大利最具权势的家庭中最具影响力的女性。她是皮耶罗·德·美第奇的妻子，洛伦佐·美第奇的母亲。她为自己的丈夫和儿子在佛罗伦萨外交和内政事务上出谋划策。虽然她没有正式官职，但是许多穷困潦倒的人都向她寻求帮助，请求她帮助解决家族纠纷或教区矛盾。她也是一名作家，以广为流传的曲调，将《圣经》中女英雄的故事改编为诗歌。

1464 年，皮耶罗在父亲科西莫去世后继承了佛罗伦萨的统治权。皮耶罗的绰号是"痛风者"。他面色苍白，非常自我，缺少父亲的社交技能。卢克雷齐娅一方面用她的优雅和热情感染佛罗伦萨人，另一方面以她的外交能力帮助弥补丈夫的弱点。皮耶罗因病卧床数周，不得不将一些外交事务交由妻子处理。例如 1467 年他派遣妻子前往罗马，与教皇讨论威尼斯人入侵佛罗伦萨事宜。当时很少有女性闯入男性主宰的教皇教廷，派遣女性大使让美第奇家族遭到许多批评，使皮耶罗蒙羞，也让佛罗伦萨名声大减。

皮耶罗 1469 年去世，时年 20 岁的洛伦佐成为佛罗伦萨的实际领袖。他一直寻求母亲的建议，直到她于 13 年后去世。尽管没有接受人文主义教育，但是

卢克雷齐娅·托尔纳博尼，右起第二位。多梅尼科·基尔兰达约的壁画《浸信会教友圣约翰的出生》局部（1486—1490），位于佛罗伦萨圣马利亚诺维拉教堂。（右页图）

卢克雷齐娅对于佛罗伦萨的政治以及相关事务了如指掌。她在政府部门人脉广泛，这些人向她传递外交事务的消息。例如，意大利城邦之间的冲突，或者基督教国家对土耳其的战争。

现存的近 500 封寄给卢克雷齐娅的信件，大多数是请求帮助的信件。有人要求她对比萨大学校长的任命施加影响；有人则请求她调解持续 20 年之久的家族争执；一名修女控诉士兵偷盗修道院的农产品；一名因犯请求宽恕；贫穷的女孩们请求嫁妆，以求嫁得体面些。还有一些

卢克雷齐娅·托尔纳博尼肖像，多梅尼科·基尔兰达约作（1475）。卢克雷齐娅虔诚而仁和，常常为穷人主张利益。当时大多数贵族女性很少抛头露面。

信件带着礼物。一名被驱逐的商人希望结束自己的流放，献上了亚麻布。一位受到恩惠的皮斯托亚人除了在信中表达感激外，还写道："我给您寄了一些鲑鱼。"

请求者一般以母亲称呼卢克雷齐娅，如"最杰出的母亲"，赞美她的同情心、仁慈和圣母般的品性。这样母亲般的神圣善良形象有助于抵挡责难，因为即使是慈善工作，当时女性在公众领域抛头露面也并不合时宜。佛罗伦萨虔诚的大主教甚至宣称女性除了做弥撒都不应离开家门，这样可以减少她们犯原罪的机会，甚至在主要宗教节日，她们都应该禁足。

虽然卢克雷齐娅从事社会工作，但是她的写作是非常私人的，主要是为家族和朋友写一些流行诗歌，有时混杂一些宗教主题。在她写的八首世俗音乐宗

教歌词中，四首基于 15 世纪流行的旋律"欢迎来到五月"。她的宗教故事采用了最受喜爱的意大利作家的韵律形式，如薄伽丘和彼特拉克，将戏剧与传统《圣经》故事交织在一起，并加入一些细节，如关于宫殿装饰的章节。她关注那些非传统、足智多谋的女性，如朱迪思，一名具有"男子气概"的勇敢寡妇，她闯入敌营，迷倒了将军，并趁其醉倒，将其头颅砍下，解救了以色列人。在卢克雷齐娅复述的《以斯帖记》中，王后藐视皇家传统，冒着生命危险，违令闯入朝堂，揭露了反对犹太人的阴谋。卢克雷齐娅描写的妇女就像她一样，常常为人民的利益而打破世俗藩篱。为了证明佛罗伦萨大主教是错误的，她引用《圣经》表明服务上帝有时候也需要女性。

22. 詹蒂利·贝利尼 1429？—1507：肖像画和壁画的大师

　　詹蒂利的父亲是威尼斯画家雅科波·贝利尼，他以自己老师詹蒂利·达·法布里亚诺的名字为儿子取名。詹蒂利·达·法布里亚诺是文艺复兴早期的一名大师，其画作融合了哥特式风格和佛罗伦萨的自然主义风格。詹蒂利·贝利尼发展了一种基于两种传统的个人风格。虽然他引领了油画新潮流，但他更喜欢木框蛋彩画和更为传统的壁画。在 15 世纪 70 年代詹蒂利建立起自己的工场时，他已经非常有名。腓特烈三世在 1469 年授予他贵族头衔，并在 1474 年任命他为威尼斯官方画师。

　　詹蒂利最初以肖像画出名。他留存最早的画作是一幅威尼斯元老洛伦佐·久斯提尼的全身像（1445）。詹蒂利的许多肖像画已经遗失，现存的少数画作，如威尼斯总督、塞浦路斯王后卡特琳娜·科尔纳罗和其他贵族的肖像，显示了他新颖大胆的绘画风格。佛罗伦萨画家通常将赞助人画入祭坛画中，詹蒂利首创单独绘画赞助人，认为个体也可以不朽。

　　在 15 世纪 70 年代晚期，詹蒂利和他的哥哥乔瓦尼受雇重新装饰总督宫的大会议厅。他们没有采用壁画，而使用了大量画布来描绘共和国的创立史诗，包括了标志性场所（如圣马可广场）的大量群众和戏剧性场景。詹蒂利描绘的威尼斯海军凯旋场景写实而生动，感染了 16 世纪的传记作家乔尔乔·瓦萨里。他曾赞美詹蒂利"像了解绘画一样了解海战"。

1479 年，威尼斯政府派詹蒂利前往君士坦丁堡，总督宫剩余的工作由乔瓦尼完成。土耳其苏丹 ① 穆罕默德二世对意大利肖像画非常感兴趣，于是威尼斯人派遣艺术大师詹蒂利前去向威尼斯的宿敌示好。詹蒂利的表现果然不负众望。他创造了一系列栩栩如生的形象，让穆罕默德二世感叹"凡人如何能够拥有如此神圣的才能，能将自然事物表现得如此栩栩如生"。穆罕默德二世对詹蒂利的绘画技巧非常着迷，一些威尼斯人甚至开始幻想穆罕默德二世会相信詹蒂利"有神辅佐"，从而转信基督教。

詹蒂利·贝利尼自画像（1495）。尽管之后詹蒂利·贝利尼的名声稍逊于他的哥哥乔瓦尼和妹夫安德烈亚·曼特尼亚，但他仍然声名显赫，被任命为威尼斯总督御用画师。

但是事实并非如此。詹蒂利于 1480 年返回威尼斯，穆罕默德二世于 1481 年归真。威尼斯和土耳其很快又卷入圣战。詹蒂利在君士坦丁堡的画作大都已经遗失，比如各种奥斯曼官员的画像、自画像，以及穆罕默德二世要求的色情画像。从仅存的几幅素描、土耳其抄写员的彩色画像和修复的穆罕默德二世肖像画中，我们仍能对詹蒂利的画作以及他在君士坦丁堡引起的轰动有所了解。詹蒂利在威尼斯的画作也鲜有留存。他与乔瓦尼一起为大会议厅绘制的油画在 1577 年的大火中被毁坏。

他为威尼斯两座大会堂所绘的四幅大型油画中，体现了他对于无论是市井

———————————

① 苏丹（the Sultan），伊斯兰教国家君主的称谓。

1481 年穆罕默德二世归真后，他的儿子巴耶济德二世排斥詹蒂利的肖像画，视肖像画为偶像崇拜和非伊斯兰教的做法。大多数肖像画要么被毁，要么被卖到海外。这幅抄写员的坐姿肖像画创作于 1479—1480 年，在波斯保存数年。

詹蒂利·贝利尼的《圣马可在亚历山大布道》（1504—1507）。詹蒂利为威尼斯主要负责城市社会服务的慈善团体创作了该画。该团体是威尼斯五大团体之一。

还是史诗主题，都有不同寻常的表现手法。在这样的大型画作中，詹蒂利对于人物和建筑的勾画细致入微，城市主题表现突出。他独自开创的威尼斯城市风景画风格延续了两个世纪，后来卡纳莱托和弗朗切斯科·瓜尔迪将这一风格推向高峰。

　　詹蒂利晚年创作的画作与之前大为不同。在《圣马可在亚历山大布道》中，他将自己的热情倾注到东方幻想中，创作了一幅近 8 米长，3 米高的巨型异国风情城市风景画，上面画有骆驼、长颈鹿和戴头巾的巴夏 [①]。在画面的中心，作为构图的主要部分，一群包裹严实的妇女在听圣马可布道。从君士坦丁堡回来后，詹蒂利在作品中加入了东方元素——一块地毯或者一个瓷碗。《圣马可在亚历山大布道》是他首次创作巨幅东方画作。虽然意大利人并没有实现让穆斯林转信基督教，或者殖民穆斯林领土，但是詹蒂利的《圣马可在亚历山大布道》表现了基督教国家对于伊斯兰世界的浓厚兴趣。

————————————

① 巴夏，旧指土耳其古代对官员的尊称。

23. | 穆罕默德二世 1432—1481：
君士坦丁堡的征服者

　　15 世纪中期相对和平的欧洲仍然面临着一个威胁，即奥斯曼土耳其苏丹穆罕默德二世。巴尔干半岛的一些小国和意大利曾经因为靠近东方而受益，这时却突然发现要面对成千上万久经沙场的军队和充满敌意的新海军。欧洲人望向东方，不禁战栗，他们看到的不仅是熟悉的宗教宿敌，还有愤怒的火焰。人文主义主教列奥纳多·达蒂警告，撒旦①已经将穆罕默德派到人间。撒旦在叫嚣："他是我的人，我全力支持他，我将给予他世界的权杖。"

　　穆罕默德二世成为欧洲的噩梦。他 21 岁就攻占了君士坦丁堡，被称为"征服者"。1453 年，他只用了三个星期就包围了君士坦丁堡。他组织了超过 10 万人的庞大军队，封锁城市，断绝水路，切断后援。然后使用巨型攻城大炮，在君士坦丁堡的城墙上轰出一个豁口。占领了君士坦丁堡后，穆罕默德二世势不可当，快速扩张和巩固奥斯曼的势力。几乎没有城市或国家能够抵挡他的军队

穆罕默德二世晚年的画像，匿名奥斯曼艺术家所作（1480）。詹蒂利·贝利尼曾于 1479 年至 1480 年间访问君士坦丁堡，土耳其人一度开始迷恋威尼斯和西方艺术，这幅画就是这一时期的作品。（右页图）

——————————

① 撒旦（Satan），指《圣经》中记载的堕天使（也称魔鬼），曾经是上帝座前的天使，后来因骄傲自大妄图与上帝同等，率领三分之一的天使背叛上帝，后被赶出天国。

和炮火，负隅顽抗只会招致更残忍的报复——男人被屠杀，妇女和儿童被卖为奴隶。1456年，他的军队占领了希腊最后的独立领土——安纳托利亚和伯罗奔尼撒半岛，然后跨越巴尔干半岛各国，一路无人可挡，直至多瑙河和贝尔格莱德。

势不可当的穆罕默德二世大肆扩张自己的帝国。他派遣军队侦察离威尼斯不远的弗留利；他的海军把热那亚人从克里米亚驱逐出去；他围攻了圣约翰骑士团在罗得岛的堡垒。1480年，他的军队占领了意大利的奥特兰托。穆罕默德二世引发的恐惧无处不在，到处都是血腥屠杀的消息。据说他的军队屠杀了超过50万平民。神学家谴责他道貌岸然，人们重新组织十字军东征。

穆罕默德对此看法截然不同。虽然占领君士坦丁堡伤害了基督徒，但他认为帝国权力更替不可避免。在征服君士坦丁堡后，许多基督教对手也承认："没有人怀疑您是罗马皇帝。"穆罕默德二世的军事行动只是收回拜占庭帝国管理不善而丢失的省份，如希腊、叙利亚和意大利。穆罕默德二世将君士坦丁堡从一座"废墟、贫穷和无人居住"的城市，变为气派的帝国首都。穆罕默德并没有因为基督教中心被攻陷而沾沾自喜，他在城市周边巡视后深感悲伤，于是开始重新修复这座城市。一位史官这样记录："苏丹占领君士坦丁堡城后，他首先关心的是让这座城市重新适于人们居住。"他开始将无人居住的房屋和空地分给自己的国民，让他们能够在首都定居。为了让被征服的希腊人效忠，他保留了他们的教堂，授予东正教主教权力，保护民众，赋予他们比原帝国更好的贸易权利。犹太人、亚美尼亚人和其他非穆斯林也享受到了同样的恩惠。一位拉比①如是说："在土耳其的土地上，我们没有任何可抱怨的。"

基督教的君士坦丁堡重新改造成为穆斯林的伊斯坦布尔。经过二三十年的发展，君士坦丁堡的人口翻倍，城市生活很快恢复。穆罕默德二世在新的首都兴建了清真寺、宗教学校、驿站和市场。他建立起学术中心，召集教授、学者、书法家和图书管理员；城市建设让建筑师、建筑商和瓦商受益；他的新皇宫托

① 拉比，犹太宗教领袖，尤指有资格传授犹太教义，或精于犹太法典之犹太教堂主管。

普卡帕宫就是一座城市，里面有侍臣、官僚、园艺师、厨师、裁缝和艺妓。贸易又重新开始。在穆罕默德二世的邀请下，基督教艺术家和学者大量拥入，展现最新的文艺复兴理念和设计。君士坦丁堡对于宗教的宽容开放促使教会庇护二世写信给穆罕默德二世，承诺支持他成为东罗马帝国的恺撒，条件是他愿意改信基督教。但庇护二世同时威胁他，如果不答应，将会组织十字军东征。穆罕默德二世没有答应，庇护二世宣布十字军东征，但很快败下阵来。征服者穆罕默德二世的新伊斯兰帝国延续了 500 年。

无名画作：《天主教君主的圣母》（1490）。左侧斐迪南左膝跪地，在他身后，站着托马斯·德·托尔克马达，西班牙第一位总宗教审判官。在王后伊莎贝拉身后的是圣多明可，他建立的宗教团体以攻击异端而闻名，与宗教裁判所关系密切。

The Emerging Nations

有种说法，现代欧洲的形成起源于单一民族国家的兴起。单一民族国家实行中央集权，有统一的语言或至少有一种主要语言。15 世纪最后 25 年民族相互融合。查理七世成功地驱逐了英国人，结束了百年战争，在其继任者的统治下，法国迅速发展。查理的儿子路易十一（1423—1483），因为足智多谋被称为"蜘蛛王"，完成了一直以来的目标：清除王朝分支勃艮第的公爵们。这一次路易十一没有使用阴谋诡计，而是雇用了大量瑞士雇佣兵，于 1477 年杀死了查理公爵。1488 年，路易的儿子查理八世（1470—1498）通过与布列塔尼公爵 11 岁的孤女联姻，吞并了布列塔尼公国，拓展了法国的疆界。

在英格兰，国家统一和权力的集中过程相对缓慢，约克王朝和兰开斯特王朝势均力敌，难分胜负。1455 年，两方开始了长期内战，其中许多公爵和伯爵争相排挤无能的王位继承人，争夺王位，拓展自己的领土和利益。尽管战争大多发生在 1471 年，但是王位继承的问题直到 1485 年才解决。当时亨利·都铎在博斯沃思原野战役中获胜并夺得王位。

尽管西班牙比法国或英格兰更分散割据，但至少在形成国家的最初阶段过程更为顺利。在基督徒和穆斯林为半岛控制权争斗一个多世纪后，15 世纪中期，伊比利亚半岛形成了大大小小的王国——纳瓦拉王国、卡斯提尔王国、阿拉贡王国、葡萄牙王国和摩尔人建立的格拉纳达王国。尽管不如意大利内部分散割

特伯雷故事集》，被卡克斯顿称为"绝妙的雄辩"）。卡克斯顿本人的翻译作品有 22 部，其中有许多是国外骑士冒险故事。为吸引买家，他在这些作品上加上一些名人的溢美之词。有时为了增加作品的吸引力，他称某本书是"王子、领主、男爵或骑士"必读，同时还会加上适合"所有普通人"。大众读者至少可以和贵族们拥有同样的书籍。

　　许多早期出版商陷入破产时，卡克斯顿却因为密切关注大众的读书兴趣，生意日益兴隆。当他在英国买下印刷厂时，并没有立即给社会带来很大改变——宗教宣传的争夺战 20 年后才开始兴起。但是他确实为人们提供了不少可阅读的图书。

卡克斯顿出版乔叟的《坎特伯雷故事集》第二版开场白（1483）。由于诺曼人几百年的统治，法语被认为是更高级的语言，但是乔叟和卡克斯顿都极力推崇英语。

25. | 海因里希·克雷默 1430—1505：
宗教裁判所的猎巫人

　　在 15 世纪，大部分人因为深受基督教产生之前的民间文化影响，相信巫术真实存在。但是受过教育的精英阶层受这种文化的影响较小，他们按照 10 世纪教士的教导，认为这种巫术文化不过是迷信和异端。一小部分认真研究巫术的神学家也并不认为巫术是基督教的威胁。1487 年，对这种冷漠感到焦虑的海因里希·克雷默写了一部百科全书式的巫师猎捕手册——《女巫之锤》。书中他认为黑魔法引发了世界上大多数的邪恶事件——冰雹、麻风病以及男性阳痿。这部书随即广泛传播，改变了教会关于邪恶的观念，并将模糊的巫师概念具体化。

　　克雷默是一名来自阿尔萨斯的德国人，也是多明我会①的成员。教皇格雷戈里九世于 1232 年创建宗教裁判所，让宗教裁判所的人员四处搜寻异端分子。这些残忍的正教守护者被称为"多明我派"，或者"上帝的看门犬"。克雷默的宗教热情得到远在罗马的教皇的赏识。但是同伴们很讨厌克雷默，觉得他傲慢、

该木版画 1511 年印于奥格斯堡，展示了克雷默的《女巫之锤》中提到的一些魔法：骑着扫帚在天上飞，与魔鬼交媾，制造冰雹和残害无辜的男人。在图中的下方，女巫被烧死。（右页图）

---

①　多明我会（Dominican Order），一译"多米尼克派"。1217 年由西班牙人多明我创立，同年获教皇洪诺留三世批准。1232 年受教皇委派主持异端裁判所，残酷迫害异端。

反复无常，常常与人大动干戈。因为挪用多明我会的资金，克雷默被修道会罢免。在 1474 年的一次布道中，他谴责神圣罗马帝国侵犯教皇权威，并对皇帝腓特烈三世进行人身攻击，随后被判入狱。但克雷默并没有真正服刑，反而得到了提拔：多明我会的会长赦免了他的刑罚，并让他在宗教裁判所任职。

克雷默因为猎巫方面的专长不久再次得到提拔，成为德国南部的宗教裁判所检察官。但他在当地遭到世俗法庭的抵制，这些法庭是传统的巫师审判场所。当地人认为巫术是犯罪的手段，本身并不是一种犯罪。使用咒语毁掉邻居的果园与放火烧掉果园没有什么区别。当地的官员也常常阻挠他狂热的行为，愤怒的克雷默向教皇英诺森八世告状。英诺森八世正式宣布巫术为异端，确认了宗教裁判所的权力。明确权力后，克雷默认为因斯布鲁克小镇被恶毒的单身女人施加了爱情咒语，因此工作更加卖力。但在 1485 年的一场听证会中，克雷默在审问时询问起嫌疑人的性事，这让当局深感不安，最后以办事程序出错为由，终止了听证。因斯布鲁克的主教斥责克雷默"幼稚"，命令他离开教区。

受到羞辱的克雷默回到了科隆，为了反驳质疑，他开始写作《女巫之锤》。这部书结构紧凑，论证巫师不仅真实存在而且无处不在。根据克雷默的说法，相比于男性，魔鬼更愿意引诱女性成为巫师。女性意志薄弱，容易受到邪恶力量的影响。她们身体软弱，更渴求魔法的力量，但最重要的是她们"肉欲比男人更强烈"。克雷默对此花了相当的篇幅进行论述。贪得无厌的女性欲望驱使她们在魔鬼的梦魇中沉迷于"肮脏的肉欲"，特别是那些又老又丑没人爱的女性。

巫师施法针对庄稼、役畜和人类健康，特别是生殖功能。例如《女巫之锤》中提到男人的阴茎可能突然消失。克雷默解释道，巫师们把二三十个男性器官藏到鸟巢里。这些切断的器官"四处移动吃燕麦和饲料"。他在书中加入了审问模板和用刑说明。如果酷刑也没法让人认罪，那么这个人到底是不是在撒谎？克雷默对这个问题非常谨慎，他认为女性更容易认罪。如果她并不惧怕死亡，就可以拯救她的灵魂。不管受指控的女性是否认罪，通常都会被烧死：忏悔可以让她的灵魂得到宽恕，但她邪恶的肉体必须通过纯洁的火焰净化。

克雷默比其他捕猎巫师的检察官更具热情，获得了更大的成功。在女巫盛行的早期（14 世纪和 15 世纪），大约 900 名欧洲人因为巫术遭受审判。克雷默本人声称检控了超过 200 名嫌疑人。但是多明我会最终谴责了他和他的办事方法。1500 年他被派往波西米亚，完成转变异教徒胡斯派以及检控瓦勒度派的任务。瓦勒度派是一个和平主义宗派，并不排斥巫术（他们反对死刑，即使是已经定罪的女巫）。1505 年克雷默去世时，受《女巫之锤》的影响，欧洲已经对女巫有了明确的定义，将民间魔法上升到异端，大肆排斥打击巫术，这样的状况一直延续到 1600 年。这部书在欧洲流传超过 3 万册，奠定了未来两个世纪人们关于巫术问题的讨论框架。在 1500 年到 1700 年间，宗教裁判所检察官以《女巫之锤》为名，处决了约 45000 人。虽然基督教徒和新教徒之间鲜有共识，但是两派都对克雷默这本臭名昭著的手册趋之若鹜。

26. | 弗朗西斯科·希梅内斯·德·西斯内罗斯 1436—1517：大器晚成的宗教大法官

　　1469 年由于斐迪南和伊莎贝拉联姻，西班牙存在两位君主。但是事实上还有另一位君主：弗朗西斯科·希梅内斯·德·西斯内罗斯。西斯内罗斯帮助斐迪南解决了阿拉贡和卡斯提尔之间长期以来的矛盾（两地历史、文化和传统迥异），与其成为新西班牙帝国的共同缔造者。他是伊莎贝拉的精神导师，这让他主导了宗教的基调，即对于宗教既有激情又毫不妥协，这一基调在未来数个世纪里主导了西班牙并让西班牙与众不同。

　　西斯内罗斯出生于马德里北部的贫穷村庄。他在萨拉曼卡大学学习法律，随后前往罗马成为宗教法庭律师。他的才能受到教皇庇护二世的赏识。1465 年他带着教皇的推荐信回到西班牙，信中教皇命令托莱多大主教授予其圣职。但是托莱多大主教有意将职位给予一位亲信。当西斯内罗斯主张权利时，大主教将他关进了监狱。西斯内罗斯拒绝屈服，在监狱里待了六年。主教只得妥协并将职位授予他。他很快调换到另一个教区任职。这种倔强不屈的个性贯穿了西斯内罗斯的一生。尽管西斯内罗斯作为教士非常成功，但他在 48 岁时突然加入方济各会，将他的本姓冈萨洛改为弗朗西斯科。西斯内罗斯内心深感卑微，谨从西班牙基督教传统，生活简朴，衣食简陋，席地而睡。

　　伊莎贝拉女王听闻他的事迹，1492 年时希望西斯内罗斯担任她的祭司和顾问。西斯内罗斯年近 60 岁时，他的宗教生涯才刚刚开始：1495 年，伊莎贝拉任

图为《康普鲁顿合参本圣经》（1502—1517）。多个宗教团体争相创作第一部多语言《圣经》。尽管西斯内罗斯版的版本最为全面，但直到伊拉斯谟版《圣经》的特权结束后，这一版才得以出版。

西斯内罗斯侧像，菲利普·比格尼作（1515）。作为伊莎贝拉的祭司、斐迪南的亲密顾问，以及他们的曾孙查理的摄政王，红衣主教西斯内罗斯是西班牙王权背后，活跃政坛 25 年的重要力量。

命他为托莱多大主教，后来成为西班牙大主教和卡斯提尔总督。但是一如他的个性使然，据传他授职时羞愧而逃。在女王恳求他六个月后，并在教皇的直接命令下，他才最终屈服。但他拒绝了这一职位所享有的服侍人员和荣华富贵，后来教皇命令他居住在主教宫并穿着长袍。尽管他不喜欢高官达人的长袍锦饰，但愿意行使该职位的权力。他很快开始在宗教信仰、国家战事和管理方面大刀阔斧开展革新。

他首先开始改革修道会，严厉镇压方济各会的权力滥用，禁止教士离开自己的教区、纳妾或逃避布道。数百名方济各会修士逃离西班牙前往北美并归顺穆斯林。他认为 1492 年征服格拉纳达后残留在当地的大量摩尔人是对国家的威胁。于是他率领宗教裁判所团队前往该地区，强迫他们转变信仰，并且大量烧毁摩尔人圣书。当摩尔人反抗时，斐迪南派遣军队进行镇压。反抗平息后，西斯内罗斯宣布，叛乱者不管是否改变信仰或者离开，都将失去原有土地。成千上万的摩尔人逃亡北非，格拉纳达成为西班牙的殖民地。

1504 年伊莎贝拉死后，西斯内罗斯与斐迪南共同统治西班牙，斐迪南任命他为卡斯提尔的宗教大法官，并说服教皇尤利乌斯二世任命他为红衣主教。西斯内罗斯一直希望征讨摩尔人。1509 年，已经 70 多岁的西斯内罗斯率军入侵北非，占领了阿尔及利亚城市奥兰。这场战争最终由于斐迪南卷入与法国人在那不勒斯的战争而不得不放弃。西斯内罗斯一直活跃在政坛，斐迪南 1516 年死后，他担任了一年的摄政王。他很早就开始考虑如何为后人留下更宏伟的精神遗产。1499 年他创立了阿尔卡拉大学，广聚英才，并主持编撰《康普鲁顿合参本圣经》。许多希腊文、希伯来文和阿拉伯文《圣经》手稿均来自西斯内罗斯的私人图书馆。他亲自督查这项工作。《康普鲁顿合参本圣经》完成于 1517 年，但是三年后才出版。

27. 菲里克斯·法夫里 1441—1502：
虔诚的朝圣者，贫穷的流浪者

　　作为土生土长的苏黎世人，菲里克斯·法夫里在 12 岁时就立下宗教誓言，加入了多明我会修道团。1468 年他加入德国南部城市乌尔姆的修道院。菲里克斯·法夫里并不满足于隐居和祷告。快 40 岁时，他开始对朝圣产生兴趣，以至于"不管是睡着还是清醒，我脑海里只想着朝圣"。离开德国的这个小地方并非易事。他需要获得离开修道院的特殊许可，而且他承认有所恐惧和担心，"我害怕海洋，之前从没有见过海"。

　　1480 年 4 月，菲里克斯·法夫里出发前往耶路撒冷，这一朝圣之旅往返共历时六个月。这一过程像他想象的一样惊险：跨越阿尔卑斯山后，在往返威尼斯和雅法 ① 的途中，他险些染上瘟疫。一路忍受土耳其海盗船、海难、爱争吵的同伴，忍受"腐烂的面包、长虫的饼干、腐肉和恶心的饭菜"。虽然历经风险，"我们在圣地只待了不到九天，在圣地四处游荡，也并不了解圣地"，但在回到家之前，菲里克斯·法夫里就已经开始计划下一次朝圣，并决心将一切都安排好。

　　1483 年到 1484 年，他以"牧师和司祭"的身份加入了四人德国骑士朝圣团，以更舒适和安全的方式旅行，最终穿过巴勒斯坦，到达西奈的圣凯瑟琳修道院。在这次旅行中，菲里克斯·法夫里记录了他所遇到的每件事和每个人，"我经

---

① 雅法（Jaffa），以色列地中海沿海城市和港口。

常骑在驴子或骆驼背上写作"。
安全回到乌尔姆后，他写下了
自己的观察——《阿拉伯和埃
及朝圣之旅》。他将这本书献
给那些没有经历过朝圣的人，
"这样他们即使不能亲身体验，
在思想上也可以感受到朝圣的
愉悦"。

　　菲里克斯·法夫里这本欢
快的旅行日记，即使不是文艺
复兴时期第一部游记，也算得
上是最具个人体验和记录最为
详尽的游记之一。在长达 1500
页的手稿中，法夫里不仅详细
描述了朝圣地，而且还谈到了
自己的经历。在访问圣人遗迹
时，这名朝圣者祈祷，"数次"

法夫里的第二次朝圣超出常规路线，最终到达西奈的圣凯瑟琳修道院。上图为 1509 年的游记手稿。

亲吻遗体，拿出特意带来的珠宝触碰圣地遗迹，期望在接触中获得某些神圣力量，
这些珠宝回到朝圣者手中时，变得更加珍贵。他同时还提到他和同伴如何贿赂
圣墓大教堂的穆斯林守门人，让他们在教堂过夜，但是大家最后却陷入谁来做
弥撒的争吵中。

　　菲里克斯敏锐地观察到国家之间的差异。他尖锐而幽默地描写威尼斯人的
口是心非、法国人的傲慢无理、土耳其人的谋财害命、英国人的冥顽不灵，以
及他遇到的每一个醉汉。他写威尼斯到处是招揽生意的小贩，有人从平板车上
掉下来引起众人哄笑；朝圣者在干地亚豪饮克利特甜酒，酩酊大醉后被抬回船
上；在朱迪亚的夜色中穿着拖鞋东躲西藏，躲避无处不在的阿拉伯匪徒。他详

所有基督教朝圣者的最终目标都是圣墓大教堂。这是德国人伯恩哈德·罗·布雷埃登巴奇和艾哈德·雷维奇在 1483—1484 年的朝圣之旅后创作的木刻画。

细描写了 15 世纪朝圣者走过的地方——耶路撒冷、伯利恒、希伯伦、杰利科和死海，所到之处进行的宗教仪式以及现实与理想中朝圣的不同。

与许多朝圣者不同，法夫里去朝圣似乎并不是为了完成誓言或者个人探险，而是为了自我提升。他自认为"头脑呆板迟钝"，通过游历《先知书》《耶稣诞生》和《耶稣受难记》中提到的朝圣地点，借助于朝圣这种教育体验，即使"学识很少的人，也会开阔眼界"。虽然菲里克斯·法夫里开阔了眼界，但是他最后回归到安静阴暗的乌尔姆修道院度过了余生，朝圣给予他的新见识并没有改变他的思想或个人偏见。

28. | 安东尼奥·德·内夫里哈 1441—1522：
西班牙语发明者

　　15 世纪的西班牙一心追求统一和帝王统治，很少有人研究古典人文主义。正统的大学非常传统，主要关注神学、医学和法律。得益于安东尼奥·德·内夫里哈的毕生努力，西班牙人开始认识到拉丁文的教育意义，以及拉丁语可以拓展人们对新的社会和道德领域的认知。

　　安东尼奥·德·内夫里哈全名是安东尼奥·马丁内斯·卡拉·德·伊诺霍萨，他出生在安达卢西亚的莱夫里哈。因为喜爱古典学说，他将自己的名字拉丁化，简写为安东尼奥·德·内夫里哈。内夫里哈 15 岁就进入了萨拉曼卡大学学习，但他很快就抱怨这里的拉丁语学习环境，感叹拉丁语的学习只靠死记硬背，了无趣味。1461 年他获得修辞和语法学位后就前往意大利深造。在那里学习的 10 年间，他不仅学习了拉丁语，而且还学习了希腊语和希伯来语。1470 年他返回西班牙，自称人文主义骑士，"来扫除整个西班牙的（智力）蛮荒"。但后来他结婚并生了一堆孩子，有段时间生活非常贫困。

　　内夫里哈向卡斯提尔国王亨利四世的顾问主教丰塞卡毛遂自荐，最终在萨拉曼卡大学获得了教授职位。他一心想传授拉丁语用法和语法，1481 年他写出了《拉丁语入门》，这本书很快获得成功，成为大学教科书（直到 19 世纪，这本书仍在西班牙使用）。在 15 世纪 90 年代，他将拉丁语翻译成卡斯提尔语，并且出版了拉丁语－卡斯提尔语和卡斯提尔语－拉丁语词典。伊莎贝拉女王曾

内夫里哈教授一群西班牙贵族学习拉丁语语法入门知识。这是他们了解文艺复兴人文主义的第一步。

经花费数年时间苦学语言，也是他的读者之一。

内夫里哈因为对古代语言的热情，转向《圣经》研究。相比研究那些意大利人文主义者所热衷的古典学者，他更喜欢研究《圣经》。但是宗教法庭对其根据早期希腊和希伯来书籍研究《福音书》颇感不满。1505 年，宗教法庭没收了内夫里哈的笔记，怀疑里面有异教内容。最后在宗教法庭大法官红衣主教希梅内斯·德·西斯内罗斯的干涉和支持下，内夫里哈的研究工作得以继续。但是，由于被怀疑是异教，加上他恃才傲物，同事们不喜欢他，1513 年他也不再担任语法系教授。从萨拉曼卡大学离职后，他来到阿尔卡拉大学。该大学创立于 1499 年，创始人是西斯内罗斯。内夫里哈教授西班牙学生传统哲学和意大利传来的最新人文主义方法。内夫里哈的后半生都在阿尔卡拉度过，主要工作是参与《康普鲁顿合参本圣经》的编撰。《康普鲁顿合参本圣经》是西斯内罗斯主持编撰的多语种《圣经》，包含通俗拉丁文、希腊文、希伯来文和阿拉伯文。

内夫里哈同时还进行另一项工作，即研究卡斯提尔语方言语法。利昂·巴蒂斯塔·阿尔贝蒂等人曾经研究过意大利语语法，但是内夫里哈是第一位认为方言口语也可能有通用语法规则的学者。起初这一提法让人们感到困惑。伊莎贝拉女王问道："如果我已经知道这门语言，我为什么还需要这样一本书来了解语法？"内夫里哈告诉女王，日常语言力量强大，可以拯救灵魂和巩固国家。"不仅敌人认为有必要学习卡斯提尔语，而且（西班牙北部的）巴斯克人和纳瓦拉人都需要学习卡斯提尔语。"伊莎贝拉被说服了，于 1492 年 8 月 18 日接受了《卡斯提尔语法》。内夫里哈曾说过："殿下，语言是帝国的工具。"这句话颇有先见之明。仅仅两个星期后，克里斯托弗·哥伦布开始向西航行。内夫里哈的语法书将卡斯提尔语转化为西班牙语，这一语言不仅统一了西班牙，而且还统一了新世界的许多地区。

29. 马提亚·科尔温 1443—1490：
匈牙利的人文主义国王

　　在 15 世纪，随着银行业和纺织业的发展，佛罗伦萨繁荣起来，但是匈牙利仍然是一个相对落后的农业封建王国。当时匈牙利最大的城市布达只有 1 万名居民，而巴黎人口已近 30 万。但是匈牙利却成为阿尔卑斯山以外最早接受文艺复兴的地区。伟大的人文主义国王马提亚·科尔温统治匈牙利 32 年，匈牙利与意大利的联系愈加紧密。这位接受了人文主义传统的统治者，博学多才，富有魅力，与匈牙利的外敌一争高下，建立了井然有序的法院以及欧洲负有盛名的图书馆。

　　马提亚是贵族将军扬·匈雅提的小儿子。1456 年，匈雅提在贝尔格莱德的关键战役中击溃了土耳其侵略者，几周后他去世，获得至高的荣誉。匈牙利国王深感匈雅提威望带来的威胁，诱使匈雅提的两个儿子到布达，然后处决了扬·匈雅提的长子并囚禁了小儿子。之后国王意外身亡，没有留下继承人。这让匈牙利国会不得不挑选一个继承人。从 1301 年起，匈牙利就一直在外国人的统治之下。现在终于有机会选出匈牙利人做国王，国会于 1458 年选举马提亚成为匈牙利国王，匈牙利人民深感民族自豪。

　　接受过人文主义教育的马提亚，像许多年轻的人文主义者一样，也取了拉丁文的姓氏，他的姓氏（Corvinus）取自拉丁语"乌鸦"（crow）一词，这是

一种家族纹章上的鸟。他采用马基
雅维利式 ① 的统治，很快解决了内
忧外患。议会希望操纵君主，即使
是经验丰富的统治者也会屈从于议
会以换取资金支持。但马提亚通过
自行筹措资金，解决了这一问题。
他精简政府，向之前免税的地主收
税，并利用这笔资金供养了高薪雇
佣兵——黑衣军。辉煌时刻他手下
的黑衣军一度达到 3 万人。

1458 年，被扬·匈雅提打败的
土耳其人又卷土重来，征服了塞尔
维亚并继续向西北进犯。整个西欧
都心惊胆战。土耳其人占领了波斯
尼亚数年，逐步蚕食至亚得里亚海。
国王马提亚率黑衣军于 1464 年进
行反抗。他和他的军队阻止了土耳

在远离佛罗伦萨的匈牙利宫廷中，马提亚·科尔温
依然欣赏人文主义的格调和饰物。这幅 15 世纪 80
年代的半身浮雕中，马提亚头上没有戴王冠，而是
佩戴了当时诗人时兴的橡树叶花环。

其人的进攻，整个欧洲都争相庆祝，尤其是意大利。意大利人将匈牙利看作是
抵御异教徒穆斯林的第一道防线。正如教皇卡利克斯特三世所说的，马提亚是
上帝派来的，继承了"扬·匈雅提的遗志去扑灭伊斯兰阵营"。

要决定性地击溃敌人，马提亚需要更多军队，但是其他基督教国家拒绝提
供帮助。黑衣军将土耳其人挡在匈牙利之外。马提亚既没有战争所需的资金，
也不愿孤军奋战。让几位教皇感到懊恼的是，马提亚只是阻止了土耳其人，而

---

① 马基雅维利（Machiavelli，1469—1527），意大利政治家和历史学家，以主张为达目的可以不择
手段而著称于世，马基雅维利主义（machiavellianism）也因此成为权术和谋略的代名词。

没有去征服土耳其人。1465 年他与土耳其人签订了停战协议，将重点放在西北边境。此后的 20 年间，他大拓疆土。1485 年他征服了维也纳。在此之前，即使是强大的土耳其两次进犯维也纳也未能得逞。这次胜利也被写入匈牙利国歌中，象征着国家历史上的重要时刻。

马提亚能文善武。他能够流利使用六种语言，喜欢占星术，阅读了大量的历史和古典文学书籍。他崇尚意大利文艺复兴，请人修建大量古典雕像，以流行的风格翻新了哥特式建筑。他的妻子碧翠斯（1476 年结婚）将意大利风俗习惯带入王宫。碧翠斯是一位生活精致、意志坚强的那不勒斯公主。她发现匈牙利人生活不似意大利人讲究，于是引入一些正式的礼仪代替过去非正式的传统，说服更多的意大利人来到匈牙利宫廷，并在匈牙利饮食中引入刀叉、法式和意式奶酪，以及冰激凌。

马提亚一生成就卓然，今天最负盛名的当属科尔温图书馆。马提亚收集了2000 到 2500 册图书，当时印刷书尚未普及，他的收藏数量之多着实令人震惊。相比之下，同时代的法国国王查理八世只有 130 册图书。当时主要的大学藏书也不超过 1000 册。马提亚认为印刷书只是一时的风尚，他让佛罗伦萨技艺精湛的工匠手抄了几百本书稿。事实上他与洛伦佐·德·美第奇争相聘用最好的抄写员和插画家。两人的藏书在数量和内容上不相上下。1490 年马提亚死时，洛伦佐在写给他儿子的信里提到："马提亚死了，我们会有很多抄写员。"随即雇用了那些曾经为马提亚抄写书卷的优秀工匠。

与他的前任一样，马提亚死时也没有继承人，只留下一个与奥地利情妇生的私生子。晚年他想让自己的私生子继承王位，但是议会选择了一名外国国王——波西米亚的弗拉迪斯拉夫。这位新国王无法统领黑衣军，丧失了匈牙利的军事优势。之后匈牙利国王都不是本国人，马提亚于是成为最后一位本土国王。

科尔温图书馆令众人羡慕。该图书馆展出的《法典》古色古香，其中有科尔温浮雕。

30. | 洛伦佐·德·美第奇 1449—1492：
伟大的洛伦佐

洛伦佐·德·美第奇从小就被培养成为未来佛罗伦萨的统治者。他的祖父科西莫已经看出患有痛风的儿子皮耶罗身体羸弱，意志薄弱，无法长久统治佛罗伦萨，因此他将希望寄托在洛伦佐身上。洛伦佐是皮耶罗的长子，从小就接受了 15 世纪中期意大利精英家族的标准模式教育，全面接触人文主义，全面学习了拉丁语和希腊语。1469 年皮耶罗去世之前，洛伦佐已经开始了王储一样的生活：参与外交使团、收集艺术品、养马，以及在科西莫的柏拉图学院主持哲学讨论。人文主义者过于痴迷拉丁文而忘却了意大利本土诗歌，洛伦佐在诗歌方面天赋异禀，对韵律和乡村诗歌非常敏感，重新发掘了被人们遗忘的意大利诗歌。1469 年，洛伦佐与罗马贵族克拉丽斯·奥尔西尼结婚，美第奇家族由此进入意大利贵族行列。他在婚姻上的策略在后代身上延续，孩子们都与公爵或资深佛罗伦萨贵族联姻。一个女儿嫁给了教皇的私生子。只有一个儿子志在成为红衣主教，始终未婚。

洛伦佐在政治和外交上足智多谋，但是并不擅长经营家族银行。他利用家财继续赞助艺术家，或是像祖父科西莫一样利用资金贿赂来巩固美第奇家族在佛罗伦萨的地位。开始时，洛伦佐对投资和债务方面的管理并不上心。他对米兰、布鲁日和罗马的分行疏于管理，将美第奇家族的金钱与公共财政混为一谈，

《方济各会规则的确认》细节，基尔兰达约作（1482—1485）。洛伦佐·德·美第奇两旁是两位佛罗伦萨贵族主顾，安东尼·普奇和弗朗切斯科·萨塞蒂，他们是这一壁画的买家。（右页图）

只收很少的抵押品就贷款给王储贵族，银行的财务需要决定了佛罗伦萨的外交政策。而政治上反对他的佛罗伦萨贵族很快都会面临重税。

一些人开始嫉妒洛伦佐的财富，反对他的飞扬跋扈。1478 年反对呼声高涨。帕齐家族是佛罗伦萨另一个银行家族，洛伦佐操纵对其施加了重税。教皇西克斯特四世因为在外交事务上输给美第奇家族而感到愤怒。于是帕齐家族联合教皇西克斯特四世决定刺杀洛伦佐和他的兄弟朱利亚诺。打着恢复佛罗伦萨自由的旗号，帕齐家族血气方刚的年轻人在佛罗伦萨大教堂的弥撒上刺杀洛伦佐兄弟俩。朱利亚诺被当场刺死，而洛伦佐最终逃脱。反美第奇的民众起义就此扼杀，随后洛伦佐发动盟友，对整个帕齐家族及其秘密同谋者（例如比萨红衣主教被吊死在窗户上）展开了血腥的报复。

"帕齐阴谋"被成功粉碎后，洛伦佐利用公众恐慌和他的声望，建立起强大的国家。成为佛罗伦萨统治者之后，洛伦佐再没有遭到任何强烈的反对。洛伦佐通过娴熟的外交策略实现了意大利半岛的平衡，终于可以放心地沉迷于文化领域，全心赞助学者和艺术家。知名的哲学家和诗人蜂拥而至，寻求赞助或至少求得衣食无忧，如马尔西利奥·费奇诺和皮科·德拉·米兰多拉。洛伦佐为画家和雕塑家建立了欧洲第一所艺术学院——年轻的米开朗基罗就在此学习。虽然洛伦佐很少委托基尔兰达约或波提切利等艺术家创作作品，但他愿意充当中间人，把这些著名的艺术家介绍给富有的朋友们。

洛伦佐出手阔绰，除了赞助艺术家外，他一掷千金为自己的图书馆收集大量希腊语和拉丁语书籍，为自己的宅邸收集众多的古老雕像、珠宝、硬币和奖章，以至于银行几近破产。奉承者将其称为"伟大的洛伦佐"，更有甚者称他非同寻常的收藏迎来了佛罗伦萨的黄金时代。但是洛伦佐没能妥善安排和保护他的文化宝藏。在他死后两年，外国军队的大举入侵加上本地统治者纷争不断，他所缔造的"黄金时代"也土崩瓦解。美第奇家族衰败，洛伦佐软弱的儿子皮耶罗被一群共和派逐出佛罗伦萨。这帮共和派声称厌倦了高雅的品位和美第奇家族的统治。

31. | 卢卡·帕西奥利 1445/1446—1517：
会计之父

　　卢卡·帕西奥利虽然是一名方济各会成员，但他对神学的兴趣远不及对科学、数学和神秘学的兴趣。年轻时卢卡师从皮耶罗·德拉·弗朗切斯卡——文艺复兴早期最有才华和影响力的画家之一。尽管皮耶罗的学徒中有些后来成为绘画名家，但是没有证据显示皮耶罗曾教授过卢卡绘画。皮耶罗因材施教，教授他科学、数字、几何学，以及这些科学在艺术创作中的比例和透视方面的应用。

　　1464 年帕西奥利离开皮耶罗，在威尼斯生活了几年，学习了数学，可能还接触到詹蒂利和乔瓦尼·贝利尼的透视技艺。随后他到了罗马，成了利昂·巴蒂斯塔·阿尔贝蒂的学生和朋友。利昂·巴蒂斯塔·阿尔贝蒂是教皇的秘书，也是绘画和建筑方面的人文主义大师。帕西奥利一直待在罗马，继续研究数学和几何学，直到 1472 年阿尔贝蒂去世。后来他受修道团祈祷传统的吸引，也对方济各会提供的教授职位感兴趣，加入了方济各会。不久之后，他被新成立的佩鲁贾大学聘任为数学教授。

　　帕西奥利在大学教授数学几十年后，于 1494 年在威尼斯出版了《数学大全》。尽管《数学大全》没有多少新的内容，但是正如其名，它是一本对 15 世纪晚期数学发展的全面总结。当时许多数学家还没有完全区分应用数学和理论数学。《数学大全》的第一、二和十五节分别讨论了算术、代数和欧式几何，第三节讲了重量、测量和货币换算率。帕西奥利在第四节介绍了复式记账法，这是对复式记账法

卢卡·帕西奥利在书房，雅各布作（1500）。帕西奥利站在他最喜爱的两个规则立方体之间——十二面体和菱方八面体。帕西奥利使用各种工具以展示欧几里得定理。

的第一次总结，帕西奥利因此被称为"会计之父"。

《数学大全》让他声名鹊起。很快米兰公爵卢多维科·斯福尔扎邀请帕西奥利加入人才济济的宫廷，与"机敏的建筑学家、工程师和创新者为伍"。这些人中为首的是列奥纳多·达·芬奇。帕西奥利与他相处甚好。他曾回忆两人在米兰共事的愉快经历。帕西奥利教列奥纳多算术和几何，并一直保持与他的友谊。1499年法国征服米兰，二人逃难至摩德纳，后来到了佛罗伦萨。其间他们一直保持紧密联系直到1506年。

受到列奥纳多的影响，帕西奥利的视野从记账和算术拓展到更广阔的范围。

15世纪90年代晚期，他开始编写《神圣比例》。在这部著作中，他认为数学"可以测量所有科学和学科"，因为它"清晰直观"，"所有其他科学都只是观念，只有数学真理恒定不变"。几何形状的永恒和本质上的无理数特性，如圆和方形、柏拉图多面体和所谓的黄金比例都证明了帕西奥利所宣称的神圣起源，使透视、建筑、音乐旋律和人体构图具有审美的美感。列奥纳多通过蚀刻复杂多面体，阐释了黄金比例。帕西奥利认为这种多面体的点和面对于各个学科，包括神学、天文学，甚至军事艺术都具有重要意

文艺复兴时期最伟大的合著《神圣比例》，1509年出版。列奥纳多的设计——十二面体，配有帕西奥利的说明文字。

义。据说帕西奥利曾在神学方面指导列奥纳多完成《最后的晚餐》。

在撰写《神圣比例》的同时，帕西奥利开始了自己最后的研究《数字的力量》。该作品没有发表，但是跟他的其他著作一样，这是一部总结性的著作，包含了一系列的数学谜题、魔术和箴言。除了一系列逻辑和数字游戏，如硬币数、鸡蛋篮或救生艇上的人，帕西奥利还展示了如何玩纸牌魔术、吞火、杂耍和让鸡蛋在桌子上行走。对于帕西奥利来说，从比例的永恒真理转到智力游戏和魔术并不荒谬：数学谜题历史悠久，与欧几里得和毕达哥拉斯的时代紧密联系。就像伊索寓言展示的道德真理一样，数学谜题揭示数字真理。正如帕西奥利所说，智者解开这些谜题时，"对于没有接受过教育的人来说，简直就是奇迹"。

32. | 桑德罗·波提切利 1445—1510：
从异教徒场景到启示录主题

桑德罗·波提切利于 1445 年出生于一个制革工人家庭，在八个孩子中排行老七。这个男孩一开始接受铁匠的培训，但他更喜欢绘画。1460 年他加入了著名艺术家弗拉·菲利波·利皮的工作室。工作室的主顾包括科西莫·德·美第奇。波提切利学得很快，很快就能模仿老画家画出淘气金发天使和透明皮肤。他还改进了利皮的轮廓勾绘方法，使用黑色勾勒手、下巴和嘴唇的清晰边界。波提切利使用黑色颜料绘制线条，展示了他高超的绘画功底，他一生都在精进技艺。

15 世纪 60 年代，波提切利成为绘画大师，在佛罗伦萨开设了自己的工作室。15 世纪 70 年代，他开始和美第奇家族打交道。他许多最著名的作品都与美第奇家族有关，当然也有些不那么出名的画作，比如为朱利亚诺·德·美第奇绘制骑马比赛前通过圣十字广场携带的横幅。波提切利的《三贤士朝圣》（1475）是对美第奇家族的称颂：科西莫跪在圣母面前，他的儿子皮耶罗和乔瓦尼，以及孙子洛伦佐和朱利亚诺看起来非常帅气；画面右侧是波提切利的自画像——一名金发男人正远远注视着观众。

波提切利最多产的时期是 1478 年到 1490 年。《三贤士朝圣》引起了教皇西克斯特四世的注意，他当时正在梵蒂冈建设西斯廷教堂。1481 年他征召波提切利和其他著名艺术家到罗马，为西斯廷教堂绘制壁画。在罗马期间，波提切利在教堂墙壁上绘制了《摩西生活场景》《基督的诱惑》和《可拉的惩罚》，并在上方神龛上绘制了历代教皇的画像。1482 年完成壁画后，波提切利返回佛罗伦萨。此时除了美第奇的定期订单外，他还为许多寻求时尚画作装饰的上层阶级服务。他创造了一系列昂贵的"栋迪"（一种耗时耗力的圆框绘画），以及背板装饰画（一种用于护墙板、床头柜或长椅的绘画）。

波提切利的客户也委托其制作宗教主题作品，例如祭坛画和圣母像。也有一些是世俗主题，如谋害美第奇家族的人被吊死，这些图像被挂在公共场合以震慑美第奇家族的残敌。15 世纪 80 年代，他完成了最著名的两件作品：《春》和《维纳斯的诞生》。这两幅作品都具有神话背景，人物尺寸为真人大小，意象深远。受美第奇家族所托，这些作品遵循当时流行的新柏拉图主义理念，采用老式的平面构图，画中维纳斯等人物的手臂和脖子被拉长，显得不自然。作为一名深谙透视原理的艺术家，波提切利似乎拒绝接受一些新的艺术理念，倾向于自己固有的画法。

《维纳斯的诞生》（1478）是波提切利最著名的作品之一，但并不具有代表性。他的作品中神话主题画作很少，大多数都是基督教主题和肖像画。

《三贤士朝圣》（1475）中的一个细节：波提切利的自画像。在 15 世纪 90 年代，萨沃纳罗拉的关于世界末日的预言笼罩了佛罗伦萨，波提切利的绘画变得灰暗。当其他画家拥抱文艺复兴盛期时，波提切利的绘画风格停滞不前。

在美第奇家族的委托中，最宏大的一项是但丁《神曲》的插图。这项工作从 15 世纪 80 年代早期开始，一直进行到 15 世纪 90 年代。波提切利的传记作者乔尔乔·瓦萨里在《艺苑名人传》（1550）中写道，波提切利反复阅读但丁的文字，花大量时间绘制这幅画作而忽略了其他任务。这首诗深刻地影响了波提切利和他的作品。1490 年左右他的作品主题沉重，更加严肃。此时的佛罗伦萨也在经历着类似的变化。传教士吉罗拉莫·萨沃纳罗拉关于世界末日的言论笼罩佛罗伦萨，他认为古典艺术是异端邪说。波提切利的兄弟是萨沃纳罗拉的追随者，波提切利似乎也是一名支持者。这位传道士关于世界末日的启示录影响到波提切利后来的艺术创作，特别是《神秘的耶稣降生图》（1501）。图画上方是错误百出的希腊文《启示录》，图画的下方小恶魔在寻欢作乐，这在耶稣诞生场景中极为少见。天使则在铭刻传道士预言的马槽上方围成圈跳舞。

波提切利在生命的最后十年一直坚持作画，但他的风格因循守旧。他的作品相比其他佛罗伦萨艺术家，特别是列奥纳多·达·芬奇和米开朗基罗，显得愈加古板。在他去世时，名气渐衰，此后几百年渐渐被人们遗忘。1874 年，英国评论家若昂·罗斯金重提波提切利的艺术，盛赞其"超越所有其他意大利作品"，人们才重新开始推崇波提切利。

33. | 若斯坎·德普雷 1450—1521：
永不满足的唱诗班指挥，明星作曲家

　　尽管若斯坎·德普雷在文艺复兴时期的音乐领域发挥了重要作用，但是他的个人经历并不那么翔实。若斯坎出生于法国北部的皮卡第埃诺，从小是个孤儿。后来，他给自己取了昵称佛兰德斯"van deVelde"（原野），法语为德普雷。有记载表明他曾在圣昆廷附近的教堂唱诗班唱歌。历史上对他的明确记载是他于 1477 年在普罗旺斯地区艾克斯的公爵唱诗班。数年间他四处游荡，为了生计寻求歌手和作曲家职位。15 世纪 80 年代早期，他可能在巴黎、费拉拉以及匈牙利之间游荡。1483 年，他在米兰公爵斯福尔扎的唱诗班供职。之后他转而为公爵的哥哥、帕维亚主教阿斯卡尼奥·斯福尔扎工作。阿斯卡尼奥于 1484 年成为红衣主教后，若斯坎跟随其前往罗马。不久以后，他在教皇唱诗班获得了一个职位。可能就是在这时，像其他梵蒂冈唱诗班成员一样，他将自己的名字刻在了西斯廷教堂的墙上——这是他目前仅存的亲笔签名。

　　尽管工作很体面，但若斯坎并没有在梵蒂冈唱诗班待太久。1498 年他重新为斯福尔扎公爵工作。1499 年，法国征服了米兰，他很可能返回了法国。几年后，他重新回到意大利，为费拉拉的埃尔科莱·埃斯特一世公爵工作。尽管埃尔科莱的朝廷是意大利音乐演出最频繁最多的宫廷，若斯坎在这里也只待了几年，瘟疫爆发后他逃回法国。这时他已年近 50，在离他出生地不远的埃斯科河畔孔代定居，就此度过了余生。

若斯坎《圣福童贞女弥撒》的前奏，创作于 1510 年。若斯坎分别创作了弥撒的五个章节，威尼斯出版商彼得鲁奇于 1514 年将它们合集出版。

若斯坎的游历经历使他能够将当时的两大音乐流派融合。若斯坎当地的佛朗哥－佛兰德斯音乐强调通过对位法 ① 创造紧凑华丽的复调音乐，实现超然的宁静，但是这种音乐难以传达歌词内容。他在米兰第一次接触到意大利风格的音乐，这种音乐更注重韵律和和声，强调歌词，音乐只是辅助。虽然若斯坎忠实于自己的传统风格，但他也充分了解意大利和声和表达歌词的重要作用，他将这种音乐风格与北方地区旋律的创作性和宁静风格成功融合，创造出了优雅的文艺复兴盛期的复调音乐。

若斯坎名扬意大利和法国。出版商彼得鲁奇（1466—1539）于 1501 年在威尼斯出版了第一部活字印刷乐谱，其中就出现了若斯坎的名字。这部由若斯坎和他人（主要是法国和佛兰德斯作曲家）合著的歌曲选集名为《乐歌一百首》，

——————————

① 对位法，音乐中结合两个或两个以上旋律的方法。

对欧洲音乐文化产生了重大影响。在这之前乐谱都是手写，或者采用粗糙的木版印刷，歌唱家可能需要自己绘制五线谱。彼得鲁奇出版的《乐歌一百首》第一次实现了批量印刷，费用只有老式乐谱的二十分之一，准确传达了日益流行的佛朗哥－佛兰德斯复调音乐。在这部书中，四声部歌唱家或乐器演奏家可以找到相互对照的单独乐谱，易于阅读，便于学习和演奏。

《乐歌一百首》让宫廷和教堂之外的更多的音乐受众认识了若斯坎。彼得鲁奇出版了几十本歌曲集，包括弥撒曲、圣歌和意大利情歌（一种早期情歌）。在这些价格不高的歌曲集的推动下，欧洲形成了不同于 6 世纪的格列高利圣咏 ① 的新型音乐形式。这些歌曲集主要是若斯坎综合南北方音乐风格的歌曲。若斯坎非常乐意从这一新技术中获益，之后又创作了大量声乐和器乐乐谱。在他 70 岁去世时，已经创作了 370 余部作品。许多与若斯坎风格不同的音乐，为了借力若斯坎的名气，也都以他的名义推出。

---

① 格列高利圣咏（Gregorian chant），西方教会单声圣歌的主要传统，形成于公元 9 世纪和 10 世纪，是一种单声部、无伴奏的罗马天主教宗教音乐。

34. 阿尔都斯·马努蒂乌斯 1450—1515：以传承保护经典著作为目标的印刷商

就在古腾堡出版第一本《圣经》不到十年，信息工业传播到威尼斯，引起了轰动。在五年时间里威尼斯印刷业经历了从繁荣到萧条的过程。一开始印刷所如雨后春笋遍地开花，大量印刷出各种人文主义、古典和宗教著作。市场饱和后，印刷厂开始接连倒闭。1473 年，一些合并的印刷厂为了保险起见，专注于为修道院和教堂印刷宗教著作，数量虽然有限但是订单相对稳定。

15 世纪 80 年代阿尔都斯·马努蒂乌斯来到威尼斯时，这里仍然是欧洲的出版中心。阿尔都斯·马努蒂乌斯来自教皇国（他的签名是"来自罗马的阿尔都斯"），接受过良好的人文主义教育，能够流畅阅读拉丁文和希腊文，并且与知名的学者和贵族保持着良好的关系。有一段时间他和其他人文主义者一样，一边教授贵族年轻人古典学说，一边撰写拉丁文和希腊文语法书挣点零用钱。但是阿尔都斯心怀远大理想，最终促使他来到威尼斯。

君士坦丁堡陷落后，阿尔都斯像许多人文主义者一样，担心学者逃散、图书馆破败会让希腊文学消失殆尽。他坚信自己有责任保护这些著作，毅然投身印刷业——这么做不是为了寻求生计，而是作为一名学者和保护者去保护希腊文学。他选择威尼斯的理由很简单：这座城市不仅印刷业发达，而且还居住着数千名希腊难民。其中有些希腊人拥有经典藏书，有些希腊人可以作为文法学家、排字工人和校对者为他工作。

　　阿尔都斯用了六年时间才获得长期贷款，印刷厂得以开张和运行。他设计
出经典希腊文字体。希腊文与拉丁文不同，还存在不同的版本，有些包含数百
个不同的字母、缩略语和连字。经过测试印刷了诗歌和语法书后，他成功出版
了第一部印刷作品：《亚里士多德》（1495—1498）。作为五对开本（31×21cm），
阿尔定印刷厂出版的《亚里士多德》是第一本关于这位西方最伟大的哲学家的
翻译简本，不附加注释和校勘。

　　阿尔定印刷厂随后印刷了 58 部希腊经典图书，其中有 30 部此前未出版过
的著作，包括荷马、修昔底德、希罗多德、索福克勒斯、欧里庇得斯和德摩斯
梯尼的著作等。这些书全部采用纯文本，没有任何传统注释。这些书籍没有让
阿尔都斯变得富有，因为只有大约 5% 的人文主义者能够不需要注释读懂希腊文。
尽管热爱希腊语，他也逐渐增加印刷古典作家和当代作家拉丁文和意大利文著

《维吉尔作品集》，阿尔定印刷厂于 1501 年印刷出版。阿尔都斯·马努蒂乌斯的
　　一生出版了超过 130 册图书。他创造了"斜体字"。这部维吉尔的作品集就包含
　　易于阅读的斜体，同时采用八开印刷，方便携带。

spirante diceua, chel rifonauano per fotto quella uirdura gli amorofi fof-
piri, iformati dentro il rifetuabile & accefo core. Ne piu prefto in quefta
angonia agitato, & per quefto modo aborfo effendo, che inaduertente al
fine di quella floribonda copertura peruoeni, & riguardando una innume
rofa turba di iuuentude promifcua celeberrimeter feftigiante mi apparue,
Cum fonore uoce, & cum melodie di uarii foni, Cum uenufti & ludibon
di tripudii & plaufi, Et cum molta & iocundiffima lætitia, In una amplif
fima planitie agminatamente folatiantife. Dique per quefta tale & grata
nouitate inuafo fopra fedendo admiratiuo, di piu oltra procedere, trapen
fofo io fteti.

Et ecco una come infigne & feftiua Nympha di ndi cum la fua arden
te facola in mano defpartitofi da quelli, uerfo me dirigendo tendeua gli
uirginei paffi, Onde manifeftamente uedendo, che lei era una uera & rea
le puella non me moffi, ma læto lafpectai. Et quiui cum puellare prom
ptitudine, & cum modefto acceffo, & cum ftellâte uolto, pur obuio ad me
gia mai approximata, & furridendo uene, Cum tale præfentia & uenufta
elegantia

《寻爱绮梦》，弗朗切斯科·科隆纳作（1499）。阿尔定印刷厂出版了大量浪漫主义书刊，这本书是文艺复兴时期的畅销书。这本书采用大量精美的木版画插图，阿尔都斯·马努蒂乌斯精心设计了书中的字体和版式。

作。正是这些作品给他的印刷厂带来了利润，也对整个印刷业和文学界产生了重大影响。

阿尔都斯的一个重要创新就是在印刷字体上。他和版刻师弗朗切斯科·格利佛波芬通过长期合作，创造出"斜体字"。相比传统的罗马或哥特字体，这种字体可读性高，每页排版的字数更多。阿尔都斯首次采用这种字体印刷了维吉尔的作品（1501），以八开印刷（8.5cm×15 cm）。在他的宽幅海报上（宽幅海报也算得上是阿尔都斯的创新），他将这种小尺寸图书称为"便携书"——人们读书不再限于图书馆，可以将书放进口袋。

阿尔都斯的其他成就亦不同凡响。他率先将标点系统化，也是第一个标记页码的人。阿尔都斯只有两件事没有完成：一是没能广聚英才和资金出版第一部多语种《圣经》（西班牙人最后完成了这项工作）；二是他一直期望建立一所由志同道合的希腊学者组成的希腊"新学院"，也未能遂愿。他的主要遗产是他的印刷厂。在阿尔都斯儿子和孙子的经营下，阿尔定印刷厂持续出版到1597年，一共出版了超过900部图书（许多图书印刷册数上千），实现了阿尔都斯传承保存经典著作的目标。这些著作的留存传播对整个人文主义事业的发展至关重要。

35. 列奥纳多 · 达 · 芬奇 1452—1519：
"一事无成的男人"

　　纵观列奥纳多·达·芬奇的一生，他的绘画技能备受赞誉——生动再现石头、植物和水流等自然景物，抓住人物优雅瞬间。但是这样的例证少之又少，只有不到十二幅作品确定出自达·芬奇之手。这些作品中有两幅是公认的经典——《最后的晚餐》（1495—1498）和《蒙娜丽莎》（1503—1519）。两幅油画都没有多少可看的：第一幅由于列奥纳多的技术缺陷，毁坏严重；第二幅尺寸很小，原色所剩无几。但是这两幅画作位于高高的文化神坛之上，数百年来褒贬不一，在当时很难说具有怎样的突破性。

　　列奥纳多的人生可以分为三个阶段。第一个阶段，他是托斯卡纳一个公证员的私生子，后来当学徒并成为佛罗伦萨年轻艺术家。第二个阶段，列奥纳多大约 30 岁时，在洛伦佐·德·美第奇的鼓励下前往米兰，成为卢多维科·斯福尔扎公爵朝堂的宫廷艺术家、布景设计师和工匠，在这里度过了成年后的大部分时光。第三个阶段，1499 年法国征服米兰后，列奥纳多四处漂泊，去了摩德纳、佛罗伦萨、罗马，后来又回到米兰，最后到了卢瓦尔河谷的安博瓦兹，成为法国国王弗朗索瓦一世赞助的艺术家。

　　在从一个地方到另一个地方，从一项工作到另一项工作时，列奥纳多常常半途而废。他不断与修道院、修道团甚至政府签订合同，收取预付款，绘制草图，开始绘画，最终半途而废。他非常容易分心，厌烦了绘画，就去干别的事情。

据称教皇利奥十世（没有和列奥纳
多签约）就曾抱怨说："这个人将
一事无成。因为他还没有开始工作，
就想着结束！"

　　尽管同时代的人都称赞列奥纳
多的艺术才能和对自然的观察力，
但他最引以为豪的是自己作为布景
设计师和军事工程师的才能。在为
卢多维科·斯福尔扎工作期间，他
想出了无数改进米兰防御工事、军
备和排水系统的计划，在金属铸造、
挖掘和能源开采等方面提出了许多
新方法。不过这些提议鲜有实现。
许多计划就像他为卢多维科父亲弗
朗切斯科设计的骑马像一样，半途
而废，最终被米兰人毁掉。米兰人

列奥纳多笔记本中所谓的"维特鲁威人"（1487）。
根据古典主义罗马建筑家维特鲁威的理论，列奥
纳多的绘图总结了人体形态和自然界的几何关系。

可没有兴趣出资修建代表斯福尔扎王朝辉煌的骑马像。

　　列奥纳多的名气还来自于他的笔记。人们在他死后发现了他的大量笔记——
有 8000 多对开页，许多是双面书写的，也有些是手掌大小的尺寸。列奥纳多在
笔记上写有文字和草图，记录了自己的观察和想法，有时甚至就只是一些幻想。
他曾计划出版有关艺术理论思考的著作，但最终没有实现。为防止别人偷窥，
他所有的笔记都是倒着写的。

《蒙娜丽莎》，列奥纳多·达·芬奇作（1503—1519）。《蒙娜丽莎》是西方文化中最有名的油画，
尺寸仅为 77cm×53cm。列奥纳多在漂泊的岁月里，一直把这幅画像护身符一样带在身边。（左页图）

弗朗切斯科·梅尔齐所画的列奥纳多素描（1515）。梅尔齐是列奥纳多晚年的学生，一路跟随他从佛罗伦萨到罗马，最终到法国。在列奥纳多死后，梅尔齐继承了列奥纳多大部分的图纸、模型和笔记。

他将自己的想法隐藏了起来。尽管偶有显露，但是当时的人们对列奥纳多的才能并不很清楚。人们后来才发现他对于光学、天文学、人体解剖学、力学和飞行的许多开创性见解。他曾经提出中世纪哲学的演绎方法必须废弃，取而代之的是对自然的观察："与其（浪费时间）定义不可见的灵魂，不如研究那些通过实验就可以了解和认识的事物。因为实践才靠得住。"

但是列奥纳多拒绝接受人文主义的理念。他认为经过一个多世纪的西方思想复兴，人文主义已经从追随经典变成崇拜权威。他所坚持的亲身体验的观点让他与人文主义学院派格格不入，这让他悻悻不平。

他30多岁才掌握拉丁文，而且从未学过希腊文。他抱怨道："我就知道，因为我不会希腊语，一些专横的人把我看作是文盲。愚蠢的人！……他们不知道我注重以个人经验解决问题，而不是用别人的经验。"列奥纳多去世时，留下了尚未完成的伟大画作，尚不为人知的伟大思想，为数不多的追随者，以及许多没有完成的梦想。

列奥纳多的《岩间圣母》（1495—1508）。列奥纳多将轮廓和颜色逐渐模糊的晕涂法是文艺复兴盛期绘画的典型画法。这种画法与波提切利以及威尼斯人所用的清晰轮廓画法截然不同。

36. 国王若昂二世 1455—1495： "完美王子"还是"暴君"？

葡萄牙国王若昂二世被西班牙人称为暴君，而葡萄牙人则称其为完美王子。这不仅指他知书达理，也意味着他为巩固和维护王权残酷无情不择手段，一如尼可罗·马基雅维利在《君主论》一书中所说的手段。1481 年加冕后，若昂发现因为父亲阿方索五世征战非洲导致国库空虚，国内贵族与邻国西班牙正密谋推翻其政权。这位新国王发布法令，迅速逮捕和处决了与西班牙女王伊莎贝拉密谋的头目布拉干萨公爵。随后又迅速处置了其他人，包括埃武拉主教（在狱中被毒死）和自己的堂兄（若昂亲手杀死）。剩下的人只得公开宣誓效忠于他。

在剿灭这次贵族谋反后，对于一些长期受贵族控制的城市，若昂赋予商人们更多的商业自由。尽管也希望扩张葡萄牙的海外财富，若昂却不打算继续他父亲征战摩洛哥的计划。他遵循了叔叔亨利亲王的意见——亨利亲王是葡萄牙海外探险的开创者。在亨利的帮助下，海外探险活动不断深入，延伸至非洲西海岸的亚速尔群岛、马德拉群岛和佛得角群岛。探险家们继续向南越过毛里塔尼亚，绕过穿越撒哈拉的路线，进行香料、黄金和奴隶贸易。

若昂二世的画像，匿名画家作于 16 世纪早期。作为第一位具有真正全球战略眼光的文艺复兴统治者，若昂振兴了葡萄牙的航海计划。（右页图）

　　这件事在 18 世纪早期渐渐被遗忘。如果不是一个佛罗伦萨小画家在 1502 年绘制了关于这一事件的油画，这一事件早就完全被遗忘了。整个油画类似九宫格画板，有点像文艺复兴祭坛画——放在祭坛之下小尺寸的叙事性绘画。这幅画详细生动地描绘了安东尼奥愤怒、亵渎、被捕、审判和处决的全过程。

　　这部作品不仅仅表达了犯罪和惩罚。尽管与米开朗基罗的《大卫》和列奥纳多的《蒙娜丽莎》同时代，但这部作品呈现了不同的理念。它不是表达佛罗伦萨人文主义思想，而是表现萨沃纳罗拉关于原罪、救赎和得救的布道。在前三幅画中，当安东尼奥愤怒时，小恶魔环绕头上。在第四幅画中小恶魔不见了。在第六幅和第八幅画中，当安东尼奥向教堂和法官服罪忏悔时，天使出现了。在最后的画中，安东尼奥在上帝面前忏悔，两位天使将他的灵魂从恶魔手中夺回。安东尼奥大肆挥霍，自甘堕落，亵渎圣母后，自愿忏悔放弃为恶终得拯救。这幅画是一次布道，在那个混乱的年代，指引人们服从整个佛罗伦萨的社会秩序。

葡萄牙帆船离开法国海岸，匿名画家作于16世纪20年代。在这里，葡萄牙的新大西洋航海技术与地中海航海技术对比鲜明。地中海航行的大三角帆船十分笨重。

四

突然打击

1490

—

1515

许多欧洲人对公元 1500 年的到来都有不祥的预感。他们为世界末日的预言而苦恼，两代人辛苦获得的社会稳定似乎将很快灰飞烟灭。特别是欧洲新崛起的西班牙正经历风云变化。1492 年 1 月 2 日，穆斯林在西班牙最后的要塞阿尔罕布拉宫由国王斐迪南二世和王后伊莎贝拉接管，持续 780 年的十字军东征由此结束。基督教必胜的精神在下个世纪仍然激励着西班牙不断收复失地。

斐迪南和伊莎贝拉希望在西班牙实现基督教一统全国，因此开始打破数世纪以来形成的基督徒、摩尔人和犹太人交织共存的社会结构。1492 年 3 月 31 日，西班牙君主发布《阿尔罕布拉法令》，要求境内的犹太人要么皈依基督教，要么离开，违者处死。只有大约 6 万人选择皈依基督教，而接近该人数 3 到 10 倍的犹太人（确切数字难以估量）选择迁徙。西班牙王朝在短时间内对半岛持续 1500 年的社会状况，以及大部分的商业和金融阶层进行了全面肃清。同时公众对成千上万新皈依者感到担忧，对基督教的稳定感到怀疑。新成立的宗教裁判所迅速发挥作用。

法令发布仅仅两周后，斐迪南和伊莎贝拉就同意资助热那亚航海家克里斯托弗·哥伦布的探险，他计划向西航行至亚洲。哥伦布 1493 年返回西班牙，人们直到二三十年后才逐渐认识到他的壮举。葡萄牙国王若昂二世很快指责西班牙擅自占领新大陆。西班牙和葡萄牙之间签署了《托德西利亚斯条约》，划分了新大陆，解决了两国之间的纠纷。相比于哥伦布的新发现，其他欧洲统治者更关心条约的缔结。

　　1492 年对意大利而言至关重要，巴尔干半岛力量制衡迅速瓦解。4 月 9 日佛罗伦萨的实际统治者，也是推动意大利和平的重要力量洛伦佐·德·美第奇去世，年仅 43 岁。三个月后，教皇英诺森八世去世，他生前对洛伦佐言听计从，也是洛伦佐的姻亲。西班牙和意大利的政治格局突变影响了整个欧洲。

　　西班牙驱逐犹太人的行动很快波及邻国葡萄牙，大量人口拥入葡萄牙（犹太难民一度占到葡萄牙总人口的 10%），随后又影响到更远的地区。此次犹太人大迁徙引发了后世几百年悬而未决的关于犹太人权利和身份的问题。犹太移民到达安特卫普和阿姆斯特丹，引发了宗教同化和社会暴力问题。西班牙裔犹太

浮雕《摩尔人的洗礼》，菲利普·比格尼画作（1520）。选择留在西班牙的摩尔人被迫皈依基督教。

佛兰德斯织锦（1510）虚构了达·伽马到达卡利卡特的情景。事实上达·伽马与精明的印度人的第一次打交道并不顺利：印度人对达·伽马寒酸的献礼深感不满，于是把他关进了监狱。

人在威尼斯快速增长，1516年威尼斯议会投票决定让犹太人在独立的犹太人区定居。奥斯曼苏丹巴耶济德二世（1448—1512）对西班牙裔犹太人的商业悟性非常赞赏，派舰队前往格拉纳达，将犹太人接到勒旺。巴耶济德宣称，斐迪南"让自己的国家陷入贫穷，让我的国家变得富有"。他在塞萨洛尼基、萨拉热窝和伊斯坦布尔建立了犹太人社区。1493年犹太人建立了地中海东部第一个印刷厂，并开始尝试其他新鲜事物。

在前四次航海中，哥伦布并没有确凿证据证明向西航行可到达亚洲，但他的海外探险引发欧洲北部探险家纷纷效仿，欧洲北部更靠近哥伦布发现的群岛。早在1496年，英国亨利七世就对《托德西利亚斯条约》感到不满，他开始自己的航海计划，并委托威尼斯探险家约翰·卡伯特开拓英国西北航道。卡伯特的海外探险规模较小，最终没有成功，但是为英国和法国渔民找到了稳定的航线，在卡伯特发现的"新大陆"周边发现了广阔而利润丰厚的渔场。

1492 年洛伦佐去世，两年后那不勒斯国王唐·费兰特去世，这时的权力真空招致法国和西班牙企图占领意大利各小公国。在接下来的六年里，法国和西班牙数次激战，企图攫取半岛的控制权。教皇国甚至一度陷入西班牙之手。红衣主教罗德里戈·博尔吉亚通过行贿成为圣彼得的领袖，这是最腐败的一次教皇选举。博尔吉亚于 1492 年 8 月 11 日加冕，自称为教皇亚历山大六世。当时洛伦佐的二儿子乔瓦尼·德·美第奇疾呼："我们在狼的统治下，这可能是世界上最贪婪的人。如果我们不跑掉，他会吃掉所有人。"果不其然，乔瓦尼一语成谶。

38. 克里斯托弗·哥伦布 1451—1506：
"发现新大陆的海军上将"

热那亚人克里斯托弗·哥伦布出生在一个织布工和奶酪贩子的家庭中，同许多热那亚人一样，他出海谋生。年轻时他曾去过勒旺，据称还到过几内亚、英格兰、爱尔兰和冰岛。15世纪70年代他生活在里斯本。他的哥哥巴尔托洛梅奥是里斯本的一名制图师。哥伦布结合自己的航海实践和巴尔托洛梅奥的地理学知识，确信向西航行可以达到盛产香料的东方。之后的20年，时常陷入贫困的哥伦布向西班牙国王、葡萄牙国王、热那亚人、威尼斯人和英国人四处游说，渴望有人能够听一听他的航海计划，但是所有人都拒绝了他。

尽管许多人认为，热那亚就是热那亚，没有人能够匹敌哥伦布的航海经验和技术，但当时的统治者们没有时间、金钱和兴趣投资他的计划。许多仔细研究过地理的人认为，哥伦布低估了地球的大小，夸大了欧亚大陆的长度，从而得出欧洲到中国海岸线的距离仅仅是实际距离的五分之一的结论。这些人显然是正确的。最后哥伦布还是说服了西班牙国王斐迪南二世和王后伊莎贝拉为他提供必要的资金和船只，开始了计划中的远航。他们任命哥伦布为海军上将和印度群岛总督。

1492年8月3日，哥伦布率领120名水手出发，船队由一艘大帆船和两艘轻帆组成。他首先到达加那利群岛，9月6日离开了熟悉的世界，前往未知的领域。前五周风向稳定，10月2日，一名水手在海上发现一朵新鲜的花朵。第二天，

《克里斯托弗·哥伦布》，基尔兰达约作（1520）。哥伦布生前没有肖像画。尽管这位佛罗伦萨画作家从没有见过哥伦布，但这幅哥伦布画像被广泛认可。

船队在一个小岛登陆，即今天的巴哈马群岛。当时，哥伦布称其为圣萨尔瓦多。随后他继续沿着古巴北海岸航行——"这是人类从未见过的最美的岛屿"。他在伊斯帕尼奥拉岛上建立一个堡垒后开始返航，并于 1493 年 3 月 15 日返回西班牙。

　　这次探险只带回来一点点黄金、烟草、胡萝卜，以及绑架的十名土著人，但是并没有香料。他没有发现日本或香料群岛，船队中的圣马利亚号帆船也在伊斯帕尼奥拉岛沉没。西班牙人对于发现新航线感到兴奋，哥伦布受到英雄般的欢迎。六个月后，他带领 1200 名志愿者和 17 艘船再次远航。如同他的第一次航行一样，哥伦布的第二次（1493—1496）、第三次（1498—1500）和第四次（1502—1504）探险也有宏大的计划，有重大发现，但是也有错失良机和对地理的错误认知。尽管他对沿着椭圆形顺时针海风穿越北大西洋驾轻就熟，但是，他并没有到达"恒河口的印度群岛"。奥里诺科河口有大量淡水从大陆的高山流入海中，哥伦布坚称，这块大陆就是亚洲。沿着巴拿马海岸继续航行的途中，

哥伦布第一次远航的记录（1494）。哥伦布将木版画所画的伊斯帕尼奥拉岛列入航海记录，希望说服斐迪南国王在此建立繁荣的殖民地。

哥伦布听到本地人说，从内陆再走几天的路程就能到达一片新的宽阔海洋。但是哥伦布情愿相信梦想也不相信事实。

哥伦布的航海行程中错误频出，管理也是一塌糊涂。他经常离开定居点去探险，无法树立权威，时而漫不经心，时而态度苛刻，还粗暴对待当地土著，当引发不满抗议时，就给俘虏戴上镣铐运回西班牙。他对遇到的土著非常残忍，他会杀掉一些人，强迫剩下的人去寻找黄金或提供食物。对于那些逃跑的土著，他放狗去追捕。他曾在王后面前吹嘘，"您想要多少奴隶，我就带回来多少奴隶"，让王后颇感震惊。

哥伦布后来遭到冷遇，在西班牙朝廷逐渐被边缘化，他经常抱怨别人对自己的不公。事实上整个世界在他的伟大愿景下不断发展。西班牙殖民者和寻宝者蜂拥进入加勒比海，不再将其看作是前往东方的驿站，而是将其变为殖民地。1498 年达·伽马从另一个方向航行，开拓了前往印度群岛的海路。三年后，另一位意大利航海家阿美利哥·韦斯普西[①]探险到巴西海岸，通过自己的航海测量得出结论：哥伦布错了，这确实是一块新大陆。

---

① 阿美利哥·维斯普西（1454—1512），意大利商人、航海家、探险家和旅行家，美洲是以他的名字命名的。他经过对南美洲东海岸的考察提出这是一块新大陆，而当时所有的人包括哥伦布在内都认为这里是亚洲东部。

39. | 约翰·卡伯特 1451—1498：威尼斯海员，英格兰探险家

约翰·卡伯特来到威尼斯时还是个孩子，1475 年成为正式公民。他原名乔瓦尼·卡波托，从事威尼斯人数百年的传统生计，在勒旺买卖货物。他的儿子塞巴斯蒂亚诺称卡伯特曾到过麦加，对大篷车运过来的香料和丝绸感到吃惊。他询问这些产品从哪来，但没人知道，只告诉他来自遥远的东方。这时的卡伯特认识到宗教冲突切断了古老丝绸之路，于是开始梦想另一条通往东方财富的道路。

卡伯特虽抱负远大，经商却并不如意。1488 年他破产后不得不离开威尼斯，四处躲避债主。他在外流浪了几年，最后在巴伦西亚定居下来。1493 年克里斯托弗·哥伦布完成了伟大的探险返回西班牙。卡伯特听说了这一伟大的海上探险后，认为哥伦布并没有到达中国，于是向西班牙皇室请愿，希望能够获得资助向北开拓更远的航线。由于西班牙皇室已经资助了哥伦布，于是拒绝了卡伯特。

随后卡伯特到英国去碰运气。这次他有乐观的理由。英国人对 1494 年签订的《托德西利亚斯条约》感到恼火，西班牙和葡萄牙不顾别国擅自对世界进行划分。此外英国布里斯托尔的水手已经探索过北大西洋和西大西洋，最远到达冰岛甚至更远。但是卡伯特还是花了一年时间才从伦敦和布里斯托尔的一些意大利银行家那里筹措到必要的资金。1496 年 3 月 5 日，卡伯特的朋友最终说服亨利七世签署北方航线特许，支持卡伯特进入西班牙水域，同时给予他对可能

亨利七世签发给约翰·卡伯特的特许文书，允许他"发现和调查异教徒与无信仰者的岛屿、国家、地区或省份"。

发现的财富和土地的商业垄断权。尽管亨利特许要求布里斯托尔商人提供五艘"舰船"，但是实际上他们只提供了一艘可以航行的船。卡伯特于 1496 年夏天匆匆起航，由于装备糟糕、天气恶劣以及对航行海域了解甚少，船员很快造反了，几个星期后，他就不得不返回布里斯托尔。

1497 年 5 月，卡伯特在马修召集了 18 个水手，驾驶总吨位仅 50 吨的船只再次出海航行。五个星期后他声称"发现了在 700 里格外"的"大可汗国的大陆"。卡伯特一直沿着海岸向南航行了一个多月，只登陆一次进行补给。8 月 6 日他返回布里斯托尔。与哥伦布的第一次航行相比，这次航行草率了事。卡伯特郑重其事地宣布占领了这块"新发现的土地"，在上面插上了英国和威尼斯旗帜。但他并没有发现当地土著人，只有一些皮网和骨针。他将这些东西带回来，作为有人居住的证据。他登陆的地点现今无法确切知道，有可能是纽芬兰的博纳维斯塔角或者布雷顿角岛。但是卡伯特给布里斯托尔人带回了一些好消息：他

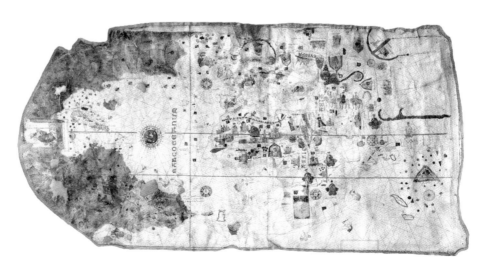

胡安·德·拉·科萨的世界地图。胡安·德·拉·科萨曾数次跨越大西洋。这幅世界地图绘制于 1500 年，是第一幅显示新世界的地图，包括加勒比、古巴以及南美洲。

发现了鳕鱼岛，那里鳕鱼成群聚集，用柳条箱就可以将它们捞起。他称其为"鳕鱼之乡"。

　　卡伯特回来后也成了名人。英国人因为发现了新领地，还有比香料、黄金更实在的财富，而深感民族自豪。一位威尼斯人写道："他获得了巨大的荣耀，身穿丝绸，将自己称为海军统帅。"吝啬的亨利七世只赏给他 10 英镑，最终也答应为卡伯特的下一次航行提供资助。这次航行的规模更大，总共有 5 艘船和 300 多名水手，还包括一些伦敦商人和修道士。卡伯特的船队在 1498 年 5 月初出发，其中一艘船很快返航，其他船则杳无音信。当时的一些资料和他儿子塞巴斯蒂亚诺的回忆录中提到，一些探险者返回了，但是卡伯特没有回来。他也许已经死在鳕鱼岛。1501 年，当葡萄牙探险家加斯帕尔·科特雷亚尔到达鳕鱼岛时，一些当地人给了他一把折断的意大利剑和一些威尼斯生产的银耳环，看起来像是卡伯特航行留下的物品。

40. | 吉洛拉莫·萨沃纳罗拉 1452—1498：佛罗伦萨的一把火

　　当大多数的同龄人都在打猎、寻欢作乐时，20 岁的吉洛拉莫·萨沃纳罗拉正在家中写诗。在其中一首《在世界的废墟上》，他哀叹人性"被恶习所打倒／再也无法站起"。他的父母希望这位冷峻的年轻人大学毕业后留在费拉拉。令父母感到震惊的是，1475 年他偷偷溜走并加入了博洛尼亚的一个修道团。他写了一封温和的信安慰父母。但是几个月后他们仍然伤心时，他失去了耐心写道："你们在哭什么，你们这些盲目的人们？"他认为基督选择他作为基督的骑士，父母应该感到开心。

　　1482 年，萨沃纳罗拉被派往佛罗伦萨的多米尼加修道院教授逻辑学并在社区布道。但是，他粗犷的演讲风格和奇怪的北方口音让温文尔雅的佛罗伦萨人难以接受。心生羞愧的萨沃纳罗拉悻悻地回到博洛尼亚后，开始锻炼自己的演说技巧。但是萨沃纳罗拉在佛罗伦萨至少让一位人士印象深刻，即哲学家若望·皮科·德拉·米兰多拉。他也是洛伦佐·德·美第奇的朋友。他让萨沃纳罗拉回到圣玛尔谷大殿教授逻辑学。这位身材矮小，目光如炬的大鼻子传道士在 1490 年又回到了佛罗伦萨，此时的他更有修养，更加自信。

　　佛罗伦萨百年的成功创造了富有的上层阶级，他们富有教养，品位不凡。萨沃纳罗拉在讲道坛上怒斥他们不够虔诚，贪婪自私，贪图享受。他主张废弃寡头政府，这一理念受到穷人的欢迎，让富人感到忧虑。萨沃纳罗拉声称自己

在传达上帝的口谕，这让神职人员心生不安。他两三个小时的布道揭示了未来
的灾难，当时发生的一些事情也让人们倍感焦虑：洛伦佐去世后佛罗伦萨危机
四伏；法国威胁要入侵意大利；许多基督徒认为即将到来的 1500 年将是世界的
末日。

　　萨沃纳罗拉的追随者迅速增加。反对者将这些追随者称为"恸哭者"，因
为他们习惯在传道士布道时哭泣。他召集孩子们揭发亲戚和邻居的不道德行为。
在狂欢节期间，让男孩和女孩穿着白色衣服，沿着街道游行，破坏节日的气氛。
他们在全城搜索扑克牌、镜子、异教徒美术作品、假发和非宗教类图书，以及
任何亵渎神明的东西，将它们堆放在广场上，放一把"虚荣之火"焚烧干净。
无数珍贵的艺术品被毁，据说波提切利的许多作品也被付之一炬。

佛罗伦萨的崇拜者排队准备聆听萨沃纳罗拉热情洋溢的布道。这幅 1496 年的木版画显示，他正在
听众济济一堂的大教堂布道。他自称为"上帝在人间的代言人"，数以千计的人着迷于他的预言。

　　萨沃纳罗拉声称能够预知未来，预测这座城市的罪行将很快招致上帝的惩罚；他的预言实现了，1494 年法国国王查理八世的军队入侵佛罗伦萨。萨沃纳罗拉宣称邪恶的佛罗伦萨需要被惩罚，热切欢迎法国国王，感谢他的入侵。后来查理八世离开时并没有破坏佛罗伦萨。这一事件让更多人深信这位传道士与上帝有特殊的联系。15 世纪 90 年代中期，约 15000 名听众聚集在佛罗伦萨大教堂聆听他的布道。他宣称佛罗伦萨将是新耶路撒冷，拥有更纯洁的基督教信仰，这让整个城市感到自豪。

1498 年创作的油画展示了萨沃纳罗拉被处死时的情形。经过两个小时的仪式，萨沃纳罗拉和另外两名多明我会修士脱去法衣后被吊死，尸体在市政广场被烧掉。

　　1495 年，教皇亚历山大六世召唤萨沃纳罗拉到罗马，讨论他的神圣预言以及重塑基督教的计划。萨沃纳罗拉心存怀疑，拒绝前往，由此开始了小传道士和教廷之间的较量。三年间，教廷要求萨沃纳罗拉停止布道、停止宣称自己是上帝代言人，他对此毫不理会。1497 年，亚历山大六世将萨沃纳罗拉逐出教会。这件事让萨沃纳罗拉的支持者深感震惊，佛罗伦萨一时陷入支持教皇还是未来先知萨沃纳罗拉的争论中。讨厌萨沃纳罗拉的方济各会修士向多明我会修士挑战，提出以火对决。佛罗伦萨人拥入广场一睹上帝偏向哪一边。但是一场突如其来的大暴雨阻止了这场对决，愤怒的人们冲进圣玛尔谷大殿。萨沃纳罗拉和他的两个助手被关进监狱，经过几周的拷打和折磨后，被宣判为异教徒。1498 年 5 月，三人被绞死后在萨沃纳罗拉发起"虚荣之火"的公共广场被烧掉。第二天圣玛尔谷大殿举行仪式，清除异教徒的污点。在未来几周教会驱逐了萨沃纳罗拉的支持者并没收了萨沃纳罗拉所有的著作。

41. 雅各布·富格尔 1459—1525：
教会和帝国的金融家

文艺复兴时期许多富有家族都曾出身卑微，但富格尔家族可能算得上是起家最为卑微的一个。家族的创始人约翰内斯·富格尔是一个小镇的纺织工，1367年搬到巴伐利亚州的首府奥格斯堡，开始出口纺织品。他的长子雅各布表现出色，在奥格斯堡商会赢得了职位。雅各布的七个儿子中，乌利齐和格奥尔格表现尤为突出，获得了为哈布斯堡皇帝腓特烈三世、他的儿子马克西米利安一世及其朝臣出巡勃艮第做全套服装的合同。为表示谢意，腓特烈三世册封富格尔兄弟为骑士，赐予他们勋章，允许他们开设银行并开展商业。

雅各布的小儿子小雅各布本来打算从事神职。但在1473年，乌利齐决定送他去威尼斯学习。小雅各布对复式记账（巴伐利亚州很少人知道）很感兴趣，使用会计技巧估算所有富格尔产业的盈利情况。作为奖赏，乌利齐让小雅各布管理位于因斯布鲁克的家族生意。短短几年里，他向当地的统治者哈布斯堡家族发放了大量的贷款。而作为回报，哈布斯堡家族将最富有的阿尔卑斯银矿的管理权（和收益）交给小雅各布。15世纪90年代小雅各布管理了几乎所有的家族生意，从埃及通过威尼斯，经过阿尔卑斯山运输棉花、丝绸和香料到奥格斯堡。他建造了船只，直接将产品运送到低地国家和西班牙，并将赚到的钱投入矿业。他最终控制了匈牙利、波西米亚和西里西亚的大部分银矿和铜矿（制作青铜炮的重要原料）。

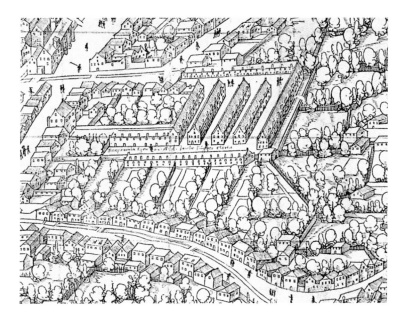

16 世纪的富格尔之家（老年福利院）。它们在约尔格·塞尔和汉斯·魏迪特于
1521 年出版的地图上清晰可见。

　　在经商的基础上，小雅各布还运营着庞大的家族银行，主要为缺少现金的
王储提供贷款。他精通复式记账、信用证和汇票，并为富格尔银行、仓库和矿
场建立了一套独家的信使服务，总部设在奥格斯堡。信使们传递经营快讯——
一种定期的办事处之间的通信，在各分支机构经理之间传递最新的政治和经济
信息，以便在竞争中保持领先。

　　小雅各布的财富支持将哈布斯堡家族推向 16 世纪早期统治地位。1519 年皇
帝马克西米利安一世去世时，留下多位皇位竞争者。帝国的七名王子起初答应
支持马克西米利安一世的孙子——哈布斯堡的查尔斯。但是随着选举日的临近，
听说法国国王弗朗索瓦一世有可能参与贿选，一些王储开始逃避。欧洲的势力
平衡摇摇欲坠，直到小雅各布介入这场权力更替。富格尔银行集团的资金高达
850000 弗罗林（近 3 吨纯金），小雅各布帮助查尔斯顺利地赢得了选举，他停

雅各布·富格尔画像，阿尔布雷希特·丢勒作（1519）。绘制这幅肖像时，雅各布·富格尔是帝国伯爵，也是全欧洲最富有、最有权势的人之一。

止了弗朗索瓦一世代理人在欧洲市场的信贷，使得这些代理人没法筹措大笔资金。

小雅各布也为教皇的一些项目提供了重要的融资。教皇利奥十世为在罗马重建圣彼得大教堂，向德国信众兜售赎罪券。随着赎罪券卖家席卷整个帝国，这段标语也人所周知："硬币投入功德箱，灵魂即从炼狱升上天堂！"小雅各布将所有的基尔德（德国古代金、银币名）、芬尼（德国货币单位）和格罗特（英国硬币）收集后，扣除 50% 的面值后转成汇票转到罗马。

没人知道小雅各布参与这一项目是为了利润还是出于虔诚。作为虔诚的天主教徒，他在奥格斯堡到处建教堂，还建了被称为富格尔之家的老年福利院。他深度介入了帝国的财政，到他死时，查尔斯基本上将富格尔银行看作是他的国库。但是小雅各布庞大的生意也为他树敌不少。马丁·路德指责他介入教皇财政，弗朗索瓦一世等人指责他将查尔斯五世从强大的一国君王变为指挥世界的头子。雅各布·富格尔在金融战争中称霸一时，但是家族产业在子孙后代手中逐渐衰落。

42. │ 德西迪里厄斯·伊拉斯谟 1466/1467—1536：温和的改革者

按照德西迪里厄斯·伊拉斯谟的说法，经学院的神学家常常为毫无意义的问题感到烦恼。比如说，他们不问上帝为何将基督作为一名男子送到地球，而是纠结"上帝是否赋予基督以女人、魔鬼、蠢货、黄瓜或燧石的属性？黄瓜怎么传道，展示神力，怎么被钉在十字架上？"显然伊拉斯谟是在开玩笑，但是学者们确实讨论过前三个的可能性。他认为这样的胡思乱想无助于打动人心，空洞的仪式只会让基督徒们背离信仰。伊拉斯谟希望用福音书重新点燃基督徒的热情。这样的想法在 15 世纪的宗教改革中已被扑灭。在人文主义发展和印刷业兴起的助力下，他重新提起改革的主张，甚至一度吸引了主流天主教徒和原新教徒。

伊拉斯谟出生于鹿特丹，是一名神父和医师女儿的第二个私生子。尽管他的父母没有结婚，但他们让孩子们接受了一流的教育。父母死后，监护人将伊拉斯谟送到修道院。伊拉斯谟没能接受他所渴望的大学教育，对修道院的清规戒律感到十分恼火。他从古典文学中得到了安慰。1492 年他极不情愿地成为一名牧师，此时的他精通拉丁语，写得一手好文章。康布雷主教派他执行临时任务，伊拉斯谟借此摆脱修道院，再也不回去了。

伊拉斯谟画像，小汉斯·荷尔拜因作（1523）。德西迪里厄斯·伊拉斯谟从一名穷人成长为当时的顶尖学者。他在重译《新约》时，直接采用《新约》的希腊文原版，而没有采用教会认可的版本。（右页图）

1495 年他进入著名的索邦神学院，但是他发现那里的拉丁文水平令人失望，讲座单调无聊。为了摆脱无聊和补贴家用，他编写了简便的拉丁文指南，并教授富裕的学生。其中一名学生是年轻的英格兰领主，他邀请伊拉斯谟于 1499 年前往英格兰。在牛津大学伊拉斯谟第一次加入人文主义社团。为了找到最为准确的文本，几个人学习了大量的古希腊原著，而不是拉丁文译本。伊拉斯谟知道《新约》的原文是希腊文，但是几个世纪以来市面上只有拉丁文译本。早期的基督教译本是不是真实地反映了原文？伊拉斯谟决心采用人文主义的方法研究基督教著作，这一决定改变了他的一生乃至整个历史。他决心学习希腊文，进一步领会上帝的语言。

索邦神学院并不重视希腊语，于是伊拉斯谟从索邦神学院退学后，一边做家教，一边自学希腊语。1506 年，他来到意大利做家教，在意大利待了三年。他最喜欢的城市是威尼斯，在这里出版商阿尔都斯·马努蒂乌斯汇集了西方最伟大的希腊学者。1508 年，伊拉斯谟离开意大利前往英格兰。他在路上开始写作他最出名的著作《愚人颂》。这部讽刺作品是为了娱乐他的好朋友托马斯·莫尔。这部书讽刺了愚蠢的仪式和僧侣。他描绘僧侣们"一切照本宣科"，以特殊的方式系鞋带，在规定的时间休息，穿着特定颜色的斗篷。"戴错了腰带就惊慌失措"。僧侣们认为如果生活"像海绵生物那样总是固定在一个地方"，上帝就会对他们进行嘉奖。这些愚昧的基督徒无知无畏，祈祷"除了摆脱愚蠢的其他任何事情"。

为摆脱基督教这些人为的愚蠢，伊拉斯谟在 1515 年准备出版第一部希腊文《新约》。他还将希腊文原版翻译为新的拉丁文版本，并注明了原文与公认的拉丁文《圣经》的区别。他将这部书献给教皇利奥十世。利奥十世欣赏这位荷兰学者。但是更多的牧师担心，承认伊拉斯谟的《圣经》版本意味着承认教会在过去 1200 余年里一直沿用有错误的《圣经》。

1520 年伊拉斯谟成为知名的学者，广泛结交其他人文主义学者和精英。他在激烈的宗教辩论中冷静而稳健。起初双方都想拉拢他，但是他一再拒绝归属任何一派，于是天主教极端分子指出他与年轻的德国神学家马丁·路德有相同之处。比如，他们都认同《圣经》原著；都反对遗迹崇拜、圣人祭仪和销售赎罪券。路德教义信奉宿命论，1524 年伊拉斯谟谴责宿命论，从而与路德断然决裂。路德起初很欣赏伊拉斯谟，但后来认为他胆小狡猾。路德声称："伊拉斯谟是一条鳗鱼。只有上帝能够抓住他。"

尽管路德公开谴责伊拉斯谟，保守派仍指控伊拉斯谟的思想有路德倾向。伊拉斯谟晚年花了许多时间为自己的天主教信仰辩护。他一直相信宗教分歧可以弥合。他晚年出版了一本《论恢复教会团结》的小册子。1536 年去世时，他已经是欧洲畅销书作家。他的书籍占全欧洲当时出版书籍的 10% 到 20%。之后二三十年人文主义者继续传承伊拉斯谟的思想，但是在宗教极端主义者的诋毁下，他的名声日渐衰退。天主教领袖于 1559 年全面禁止了伊拉斯谟的所有著作，将他归类到他从未支持过的新教派。伊拉斯谟在 1528 年的一封信中提到，方济各会指责他"下的蛋和路德下的蛋是一样的"。他对此回应道，如此伟大的论调"可以赏他们一大碗粥"，"我下的蛋是母鸡蛋，而路德孵出的小鸡和我孵出的鸡完全不是同类"。

43. | 尼可罗·马基雅维利 1469—1527：
第一位政治科学家

尼可罗·马基雅维利死后几年间，便成为阴险狡诈和政治残忍的代名词。这让很多了解他的人感到不解。他作为一名公务员、剧作者和哲学家，只公开出版了一部著作，目的是"让公民们热爱彼此，减少分裂，主张公众的利益高于个人利益"。

马基雅维利出生于一个正派忠诚的佛罗伦萨家族，家族两个世纪以来一直忠实地支持共和国。他的父亲伯纳多为抗议美第奇家族的崛起，毅然辞去公职，情愿在贫穷中养育后代。尼可罗因此没能学习佛罗伦萨精英们所热衷的希腊语。但他精通拉丁文，对古典主义很感兴趣。

他特别钟爱罗马共和国时期的文学，这些文学强调只有参与公共事务才能体现个人的真正价值——这是作为个人和公民的美德。美德是利昂纳多·布鲁尼和利昂·巴蒂斯塔·阿尔贝蒂尊崇的公民人文主义的核心，然而美第奇统治时期抛弃了这一理念，转而提倡宫廷辩论和新柏拉图主义。1494 年美第奇家族被驱逐出佛罗伦萨，共和国复兴，马基雅维利的机会来了。在之后的 14 年里，马基雅维利作为首席公务员和巡回大使负责佛罗伦萨的治安和外交。他作为共和国的使臣、外交人员和代理人，清楚地认识到当时政治运行的状况。他不是最好的外交官，因为在精明的谈判中他太过冲动、迟钝和坦率。但是他发现自己的政治经验与西塞罗和李维著作中的描写有些类似。他惊奇地发现"古代王

依据马基雅维利的半身泥塑画成的肖像，桑蒂·提托作于 16 世纪 80 年代，即马基雅维利死后 60 年。

国和共和国的历史经验在我们眼前呈现"，同时抱怨同僚们对历史缺乏了解。

马基雅维利一直秉承以史为鉴。尽管以当时的标准来看，美第奇家族1512年重回佛罗伦萨后，并没有对马基雅维利进行过于残酷的报复，但马基雅维利还是被逮捕和折磨，流放到佛罗伦萨南部的农场，遭受冷落近十年之久。受到排挤的马基雅维利想象自己就像古典时期被流放的罗马贵族，失意流放，孤立无援，他在小农场里读书写作，重新找回自我。他把这段失意流放的岁月当作福赐，写作了大量的论文，阐述了政治科学的基本原理。

离开佛罗伦萨的第一年，他开始写作流传最广的两部著作。在《论蒂托·李维前十本史书》（1513—1516）中，马基雅维利研究了共和国政府的运行。在《君主论》（1513）中，他探讨了各公国的情况。他引用了许多古典世界（有些引自《圣经》）的例子，解释当代政治变化。在《君主论》中，他提出：一位君主在追求权力时，必须摆脱任何道德束缚，可以说谎、两面三刀、威胁，甚至进行谋杀，以巩固自己的国家。他的这一理念被称为"马基雅维利主义"。《君主论》实际更多只是如实描述，而不是一种规范。马基雅维利自己比较倾向于混合政府。他指出，不管是古典时期的政权还是当代政权，"如果由君主、贵族和人民共同组成政权，三股力量可以相互制约。"

当佛罗伦萨当局允许马基雅维利拜访城中的朋友后，马基雅维利被流放的痛苦才慢慢有所缓解。他的朋友读了马基雅维利的著作后，大加赞誉并最终说服佛罗伦萨的统治者红衣主教朱里奥·德·美第奇原谅马基雅维利，任命他为佛罗伦萨的史官，负责撰写《佛罗伦萨史》。马基雅维利重新回到朝堂，但必须学习如何像一名文艺复兴时期的官僚一样思考，在撰写佛罗伦萨历史时，不能过多提及共和国历史，或者诋毁美第奇家族。他最终圆满完成了编纂工作。《佛罗伦萨史》得到了他的赞助人——已成为教皇克雷芒七世的朱里奥·德·美第奇的认可。

44. | 托马索 · 英吉拉米 1470/1471—1516：
梵蒂冈英雄，舞台主角

今天的人们主要通过一幅拉斐尔画的肖像了解托马索·英吉拉米。画中是一位坐在桌前的中年男子，身穿僧侣袍，头戴帽子，相貌平平，身形矮胖。他向上看着灯光，似在冥想，好像是被神灵吸引。当时英吉拉米在梵蒂冈工作，相比神学，他更精通古典学说。他是文艺复兴舞台上最耀眼的明星，纵观一生，其表演艺术最为人称道。在这幅画中，他当时正在与拉斐尔一起讨论编剧。这个姿势不仅透出一些宗教的意味，而且还掩盖了英吉拉米严重斜视的事实。

拉斐尔绘制的托马索·英吉拉米肖像（1509）。这位艺术家描绘了英吉拉米亦动亦静的样子，好像一名演员突然获得灵感。

英吉拉米出生于托斯卡纳小镇沃尔泰拉的小贵族家庭。他不到两岁就成了孤儿。好心的叔叔将其带到佛罗伦萨。洛伦佐·德·美第奇认为他接受过韵律和绘画教育，所以将英吉拉米收入麾下。作为洛伦佐·德·美第奇的随从，英吉拉米很快展现了自己在古典学说方面的天赋。13 岁时他被送往罗马，经由引见与教廷建立了密切的联系。经过系统的拉丁古典主义学习，英吉拉米的背诵技能很快得到认可。20 岁时他就能够连续几个小时即兴背诵拉丁诗歌，令观众如痴如醉。不久他开始在古典戏剧中出演角色，一时风靡梵蒂冈的学者圈。他在《希波吕托斯》中演绎的女主角菲德拉大受欢迎，他将意大利版本中女主角的名字"费德拉"作为他的艺名。

正所谓官场如戏，戏如官场。英吉拉米在表演舞台和官场都春风得意。他在跟随教皇外交使团出使过程中，因为在君主马克西米利安一世面前一番关于韵律的精彩讲解深得君心，被授予爵位。历届教皇——从亚历山大六世、尤利乌斯二世到利奥十世，虽然彼此轻视，但是都很赏识英吉拉米。尽管英吉拉米从没有发过圣誓，却担任了很多重要的高薪教会职务，例如红衣主教团秘书和

英吉拉米的还愿物（1505—1508）。英吉拉米在前往圣乔瓦尼大教堂的路上，发生这一险些丧命的事故。目前这幅画仍挂在圣乔瓦尼大教堂。

梵蒂冈图书馆馆长（通常由红衣主教担任此职）。英吉拉米学识渊博，温文尔雅，善于言辞，人见人爱。他是罗马文艺复兴时期文化阶层的典型代表。拉斐尔认识很多文化界的名人，也非常认可英吉拉米的特殊地位，在他的大型壁画《雅典学派》（1510—1512）中，将英吉拉米描绘为伊壁鸠鲁。

英吉拉米的学术成就不及他的表演，他留下来的著作很少。他曾委托一位不知名的画家为自己画像。这幅画所表现的情形与拉斐尔绘制的英吉拉米画像所表达的大不相同。英吉拉米将这幅画献给了基督、圣彼得和圣保罗，感谢他们在 16 世纪早期的一起交通事故中解救庇护了他。尽管缺乏拉斐尔细腻的构图技巧，但这幅画描述了一个颇有戏剧性的故事：英吉拉米在靠近塞维鲁凯旋门的圣道上骑驴漫步，驴子却突然受了惊吓，以至于把英吉拉米抛到牛车轮下，险些丧命。这幅画表现了粗壮的车夫、担心的随行和英吉拉米惊恐的表情，展现了文艺复兴时期的普通生活场景，不同于拉斐尔肖像风格，也不同于英吉拉米所表演的古典戏剧。

透过这幅近乎悲剧的画，人们猜测英吉拉米可能因为在事故中受伤而于 1516 年去世，年仅 45 岁（四年后，拉斐尔去世）。但是这一猜测并不大可能，因为图中英吉拉米所穿的长袍说明了事件发生的时间应该在 1508 年之前。

45. │ 阿尔布雷希特·丢勒 1471—1528: 把文艺复兴带到德国

阿尔布雷希特·丢勒认为，德国艺术家仍困在中世纪的桎梏中，他们需要指引，"因为他们缺少真正的艺术理论，他们必须学习如何完善自己的作品"。他鼓励德国艺术家远离哥特范式，逐渐接受 15 世纪意大利艺术形式。丢勒是制图员和作家，绘画极有天赋，曾经到过很多地方。他成为南北方文化交流的桥梁，向同胞介绍意大利文艺复兴艺术形式——融合古典艺术、先进科学理论和北方写实自然主义为一体的艺术风格。

丢勒出生在纽伦堡。1490 年学徒期满后，他开始四处游历。他拜访了德国西部的工坊，学习木版画技艺。在科尔马，他从马丁·施恩告尔的作品中获得灵感。已故的雕刻家马丁·施恩告尔将德国艺术表现形式与荷兰自然主义完美结合。施恩告尔的风格影响了丢勒的一生，特别是对他晚期创作的人物面部塑造产生了重要影响。

1494 年结婚后不久，丢勒就离开纽伦堡的家前往意大利，让新婚妻子艾格尼丝颇感意外。在威尼斯的一年间，他学习了神话主题绘画和意大利绘画的经典构图，完成了大量精美的风景画，并初步学习了水彩画和铅笔画。这样的艺术作品在当时通常用来绘制初稿，丢勒进行了改进，自然景物不仅可以作为背景，同时也可以单独进行艺术创作，水彩画和铅笔画这两种艺术形式可以媲美油画。

在返回纽伦堡后，丢勒建立了自己的工作室。他对业务模式进行了创新，

丢勒发扬了早期北方画家如扬·范·艾
克的现实主义风格。但不同于他的前辈，
他将动植物都当作独立的绘画对象，此
图为 1502 年所绘的野兔。

在 15 世纪 90 年代晚期，丢勒创作的《启示录》木版画吸引了那些相信世界末日的人们。从左到右，分别是天启四骑士：践踏人类社会的死亡、饥荒、战争和瘟疫。

提前准备库存，而非完全按照客户的订单生产。他关注木雕和木版画。这些与传统的油画和雕刻不同，方便储存，价格亲民，并且容易运输。在丢勒之前的木版画大多比较粗糙。但是丢勒经过创新，创作的木版画精细逼真。精心选择的主题让他的木版画大获成功：人文学者都喜欢他的古典主义作品；而普通人则喜欢他的宗教绘画作品。在 1500 年前，许多基督徒认为世界末日将至，丢勒根据《启示录》绘制的图画大卖，一时间名利双收。

丢勒与其他优秀的意大利艺术家一样，拒绝绘画模板书——一种传统艺术家经常使用的、有现成图案的绘画指南。中世纪思想家认为艺术来源于人物的完美形象，而不是反映世俗有缺陷的形象。德国艺术家通常按照绘画模板书描绘坐着的圣母马利亚，而不是按照坐在椅子上的真实妇女形象作画。丢勒采取人文主义者的方法，他认为"艺术源于自然，谁能从自然中挖掘，谁就能得到它"。

1505 年，大名鼎鼎的丢勒回到了意大利。收藏家们对他的德国风景画和尖顶建筑印刷画垂涎若渴。但是让他苦恼的是意大利普通人并不太认同他的作品。于是他开始研究意大利著名的作品寻求答案，特别是詹蒂利·贝利尼的作品。

裸体自画像（1503）。与意大利的理想化裸体画不同，丢勒大胆的自画像写实直白。一位现代艺术历史学家曾评论，丢勒的自画像在 400 多年间「前无古人，后无来者」。

受到这些老一辈大师的影响，丢勒绘制了《玫瑰花环节的源起》（1506）。这幅作品融合了威尼斯色调和德国的风格：画中的植物绘画细腻，衬托着远处的纽伦堡。这深深打动了意大利人、马克西米利安一世以及教皇尤利乌斯二世。丢勒曾抱怨这幅画"赞美有加，利润可怜"，但是这幅画也让那些认为丢勒"不懂得如何运用色彩"的人噤声不语。

回到德国后，丢勒突然成为抢手的画家。马克西米利安一世在 1512 年访问纽伦堡期间，对《查理曼大帝》表示赞赏，并要求丢勒为自己画几幅肖像。丢勒于 1520 年和 1521 年在荷兰旅行时，见到了德西迪里厄斯·伊拉斯谟和查尔斯五世，他们都要求丢勒为其作画。丢勒在表现绘画对象的个性方面是一位先行者。他一直以自己为模特，不断磨砺绘画技艺。他 13 岁时尝试银尖笔画法，之后又尝试了各种媒介和各种服装的画法。其中一幅素描是完全裸体的，另一幅穿着暗沉的棕色外套，摆出基督徒的姿势。之前的艺术家一般把自己画在人群的外围，但是丢勒让自画像成为独立的作品，体现了文艺复兴中自我意识的提升。

尽管丢勒没受过多少教育，但他精通数学，写作也很自信，写过不少下流诗、信件和日志。从 1525 年到他去世的 1528 年，他将自己学到的有关绘画比例、透视，以及军事要塞的知识记录下来。讽刺的是在他死后数十年，他的著作反而比绘画产生更广的影响，其绘画大多被私人收藏。他的版画广为流传，对后世版画画家产生了深远影响。

丢勒自画像（1500）。上面有题词："我是纽伦堡的阿尔布雷希特·丢勒。这是我 28 岁时的自画像。"丢勒是第一位创作单独自画像的艺术家，为伦布兰特和其他画家奠定了基础。（左页图）

46. | 尼古拉·哥白尼 1473—1543：
天文学革命者

尼古拉·哥白尼出生于波兰托伦城，生活安逸。他最大的成就就是晚年出版的一部书——据说这部书他死时才拿到手。小时候就成了孤儿的哥白尼由舅舅抚养长大。舅舅后来成为波兰中北部瓦尔米亚公国的主教。在舅舅的指导下，哥白尼先在克拉科夫大学学习，后来到意大利求学。1503 年，他在意大利费拉拉毕业于教会法专业。他在意大利期间还学习了医学，虽然没有获得相关学位，但在瓦尔米亚首府奥尔什丁负责教堂和市政管理时，他曾行医看病。奥尔什丁遭到围攻后，他一边照顾病人，一边寻找废弃的领地，组织防卫。他还四处找寻神圣罗马帝国哪个小公国有权铸造钱币。

哥白尼才能突出，家族人脉广泛，很快成为主教的候选人。他对经济学和铸币改革也有深入的研究，并提出了"格雷欣法则"[①]背后的理论基础，即劣币驱逐良币。这比托马斯·格雷欣爵士提出该理论早了半个多世纪。他真正的热情在天文学。学生时代的哥白尼痴迷于天文学。在费拉拉时，他曾参加天文学理论的讲座，并开始观察天相。1500 年他在罗马观测到月食。一回到波兰后他就在奥尔什丁的城堡上设置了观测台，在城堡的墙上用表格记录太阳的运行情况。

---

① 格雷欣法则（Gresham's Law），指在实行金银复本位制条件下，金银有一定的兑换比率，当金银的市场比价与法定比价不一致时，市场比价比法定比价高的金属货币（良币）将逐渐减少，而市场比价比法定比价低的金属货币（劣币）将逐渐增加，形成良币退藏、劣币充斥的现象。

NICOLAI COPERNICI

net, in quo terram cum orbe lunari tanquam epicyclo contineri diximus. Quinto loco Venus nono mense reducitur. Sextum deniq; locum Mercurius tenet, octuaginta dierum spacio circũ currens. In medio uero omnium refidet Sol. Quis enim in hoc

I. Stellarum Fixarum Sphæra immobilis.
II. Saturnus anno. XXX. reuoluitur.
III. Iouis XII. annorum reuolutio.
IIII. Martis bima reuolutio.
V. Telluris cum orbe Lunari annua reuolutio.
VI. Venus nonimestris.
VII. Mercurius LXXX. dierum.
Sol.

pulcherrimo templo lampadem hanc in alio uel meliori loco po neret, quàm unde totum simul possit illuminare? Siquidem non inepte quidam lucernam mundi, alij mentem, alij rectorem uo cant. Trimegistus uisibilem Deum, Sophoclis Electra intuentẽ omnia. Ita profecto tanquam in solio regali Sol residens circum agentem gubernat Astrorum familiam. Tellus quoque minime fraudatur lunari ministerio, sed ut Aristoteles de animalibus ait, maximam Luna cum terra cognatione habet. Cõcipit interea à Sole terra, & impregnatur annuo partu. Inuenimus igitur sub
hac

哥白尼《天体运行论》的一页（1543）。哥白尼在这本书中首次完整阐述了日心说。图中这本书的主人是丹麦天文学家第谷·布拉赫，他在书页下方标注了笔记。

哥白尼木版画，托拜厄斯·施蒂默作（1587）。哥白尼曾经学医，版画中的他手拿一朵铃兰——一种民间用于提高记忆的药材。

哥白尼了解当时广为流传的托勒密复杂的地心说，也研究了新古典学者提出的日心说，即太阳是宇宙的中心，其他天体围绕它旋转。哥白尼经过一些计算，最终提出了日心说，可以解释太阳和行星的运动。1514年他将自己的发现写入《短论》这本小册子并让他的朋友们传阅。

直到 1531 年，哥白尼才在《短论》中加入简单的模型，形成关于地球运动及地日关系的完整理论。人们很快传说有人在搞新的宇宙学说，不久一些学者和主教出面澄清。哥白尼由于担心这一理论的影响以及理论的难点，犹豫着不知如何回应。1539 年，数学家格奥尔格·约阿希姆·雷蒂库斯在威登堡大学发表了哥白尼的文章，并前往会见年逾古稀的哥白尼，劝说他发表著作。在雷蒂库斯的鼓励和指导下，哥白尼的理论逐渐成形。他最终于 1543 年完成了著作《天体运行论》。

哥白尼的理论对天文学和宇宙论产生了巨大影响——人类和地球不再是上帝的宇宙中心，宇宙的范围也极大地扩展。哥白尼认为，地球不是穹庐下固定的点，而是围绕太阳公转，同时沿着自己的轴心自转。恒星的变化、季节变化以及行星的运动都可以从地球的公转和自转中得到解释。

《天体运行论》的发表并没有引起轰动。原因是一位路德神学家为书加了序言，序言中称哥白尼的理论只是一个假设的模式，而不是观测的实际情况。此外这个理论有严重的缺陷，包括假设行星绕着太阳的轨道是正圆形，这一点不及托勒密理论准确。有些人马上意识到哥白尼学说对《圣经》教义和基督教普世理念的威胁。本书出版后，宗教裁判所将其列为异端禁书。

47. 伊莎贝拉·德·埃斯特 1474—1539："文艺复兴第一女收藏家"

埃尔科莱·德·埃斯特公爵在两个女儿年龄尚小时，就为她们精挑细选谋得了好姻缘。次女比阿特丽斯嫁给了卢多维科·斯福尔扎（即后来的米兰公爵）。比阿特丽斯成为米兰最有权势男人的妻子，她任性专横甚至有些严酷，追求奢侈排场，在21岁生三儿子时死掉了。伊莎贝拉是埃斯特的长女，行事谨慎，头脑清楚。她比自己的丈夫和大多数同龄人都要长寿，后来成为"文艺复兴第一女收藏家"。

伊莎贝拉16岁时嫁给了曼托瓦（意大利北部小城）侯爵——弗朗切斯科二世贡萨加。曼托瓦宫廷雍容大雅，里面有15世纪50年代的画家安德烈亚·曼特尼亚的诸多作品，曼特尼亚将绘画技巧和人文教义融为一体。弗朗切斯科的妹妹伊丽莎贝塔统治着邻近的乌尔比诺，伊莎贝拉则帮其改变了乌尔比诺的宫廷审美，受到朝臣巴尔达萨雷·卡斯蒂利奥内的大力吹捧。伊莎贝拉和弗朗切斯科建立了贡萨加唱诗班，雇请作曲家、乐器制作者和一些中等水平的人文主义诗人。伊莎贝拉认为配上音乐的诗歌才算完美。她让作曲家为诗句配上音乐，并将流行歌曲改编为更精致的音乐，这种音乐形式被称作弗罗托拉[①]。

[①] 弗罗托拉（frottola），15世纪末出现在意大利北部的曼托瓦、费拉拉等宫廷的一种音乐形式，歌词多是爱情和讽刺的内容，按音节谱曲，有明显的节奏和简单的和声，主调织体，四个声部中高声部通常由人声演唱，其他声部由乐器演奏，风格与法-佛兰德斯的复调对位有很大的不同。

作为侯爵夫人，伊莎贝拉的主要任务是生养继承人。虽然生育晚，她还是在 15 年里生了 7 个孩子。弗朗切斯科经常外出，有一年甚至被困在威尼斯，伊莎贝拉因此不得不担负起统治曼托瓦的责任。不过，永远不变的是她对收藏品、装饰品和艺术赞助的热情。她财力有限，没法像美第奇或斯福尔扎家族那样豪掷千金制作宏大的艺术品。虽然原计划制作的维吉尔雕像以失败告终，但她还是设法把自己的新家和书房装扮得熠熠生辉。虽然她不懂拉丁语和希腊语，但她对古典艺术的热情不减，尤其崇尚融合了古典审美和基督教道德的新柏拉图主义。她让艺术家采用隐喻的绘画方式在书房的墙壁上作画。当发现年迈的曼特尼亚难以胜任时，她雇请了其他著名的壁画家，如佩鲁基诺、科西莫·图拉

《帕纳塞斯山》，安德烈亚·曼特尼亚作（1497）。这是伊莎贝拉定做的经典主题作品之一。画中有跳舞的缪斯和裸体维纳斯，有人说这画中有一位是伊莎贝拉。

伊莎贝拉·德·埃斯特画像，提香作（1534—1536）。这位伟大的艺术家起初画的
是伊莎贝拉真实年龄近 60 岁的样子，但是伊莎贝拉大为恼火，最后提香改画了她
20 岁时的样子。

和洛伦佐·科斯塔。

此时艺术家中间逐渐流行一种风气，认为艺术家要追求艺术创造，而不是一味服从雇主的安排。伊莎贝拉有一次曾斥责佩鲁基诺只顾对艺术的完美追求，而不顾她所希望描绘的寓言故事。她不断更换赞助对象，希望找到既有才华又听话的艺术家。她发现顶级的艺术家几乎都不来曼托瓦，尽管她多次写信一再恳求这些艺术家，但是诸如拉斐尔和列奥纳多之类的顶级艺术家也只完成了草图；她从乔瓦尼·贝利尼那里收到了现成的圣母马利亚像，这并不是她真正想要的神话场景雕像。所以后来伊莎贝拉不再委托制作原创作品，而是购买二手作品，以求能够拥有当时名家的作品。她渐渐地理解了这些天才般的艺术家，身上也褪去了贵族赞助人的优越感。她还建立了二手艺术品市场，重新定位了艺术家和赞助人的角色。

尽管她也梦想成为像洛伦佐·德·美第奇一样的艺术收藏界大鳄，但她缺少资源和个人影响力，特别是在弗朗切斯科 1519 年去世之后。她当了几年摄政王，之后她的儿子费德里科二世继位。1525 年她决定前往罗马。她在罗马待了两年，寻找新的藏品，并不断尝试说服利奥的表亲——教皇克雷芒七世授予她二儿子埃尔科莱红衣主教的职位。这件事尽管花费了很长时间，终于还是办成了，不过在 1527 年她险些被叛乱的帝国军队绑为人质。多亏她作为帝国上尉的三儿子费兰特出手相救，她才得以逃脱。担惊受怕孤立无援的伊莎贝拉返回了曼托瓦，由此失去了许多收藏品。多年来伊莎贝拉在政坛上游刃有余，并引领了欧洲国家在时尚、音乐和装饰方面的潮流，此时却越来越感到自己被艺术家和侍臣们抛弃。60 岁时，她退居到自己在索拉罗洛的封地，欣赏自己毕生收集的古董和两千张油画，聊以度过余生。

48. 恺撒·博尔吉亚 1475—1507："统治者楷模"

文艺复兴时期的意大利涌现出大量有文化的雇佣军和极富人文主义精神的贵妇,军阀和王储无论是在战场还是在社交沙龙,都一样潇洒自在。但是,恺撒·博尔吉亚不是他们中的一员。他充满野心,毫不矫揉造作,不停地追逐权力。16 世纪初,他像流星一样闪耀意大利,虽然没有建立任何图书馆或纪念碑,却永久性重塑了巴尔干半岛的政治版图。

恺撒来自西班牙的巴伦西亚。他们全家来到罗马之后,在宗教领域发家致富:恺撒是一位教皇的侄外孙,也是另一位教皇的儿子。他的父亲罗德里戈·博尔吉亚在 1492 年通过行贿获得教皇职位。这是教会历史上最明目张胆的买卖神职行为。在加冕成为亚历山大六世后,罗德里戈恶习不改,贪赃枉法,荒淫好色。裙带关系(授予亲戚教会职务)是建立忠诚关系和巩固家族权力的惯用手段,教皇亚历山大有恃无恐,提携子女,在意大利建立了博尔吉亚的权势地位。他的女儿卢克雷齐娅和另外两个儿子,通过政治联姻加强联盟。而对他最能干的儿子恺撒,亚历山大很早就让他加入教会。他首先任命其为大主教,然后在 1493 年任命当时年仅 17 岁的恺撒为红衣主教。

虽然恺撒常常以他父亲代理人和使节的身份,在梵蒂冈过着放荡的生活,可他仍羡慕哥哥乔瓦尼的世俗生活和机会。1497 年,乔瓦尼被暗杀后(恺撒几乎可以确定参与了密谋),他终于可以自由主宰人生了。1498 年 8 月,他辞去

家族雕像以及各种圣像。

　　米开朗基罗上年纪后，脾气也更加暴躁，但此时仍有许多人委托他创作大型艺术品。在年近 60 岁时，他又返回西斯廷教堂，完成了《最后审判》（1537—1541）。这部作品的螺旋设计和扭曲的人物将文艺复兴盛期的艺术风格，最终引向巴洛克风格。米开朗基罗晚年的雕塑作品人物情感复杂，发人深思，融合了古典主义的方法与文艺复兴时期的人物表现手法。尽管米开朗基罗并不愿意接受西斯廷教堂的绘画任务，但他创新了艺术形式，带来了里程碑

拉斐尔的《雅典学派》（1510）局部。局部其中"哭泣的哲学家"——赫拉克利特，被认为就是米开朗基罗的肖像。拉斐尔以此揶揄米开朗基罗。

式的变革，大胆运用色彩并清晰立体地再现人物。他的技巧不同于列奥纳多和一些威尼斯画家创造的晕涂法，开创了文艺复兴最后英雄时代的新画法。米开朗基罗到死都在为设计建造罗马圣彼得大教堂而忙碌。许多人听闻米开朗基罗的死讯后，都盛赞这位毕生奉献给艺术的人"给黑暗笼罩的世界带来了光明"，他的死意味着意大利艺术复兴时代的结束。

米开朗基罗的《最后审判》（1537—1541）。这部作品对裸体的描绘引起了许多争议，甚至在米开朗基罗还未完成时，就引发了是否亵渎神灵的争议。1565 年，在特利腾大公会议后，这些裸体人物都被画上了遮羞布。（左页图）

50. | 巴尔达萨雷·卡斯蒂利奥内 1478—1529：
完美的廷臣

巴尔达萨雷·卡斯蒂利奥内出生于富裕的曼托瓦侯爵家族，其家族与当政的贡萨加家族关系密切。他从小就接受贵族教育，为成功跻身朝堂之列奠定了基础。他接受了最好的人文主义教育，但是他没有像其他有抱负的人文主义者那样选择学习法律，而是前往米兰公爵卢多维科·斯福尔扎的朝堂见习。1499年父亲去世，加之卢多维科王公被推翻，卡斯蒂利奥内回到了曼托瓦，继承了父亲的爵位，并侍奉弗朗切斯科二世贡萨加及其夫人伊莎贝拉·埃斯特。

弗朗切斯科赏识卡斯蒂利奥内的社交才能，派他完成了许多外交使命。这位年轻的大使在罗马遇到了乌尔比诺公爵吉多贝多·德·蒙泰费尔特罗和他的妻子（即弗朗切斯科的妹妹）伊丽莎贝塔·贡萨加。1504年伊丽莎贝塔说服卡斯蒂利奥内离开弗朗切斯科前往乌尔比诺。弗朗切斯科倒也愿意出让这位能干的朝臣，让卡斯蒂利奥内辅佐妹妹治理乌尔比诺这个又小又偏的国家。

此后的12年里，卡斯蒂利奥内先后服务了吉多贝多（他1508年去世时没有留下继承人），以及新公爵弗朗切斯科·玛利亚·德拉·罗韦雷。卡斯蒂利奥内始终与意大利优秀的思想者为伍，如彼得罗·本博、朱利亚诺·德·美第奇和比别纳红衣主教，他和画家拉斐尔也是亲密的朋友。在伊莎贝拉·贡萨加的鼓励下，他组织派对、戏剧和演唱会，主持辩论和朗诵，写田园诗和关于同事的文章。

　　乌尔比诺可以算得上是欧洲文明开放的热土，卡斯蒂利奥内有幸经历这些活动。但是好景不长，1516 年，教皇利奥十世想让美第奇家族成员继承爵位，于是剥夺了弗朗切斯科·玛利亚的爵位。玛利亚被放逐到曼托瓦后，卡斯蒂利奥内无事可做，于是结了婚，并开始写作他的第一本著作《廷臣论》。这部书探讨如何成为良臣贵妇，继而推而广之讲述社会团体如何成功。

　　《廷臣论》讲述了发生在 1507 年 3 月的四场连续的谈话，其中包括 20 多名真实的绅士、学者、士兵、作家和智者，谈话的主题是"完美的廷臣"和"完美的宫廷贵妇"所应该具备的品质。文中讨论了出身、艺术、运动、乐器、军事艺术和拉丁文的重要性；还包括奉承、贞节、玩笑和双关等内容。此书对文艺复兴时期社会价值观和期望进行了概括。普通人身上也体现了这些价值观——见多识广而不自我陶醉，身怀技艺而不故意显露。卡斯蒂利奥内认为理想的宫廷理念就是这样漫不经心。他称之为潇洒，即"不露锋芒，所言所行仿佛信手拈来般轻松自如"。

　　在完成《廷臣论》后，卡斯蒂利奥内的生活并不快乐。年轻的妻子死于 1520 年。随后他决定担任神职。1529 年，他作为罗马教皇大使赴西班牙途中，死于瘟疫，从此永别了他热爱的朝堂。威尼斯阿尔定印刷厂 1528 年出版了《廷臣论》，大获成功。在随后几十年再版几十次，并被翻译成不同语言。《廷臣论》讲述了略带嘲讽的公爵与文雅雄辩的廷臣之间的对话，无论从主题还是框架上看，这本书都是文艺复兴时期重要的文学作品。有人说《廷臣论》出版后，人们交往变得礼貌有加，真诚欠缺。有人称之为意大利做派，有人视其为虚伪。但是这部书描绘了新的文明举止，从精英阶层传到社会各阶层，并逐渐发展了绅士的概念。卡斯蒂利奥内所呈现的文雅风范不同于好战的牧师和十字军领主——他们以宗教改革和复仇的名义，在不久之后发起了席卷了整个欧洲的圣战。

51. | 拉斐尔·圣齐奥 1483—1520：
文艺复兴盛期的大师

　　绘画是容易让人喜怒无常的职业，但是画家拉斐尔·圣齐奥却是一名温和、帅气的绅士。他彬彬有礼，品性善良。无论是在生活还是工作中，他都善于与人沟通，对不同的艺术理念兼收并蓄，成就了自己辉煌的绘画事业。他兼收并蓄的艺术形式代表了文艺复兴盛期的绘画。文艺复兴盛期始于 15 世纪 80 年代的列奥纳多，并由拉斐尔、米开朗基罗和提香延续到 16 世纪。1520 年拉斐尔死后，文艺复兴由盛而衰，于 1527 年的罗马之劫 [①] 后结束。

　　拉斐尔出生于乌尔比诺——位于意大利中部的丘陵地带。他的父亲是公爵的御用画家。拉斐尔从小就接触到贵族阶层的艺术和文化环境（乌尔比诺文化氛围浓厚）。拉斐尔 11 岁时成了孤儿，1500 年来到佩鲁贾（意大利中部城市），师从意大利早期的油画家——佩鲁基诺。他能够熟练模仿老师的作品，使得人们都搞不清作品到底出自谁手。实习期满后，拉斐尔在佩鲁贾创作了几幅祭坛装饰画，其中大多数是油画，还有一些壁画。其中的人物绘画除了运用佩鲁基诺轻快甜美画风之外，拉斐尔对人物进行了更立体的处理。

拉斐尔著名的肖像画《巴尔达萨雷·卡斯蒂利奥内》（1514—1515），这位廷臣穿着低调而庄严，温柔地注视着他的好友拉斐尔。（左页图）

---

① 罗马之劫，发生于 1527 年 5 月 6 日，指神圣罗马皇帝查理五世属下的军队哗变后，在罗马进行的军事行动。

拉斐尔表现加勒提阿的壁画（1512），代表了文艺复兴盛期的艺术水平：
神话人物、平衡构图和非凡美貌。拉斐尔找不到合适的模特进行创作时，
不得不"将脑海里的理想形象描绘出来"。

　　1504 年拉斐尔带着乌尔比诺女爵的推荐信来到佛罗伦萨。乌尔比诺女爵在信中赞扬他富有天赋、观察敏锐、举止文雅。当时拉斐尔主要画一些肖像画和小型宗教绘画，这些画作都受到了列奥纳多·达·芬奇的影响。拉斐尔画了数十幅圣母马利亚和圣婴的油画，其中的人物具有典型的古典美。在佩鲁基诺的柔光色彩基础上，他加入了列奥纳多表现叙事和动作的绘画风格。一幅画显示圣婴正爬向一只跪着的绵羊。在另一幅画中，圣婴是一名学步的儿童，抱着圣母马利亚的膝盖。在世俗肖像画中，拉斐尔受到《蒙娜丽莎》的影响。他借鉴了列奥纳多创新的半身构图，主要表现腰以上，手臂和肘部构成三角形。但他没采用列奥纳多暗淡的用色，而是运用了他喜欢的明亮丰富的色彩。

　　1507 年，艺术中心从佛罗伦萨转移到罗马。意大利著名的艺术家和建筑师齐聚梵蒂冈，为筹建圣彼得大教堂而兴奋不已。教皇尤利乌斯二世让拉斐尔为教皇宫室绘画。在一个房间里，拉斐尔绘制了神学、法律、诗歌和哲学寓言故事。受到米开朗基罗的影响，这些绘画场景宏大，人物线条分明。米开朗基罗当时正在绘制西斯廷教堂的天花顶。《雅典学派》（1510—1512）体现了文艺复兴盛期的形式和意义。以罗马建筑为背景，拉斐尔将亚里士多德和柏拉图置身于古代哲学家和科学家行列，他还以自己的朋友为原型创作了大量人物。

拉斐尔的自画像（1506）。年轻的拉斐尔备受青睐，顾客们蜂拥而至，要求这位来自乌尔比诺的天才艺术家为他们画像。

　　拉斐尔的余生都在罗马度过，出入于上流社会的圈子，同时自己有一间大工作室。教皇和红衣主教请他绘制肖像，教皇利奥十世让他设计《圣经》场景的大挂毯，为圣彼得大教堂绘制作品（后因米开朗基罗做修改而大部分被损坏）。拉斐尔几乎所有的作品都是肖像画或者神话主题画。在绘制神话主题时，如加勒提阿的故事，拉斐尔会从古典文学中寻找线索。这幅为罗马的法尔内吉纳山庄绘制的壁画（完成于 1512 年），再现了海妖与牧羊人之间的故事，相较他的早期作品增添了不少活力。

　　据说拉斐尔是一个风流男子，"以招花引蝶为乐，随时准备取悦女性"，但他一生未婚。他曾在 1514 年与一位红衣主教的侄女订婚，但是他不断找借口推迟婚礼，后来女孩突然死去，结婚的事情才算了结。他与一名面包师的女儿玛格丽特·柳蒂维持了长期的情人关系，还曾几次为她画像。他拈花惹草可谓人人皆知。37 岁，拉斐尔因发高烧而死，人们传言说他死于纵欲过度。

拉斐尔在《雅典学派》中绘制了 21 位希腊哲学家，但是只有一半是真正的雅典人。这幅画创作于 1510 年至 1512 年，背景完美再现了布鲁内列斯基的透视画法。图画的中心，柏拉图和亚里士多德正在主持集会。

52. ｜ 利奥·阿非利加努斯 1490—1554：
　　　心向流浪，假依基督

　　尽管利奥·阿非利加努斯是畅销游记的作者，小有名气，但历史上有关他的记载少之又少。热切的追随者搜寻多年也只找到为数极少的参考文献和关于他的寥寥记载。他出生在格拉纳达，原名哈桑·伊本·穆罕默德·瓦赞·法西。1492 年西班牙征服了格拉纳达。像许多摩尔人一样，他的父母不愿生活在基督教统治下，因此把他带到了摩洛哥。他可能在费斯的卡鲁因大学学习过。但据说当时只有 14 岁的哈桑离开了摩洛哥，去了君士坦丁堡、贝鲁特和巴格达。在 1509 年到 1510 年间，他与自己的叔叔——土耳其苏丹在费斯城的大使——一起旅行，穿过撒哈拉沙漠到达廷巴克图，与桑海帝国皇帝的代表会面。两年后，哈桑称自己再次穿越了廷巴克图。这次，他沿着萨赫勒向西，经过加奥和阿加德兹，最终到达苏丹和埃及。随后沿着北非海岸回到了摩洛哥。

　　对于哈桑的第二次廷巴克图之旅，人们有些疑问，不知道他是真的又去了廷巴克图，还是只是复述其他阿拉伯旅人的游记。1517 年他返回了君士坦丁堡，以摩洛哥大使的身份，前去拜访了土耳其苏丹塞利姆一世。随后他前往罗塞塔的尼罗河港口，目睹了奥斯曼征服埃及。顺访开罗和阿斯旺后，哈桑穿越红海，到达阿拉伯半岛，他此行可能是为了去麦加朝圣（他的书中并未提及）。在返程的路上，这位学者、外交家兼流浪人的旅程戛然而止，因为他在海上被基督教海盗抓获。

海盗们看到哈桑的地图和手稿，觉得此人非同寻常，于是将他带到罗马，献给教皇利奥十世。在经过一年多的监狱生活后，哈桑为了重获自由只得皈依基督教。他可能并非真正皈依，只是为了逃出监狱并了解这个不接受穆斯林的基督王国。教皇利奥十世和其他高级圣职人员担任他的教父，1520 年 1 月 6 日为他举行了盛大的洗礼。按照惯例，被洗礼人的教名要采用保护人的名，哈桑的教名就取了保护人乔瓦尼·利奥·德·美第奇的名，后来简化为利奥·阿非利加努斯。

重获自由后，哈桑在罗马和博洛尼亚之间活动，教授阿拉伯语并开始写作。他根据笔记将旅行叙事和地理研究结合起来，讲述了既特别吸引欧洲人又让欧洲人强烈排斥的文化。利奥并未出版自己的著作，1550 年一名威尼斯出版商编排后出版了名为《向往非洲》的著作。

《向往非洲》出版了数十个版本，立即成为文艺复兴时期的畅销书，并掀起了游记热潮。该书的英文版出版于 1600 年，名为《非洲历史和经历》，这一书名蹩脚地从拉丁文版翻译过来。然而，利奥这本书的书名与内容实际上并不相符。因为这本书只讲了利奥在北非的游历，而未涉及他并没有去过

利奥·阿非利加努斯《向往非洲》第一版中的非洲地图，乔瓦尼·巴蒂斯塔·拉穆伊索于 1550 年拼凑而成。

的撒哈拉以南。即便如此，这本书也向欧洲人介绍了当时他们所不知道的国家和城市，例如廷巴克图。利奥称廷巴克图是个气候宜人、治理良好和非常富有的城市，自此后几个世纪欧洲人都对这块偏远之地心驰神往。在此以前大多数读者都认为非洲是一片不毛之地，通过这本书，他们才开始渐渐了解非洲——既神秘莫测又充满威胁。通过西班牙和黎凡特的贸易，阿拉伯国家和基督教国家展开了文化交流。但是后来这种交流因为西班牙收复失地运动和土耳其人灭亡东罗马帝国而中断。

利奥·阿非利加努斯也许并没有料到自己的游记会如此成功。早在这部书出版前很久，他就已经销声匿迹。有人说他回到马格里布，然后回到了伊斯兰国家。还有些人说他在欧洲定居，甚至到了阿尔卑斯山以北。关于他最终的信仰、居住地，以及其他消息，就如同他在游记中描写过的那些令人神往的城市一样，神秘而不可知。

Φ. M
Philippe d
Wier hab
ein vnges
den Wier
Ich wil
vnd ver
Christus
die. War

SALVATOR
eifet ihn wol, er ist sein werth.
sich aus für ein got auf erdt.
Wil mit Wercken erWerben.
ich verdint miet meinem. Sterbe

RZOG HANNS ERiDRICH ZVE SACHSE.
Warheit hab Ich frei bekandt.
aufgeset leut vnd landt.
hat der bapst gestiestet au
geburt ihm, noch, sein lohu.

PHILIPVS MELANTHON
Waes mir von Gott befohlen ist
das richt Ich aus zu dieser frist
dafur Wil ich zu seiner Zeit
tragen die kron. der herligkeit.

16 世纪晚期德国匿名画家讽刺教皇的作品。马丁·路德和菲利普·梅兰希通把教皇克雷芒七世放在磨刀石上，基督和萨克森的腓特烈三世注视着教皇。

The Collapse of the Old Order

尼可罗·马基雅维利在 1513 年曾警告那些企图趁乱牟利的人："没有任何事情比建立新的秩序更难，更让人感到不确定，更让人难于驾驭。"虽然没有人知道新秩序是什么样，但马基雅维利担心的是意大利过去四十年所建立起来的权力平衡因为外国入侵而被打破，并且很难迅速恢复。军纪涣散的法国、西班牙、德国、瑞士和意大利军队在半岛捉对厮杀，烧杀掳掠。传统的意大利势力——佛罗伦萨、米兰、那不勒斯、威尼斯和教皇——大势已去，无论是分开还是团结都无法阻止最终的悲惨结局。1527 年，一群名义上为查理五世而战的德国和西班牙士兵发动兵变后，向南游荡，发现罗马唾手可得。他们攻破罗马不堪一击的城墙后，对罗马造成的破坏甚至超过了土耳其人对君士坦丁堡的破坏。一个月后，他们将意大利文艺复兴时期的艺术品洗劫一空，满载而归。

许多参与掠夺罗马的德国人是新教徒，他们自称是路德的门徒（路德否认与他们有关系）。教皇只顾及意大利，忙于与周边的对手争斗，沉迷于古罗马拯救灵魂的幻想当中，基督教逐渐在德国丧失了正教地位。只顾及意大利的教皇引起了其他欧洲国家的不满和反感。西班牙和法国分别于 1482 年和 1516 年利用民众对教皇的敌意，建立起自己的"国家"教会。德国没有实行集权统治，半独立的公国、主教管区和城市在路德主义的旗帜下联合起来，宣布不再归属于他们名义上的君主——神圣罗马帝国君主查理五世。

最初几年教皇和国王们认为宗教改革只是僧侣之间的争吵，但是很快王储们也参与其中。瑞典国王古斯塔夫一世在 1523 年率先接受了路德主义。到 1533 年，整个斯堪的纳维亚半岛以及波罗的海东部大部分地区都接受了路德主义。但是路德所提出将基督教本土化和个性化超出了贵族的掌控范围。尤其在德国，平民宗教暴动此起彼伏，从 1524 年到 1525 年的农民战争，至 1534 年到 1535 年间在莱茵河畔明斯特昙花一现的再洗礼派 ①。1525 年到 1534 年间，英格兰的亨利八世与罗马决裂。但亨利最初的目的不是进行宗教改革，而是与阿拉贡的凯瑟琳离婚。因为查理五世是凯瑟琳的外甥，所以一直阻挠教皇同意离婚请求。因此在亨利统治时期，相比路德主义或约翰·加尔文的教派，英国国教更倾向于基督教。

这一时期新技术的出现加剧了政治和宗教的变革。火药革命不断发展。从 15 世纪 40 年代起，人们用火药加农炮攻城，到了 16 世纪早期人们将火药放入火枪或火绳枪 ②，广泛用于战场。尽管人们在 15 世纪 90 年代就已经知道火绳枪，但直到 16 世纪早期火绳枪才在战场上充分运用。西班牙步兵军团将火枪手与长矛兵和刀剑兵混编。这样的组合可以整编成骑兵或步兵团，在意大利战争中很常见。在帕维亚之战（1525）中，西班牙军团获得了极大的成功，以损失 500 人的代价，歼敌一万，并且消灭了大部分法国贵族，甚至还捉住了国王弗朗索瓦一世。帕维亚在一个多世纪里都保持着火绳枪之都的名声，不过德国钟表匠最终发明的转轮枪终结了火枪的优势。在 16 世纪 30 年代早期，本韦努托·切利尼因为拥有几种新武器而扬扬得意。有了这些新武器，士兵可以在马背上射击，不受天气影响，并且还可以在夜间使用。

富国才有能力培训火枪手、铸造加农炮和建造新型复杂防御工事。战争技

---

① 再洗礼派，16 世纪欧洲宗教改革时期新教中的一个激进派，产生于 1520 年。16 世纪 20 年代至 30 年代流行于德国。该教派认为婴儿受洗不算洗礼，孩子成年后必须再次受洗。参加者主要为城市平民和农民。

② 火绳枪，靠燃烧的火绳来点燃火药的火枪，故名火绳枪。火绳枪在火器发展史上具有里程碑的意义，是现代步枪的直接原型。

术的改变加速了权力从小城邦和小国向大城邦和大国转移的进程。西班牙、法国和英格兰等新兴国家实力相当。印刷技术的普及对弱小势力有利。宗教改革的成功一定程度上归功于印刷业。神学者和公共学者的方言《圣经》、赞美诗和教义问答书印刷出版，广泛传播了路德的主张。16 世纪 20 年代至 30 年代宗教纷争日益紧张，印刷业也助推了宗教斗争。天主教徒和新教徒争相发布廉价小册子、传单和文章，攻击对手的主张。宣传品凭借滑稽模仿和讽刺漫画吸引了大批观众。16 世纪早期印刷业是传播知识、文学和音乐的创新力量，后来演变成宗教宣传战的有力武器。

马里尼亚诺战役中的弗朗索瓦一世，16 世纪中叶的插图。法国大量使用加农炮，瑞士长矛兵死伤惨重，法国最终在米兰大获全胜。

53. | 海雷丁·巴巴罗萨？—1546：
海盗王

巴巴罗萨从白手起家到荣华富贵，这点从他名字的演变过程中就可见一斑。他出生时名为雅库普－卢卡兹。他的父亲雅库普是一名土耳其骑兵，1462 年曾参加奥斯曼征服莱斯博斯岛①（米蒂利尼）的战役。雅库普在岛上获得了封地，娶了一位希腊基督徒妻子。他从事陶器生意，有六个孩子，卢卡兹是三儿子。随着生意壮大，雅库普买了一艘船。船长是雅库普的二儿子奥鲁克。奥鲁克把陶器运往勒旺，偶尔也抢劫别的船只。不久在窑场工作的卢卡兹也加入海盗活动。20 岁时，卢卡兹就拥有了自己的船。他以色雷斯为基地，在爱琴海周边进行抢劫和绑架活动。

15 世纪 90 年代时局动荡，地中海东部海盗猖狂。奥斯曼人加强了对该地区的统治，但是威尼斯人和圣约翰骑士团等旧势力在该地区仍保存着强大的海军。像奥鲁克和卢卡兹这样的小海盗处境不妙。但两人很快就找到土耳其和埃及的保护人，并得到了将他们船只改造成战船的赞助。

渴望于获得战利品和发动圣战，兄弟二人来到了地中海西部，以争夺西班牙在非洲巴巴里海岸的殖民地。奥鲁克在阿尔及尔领导了一支伊斯兰军队。心怀感激的摩尔人称他为"奥鲁克爸爸"；而意大利人则因为奥鲁克标志性的红

---

① 莱斯博斯岛，爱琴海的一个岛屿，距离土耳其 10 公里。岛屿的中心城市是米蒂利尼。

海雷丁·巴巴罗萨，阿戈斯蒂诺·维纳齐亚诺的木版画（1535）。这是阿戈斯蒂诺创作的一对奥斯曼主题木版画中的一幅。另一幅描绘了巴巴罗萨的赞助人——头戴巨大皇冠的苏莱曼。

16 世纪奥斯曼缩微图，显示了 1543 年巴巴罗萨和法国人一起占领尼斯的联合海军行动。尼斯由他们共同的敌人查理五世控制。

胡子，称他"巴巴罗萨"。1518 年奥鲁克在一场战役中丧生，但基督徒提起奥鲁克的名字仍感到害怕。卢卡兹继承了哥哥的职位，他甚至将自己的胡子也染成了红色。

新巴巴罗萨很快超越了哥哥。他在西班牙和巴利阿里群岛到西西里岛、撒丁岛和意大利的航道上大肆掠夺，获得了大量的战利品，并且奴役了许多欧洲人。人们说，"阿尔及尔到处是欧洲的奴隶"。巴巴罗萨孜孜不倦地拓展奥斯曼势力。伟大的苏丹苏莱曼授予他阿尔及尔总督和土耳其海军上将的荣誉，同时还授予他"信仰神"的称号，此后他被称为海雷丁·巴巴罗萨。他指挥着 200 艘舰船和 3 万土耳其士兵。巴巴罗萨冷酷残忍，许多沿海城镇看到他的舰队就直接投降。他在离西西里岛和那不勒斯不远的基督教岛屿上建立了半永久的海军基地。他占领法国土伦港9个月，并将那里的基督教堂变成清真寺。法国国王弗朗索瓦一世（苏莱曼的同盟）最后只得出让价值3吨黄金的财物才让巴巴罗萨离开土伦港。

1545年巴巴罗萨对意大利海岸疯狂扫荡后，回到了伊斯坦布尔。他带回了大量财富、将近2万名奴隶，以及在雷焦·卡拉布里亚抢到的18岁新娘。土耳其人热情欢迎他，称他"海上国王"，他确实是名副其实的海上国王。一年后，他死于高烧。为纪念他，伟大的建筑师锡南为他设计了宏大的陵墓。

海雷丁·巴巴罗萨只是奥斯曼统治下众多白手起家，后来平步青云的海盗之一。他们视西班牙为敌人，不过意大利是他们的首选目标。整个16世纪他们都在劫掠意大利，将海岸村庄洗劫一空，连续几个月切断贸易港口那不勒斯和热那亚的交通，有时甚至停泊在台伯河口。教皇有一次外出狩猎时，土耳其海盗离教皇只有一小时的骑程，教皇差点被抓住。意大利一边面临法国和其他帝国军队对村庄的践踏，一边面临海盗的重重打击。1520年到1600年间，意大利人眼看着文艺复兴时期积累的财富慢慢消失——要么被掠夺，要么用于赎回俘虏，要么用于建造数以千计的海边瞭望塔。随着战争纷扰和海盗发家，意大利面临人民穷困、国力衰弱、人口减少的困境。

54. ｜ 大卢卡斯·克拉纳赫 1472—1553：
作画最快的画家

　　通过卢卡斯·克拉纳赫的图画，我们了解了马丁·路德如何伪装逃亡。1522 年绘制的油画中，克拉纳赫描绘了一名逃亡者——头发较长，蓄胡令人印象深刻，他伪装成"乔治"藏身于城堡中。克拉纳赫是一名富有的艺术家和药材商，还担任过市长，他也曾为路德等改革派人物创作肖像画。他的父亲是一名画家。他从小在父亲的工场接受训练。工场在位于纽伦堡以北 80 公里的克罗纳赫。1501 年他前往维也纳，认识了当地许多人文主义者，按照多瑙河画派①的传统，为他们画肖像。多瑙河画派有鲜明的风格，背景非常夺目。克拉纳赫的绘画对象背后的树林和山丘都富含寓意，传递了绘画对象的信息。

　　在 1505 年，克拉纳赫前往维滕贝格，成为萨克森腓特烈三世公爵的宫廷画家。腓特烈三世公爵是德国七名选帝侯②之一。在这段时间，克拉纳赫的画作主要是宫廷肖像、打猎场景画和祭坛画。同时他设计钱币、戏服、狂欢节面具和军队服装，甚至绘制栅栏。所有这些事情他都能够很快完成。他在维滕贝格遇到路德，两人很快成为好朋友。克拉纳赫是路德婚礼上的伴郎。同时他们是彼此孩子的教父。克拉纳赫通过宗教绘画、图书插图和宣传画，形象地传播路德的宗教理念。他

---

① 多瑙河画派，德国画坛上一个具有鲜明特色的画派，画家们把自己故乡多瑙河畔的优美风景和风俗人情，像浪漫诗一般在画中大加赞颂。

② 选帝侯（Elector），德国历史上的一种特殊现象。指德意志诸侯中有权选举神圣罗马皇帝的诸侯。

ÆTATIS SVÆ·LXXVII·
·1550·

克拉纳赫自画像或者他儿子的作品。这幅画描绘了 1550
年的克拉纳赫。三年后，81 岁的克拉纳赫去世。在漫长
的一生中，这位多产的画家曾为包括路德和他妻子在内的
许多宗教改革领袖画像。

自己不能保持纯洁。莫尔后来的文字沉迷色情，表明他满脑子都在想这些事情。1505 年他与富有的年轻女孩简·柯尔特结婚。这位女孩 6 年间生了 4 个孩子后去世了。莫尔不到一个月就与家境富裕的寡妇爱丽丝结了婚。爱丽丝比简大 18 岁，比莫尔大 8 岁。根据伊拉斯谟的描述，爱丽丝"并不漂亮"，但是，她对莫尔的孩子非常照顾，行事果断沉静，让她的丈夫又喜又恼。

在 1510 年到 1518 年间，莫尔在伦敦检控犯人，经营一家律师事务所，还担任几项政府工作，包括从 1529 年

莫尔的《乌托邦》既是讽刺文学作品，又是哲学作品。其中描述了一个理性的理想社会。生产力高的公民每天只需工作 6 小时，并可享受免费教育。

起担任大臣。1516 年，莫尔完成了自己最重要的著作，取名《乌托邦》，源于希腊语"乌有之乡"。这本书描述了无论是在地理上还是在道德上都"完全不同于现实"的世界。在 16 世纪 20 年代，他是国王身边的要臣，利用自己的影响力，反对路德运动，禁止新教书籍，并起诉异端。许多新教书籍被烧毁，新教徒被烧死。虽然莫尔拥护教会法，但此时英国国王亨利八世为了休妻，与罗马教廷反目。亨利八世七年来一直尝试与自己的第一任妻子离婚，迎娶安娜·博林。而教皇禁止亨利迎娶新娘，于是英国国王宣布天主教会与英国无关，自任英国新教会的最高领导人。痛苦的莫尔无法违背心意，最终于 1532 年辞职。他是亨利统治

期间最后一名支持烧死异教徒的重要人物。

莫尔回到切尔西，写了大量尖酸讽刺反对新教的短文。他在亨利婚姻的问题上保持沉默，希望避免麻烦。但是 1534 年，他被迫要求表态。亨利要求所有的公民宣誓承认安娜是女王，并承认英国与天主教会决裂。尽管莫尔愿意承认亨利的新妻子，但他不愿对英国与罗马的关系发表评论。

莫尔被押解到伦敦塔反省，狭小的牢房对于莫尔来说，更像是一种奖赏而非惩罚。莫尔可能非常开心能够回到过去的苦行生活。他告诉女儿自己这样做并不是不爱自己的家。在伦敦塔关押了一年，他还是没有表态。最终在 1535 年，他以叛国罪遭到指控。莫尔比任何人都精通法律，他冷静地拒绝解释为什么反对宣誓，希望能够避免被裁定有罪。但是法庭最终判决他有罪，并定于 7 月 6 日处决。行刑时他一直非常冷静。他爬上摇晃的脚手架，原谅他的行刑人。他反复说："打起精神来，年轻人。做好你的工作。"他的最后一个请求是要求行刑人对准一点。他说："我的脖子非常短。"

56. | 马丁·路德 1483—1546：
宗教改革运动的领导者

1505 年 7 月的一天，年轻的马丁·路德被一场雷雨困在了德国爱尔福小镇。担惊受怕的路德发誓，如果生还一定要成为一名僧侣。两周后他加入奥古斯丁修道会。天主教认为，人们过苦行僧的日子才能取悦上帝。奥古斯丁修道会提供了许多苦行的机会。

路德是一名狂热的苦行僧。例如，他每天花 6 个小时忏悔，仍然担心自己不够努力。上级修士要求他进修神学博士学位，发挥他的才智。路德翻遍《圣经》，并没有发现教会所宣扬的"苦行"能带来救赎。事实上，看起来自私自利的行为反而会得到神的奖赏。他认为天主教的核心就是教会臆造出人类必须通过教会才能得到救赎。他认为救赎是上帝给信徒的礼物。向教会祈祷或者支付金钱并不能带来救赎。

1517 年多明我会修士若望·特次勒来到萨克森大卖赎罪券，以筹集资金修建罗马的新圣彼得大教堂。当时在维滕贝格大学教书的路德颇感震惊。他写出了将近一百条反对售卖赎罪券的意见，并邀请人们参与讨论。他可能将自己的声明钉在了各个教堂的门上。

没有人站出来同他辩论《九十五条论纲》。路德的文章始终没有公开发表，但他并不知道印刷厂印制了大量的论纲。在接下来的八个星期，他的文章传遍了整个欧洲。随着他的言论产生巨大影响，罗马教廷宣布其为异教徒。1518 年

1617 年纪念宗教革命 100 周年印刷品。该作品再现了新教革命的高潮时期。画面左侧路德手拿鹅毛笔宣告纲论，笔的力量直击罗马，打落了教皇的王冠。

路德被传召到奥格斯堡的集会上，教廷要求他撤回自己的言论。路德拒绝了，他说除非指控他的人能够从《圣经》上找到支持赎罪券的证据。教廷大为光火，很快结束了审问。路德的朋友听说他将被带到罗马，急忙把他送回维滕贝格。

早期的改革由精通拉丁语的精英发起，但是大多数拉丁语精英拒绝宗教改革。但是路德以德文书写的教义传播范围超出了精英圈子。同时印刷技术的发展让改革者的主张广泛而迅速传播。1521 年沃尔姆集会也让路德出了名。当时查理五世当面质问路德，但路德仍然拒绝收回自己的言论。于是查理五世宣布路德为异教徒，并判处他死刑。为了让路德免遭毒手，他的支持者在他返回维滕贝格的路上策划了营救行动，并将路德送到沃特堡。这座城堡的主人非常同情路德。

在躲藏期间，路德著述颇丰，并完成了一本重要著作：德文方言《圣经》。他以伊拉斯谟的新版希腊语《圣经》为原本，采用了口语风格，而不是用教会语言写作完成了这本著作。这部《圣经》非常流行。1522 年出版的第一版很快销售一空，售价高达 1 弗罗林，比市场上一头上等猪的售价还要贵一倍。

一年后当路德在维滕贝格露面时，宗教运动已经在北欧大部分地区生根发芽。他制定了新的教义——上帝和世人之间没有牧师代言人。此后他一直不断完善路德主义。例如他坚持信众可以同时接受圣餐的面包和葡萄酒；天主教认为只有牧师才能在弥撒期间接受葡萄酒。路德音乐造诣颇深，他创作了德语赞美诗，让信众不再被动聆听牧师的拉丁语圣歌。他还主张社会各阶层教育平等，男孩女孩都应平等接受教育。他摒弃了四百年以来的牧师独身政策，认为夫妻恩爱就像修女祈祷一样神圣。

路德肖像（1529）。他认为，死记祷文和崇拜遗迹来迎合上帝就像"擦亮鞋子，梳妆打扮"。

路德 42 岁时娶了卡塔琳娜·冯·博拉。她曾经是一名修女，藏在鲱鱼桶里逃出了修道院。他看起来非常享受家庭生活。尽管路德有时候很难与人相处，热衷于攻击自己的对手，包括教皇、英国国王，甚至是对改革持友好态度的伊拉斯谟，但谈论起妻子和孩子时，他就会变得很温柔。例如他醒来后看到妻子的两个小辫子感到心情愉快。他喜欢和孩子们待在一起。一次孩子哭闹了一个小时，路德使出浑身解数也没法安抚时不禁感慨："这就是神父诋毁婚姻的一大原因吧。"他曾写到大儿子："汉斯正在磨牙，自娱自乐玩得高兴。婚姻的快乐是当教皇也比不上的。"

57. 巴托洛梅·德拉斯·卡萨斯 1484—1566：西印度群岛的传教士

　　当克里斯托弗·哥伦布发现新大陆返回塞维利亚（西班牙地名）时，当时 9 岁的巴托洛梅·德拉斯·卡萨斯也在人群中庆祝西班牙帝国的胜利。一年之后卡萨斯的父亲参加了哥伦布的第二次航海，并给他带回一名印第安人奴隶。八年后卡萨斯全家加入西班牙移民潮，来到伊斯帕尼奥拉岛，占有了大量的奴隶以经营自己的种植园，成为当地的上层阶级。1510 年左右，卡萨斯担任了神职。有一段时间他既担任神职又从事世俗事务，甚至经营自己的种植园。但他发现自己的信仰和奴役奴隶之间的内在矛盾越来越难调和。

　　在卡萨斯眼里，新大陆的土著人"谦逊、耐心平和，没有敌意、仇恨或复仇的欲望……可怜的人们，因为他们拥有的很少，并且对于世俗的财富没有欲望。因此，他们不自大、怨恨或贪婪"。征服者的贪婪很快吞噬了天真无辜的土著人，"一些西班牙人一进到羊圈就像贪婪的野兽……烧杀抢掠"。殖民早期，殖民者需要劳动力淘金，在种植园工作。他们为所欲为占领并奴役当地土著人，杀死那些敢于反抗或者逃跑的人。

　　1513 年西班牙占领古巴，卡萨斯作为一名牧师，目睹了殖民者的行径，他认为这样的行为既不合法也不道德。1514 年，他在自己的种植园为土著人传道时，突然意识到"任何有良知的人都不应该奴役印第安人"。他将自己的奴隶释放，卖掉了自己的种植园。他设法离开了自己的教区，坐船前往西班牙，一腔热情

创作于卡萨斯去世多年后，这幅 17 世纪的匿名画作抓住了巴托洛梅·德拉斯·卡萨斯修士的主要特征，
非常传神。

西班牙人在新大陆的暴行：西奥多·德·布里的插画生动地描绘了西班牙人的残忍行径（1552）。

向红衣主教西斯内罗斯宣传印第安人权利。于是红衣主教任命他为"印第安人的保护人"。他的主张打动了年轻的查理五世。国王将委内瑞拉海岸的一小块土地拨给卡萨斯，让他打造自己的乌托邦。在这个乌托邦，印第安人和西班牙农民和平共处，共同繁荣，分享农业技术，销售产品，分享利润。但是这个理想之地以失败告终。卡萨斯招来的西班牙人并不想种地，附近的士兵很快袭击和摧毁了卡萨斯的乌托邦村庄。

　　受到打击的卡萨斯加入了多明我会。多明我会反对种族灭绝。之后20年，卡萨斯待在伊斯帕尼奥拉岛，又走访了西班牙在墨西哥和中美洲的殖民地，收集了西班牙人对印第安人暴行的详细资料。1537年他说服教皇保罗三世签署训谕《崇高的天主》，阐明教会的政策，即美洲印第安人是有理性的人类，对他们自己的土地享有主权，不可随意奴役。1542 年卡萨斯发表了《西印度群岛的毁灭》。文章中描述了西班牙人对加勒比印第安人的虐待。查理五世对文章中所描述的骇人听闻的故事深感恐慌，很快就颁布了所谓的"新法"，禁止奴役印第安人，同时废止赐封制 ①。八年后卡萨斯迎来了职业生涯的辉煌时刻：他成功捍卫了"新法"，击败了人文主义者胡安·希内斯·德·塞普尔韦达。塞普尔韦达认同亚里士多德的观点，认为美洲土著人"天生为奴"。

尽管官方支持了卡萨斯的观点，但他的事业并没有获得完全成功。在美洲殖民地推行"新法"差点让西班牙殖民者爆发内战。秘鲁总督在推行"新法"的过程被暗杀。卡萨斯也因为担心在南墨西哥恰帕斯任职过于危险而拒绝履职，于是选择退居西班牙领取养老金。殖民者大声抗议：没有奴隶，他们就没法再在新大陆致富。卡萨斯后来提出，西班牙人不要奴役印第安人，应该引入非洲奴隶，无疑让事态雪上加霜。

---

① 赐封制，西班牙殖民者在西属殖民地（拉美及菲律宾等地）实行的土地制度。西班牙君主将在一定范围的赐封地内向当地原住民征收赋税的权力授予在殖民事业中有"功"的人员，这些被赐予征税权的人称为封君。封君仅受委托征税，并未得到赐封地的土地所有权。

58. │ 提香 · 韦切利奥 1485—1576：
│ 威尼斯的一抹亮色

1516 年伟大的乔瓦尼 · 贝利尼去世，在当时的威尼斯已无人能与他的学生提香 · 韦切利奥匹敌。提香最终超越了自己的老师贝利尼，成为意大利的顶尖艺术家，享誉半岛内外半个多世纪。他的客户遍布多国，且都喜欢提香典型的威尼斯绘画风格。佛罗伦萨和罗马画家注重平衡与和谐，以精确的数字比例构图雕塑。威尼斯艺术家则善用色彩来创造更为诗意的意象。提香运用鲜艳而丰富的色彩，创新的方法描绘出逼真的织物纹理。

10 岁时提香离开家乡多洛米蒂山，向南跋涉 110 公里来到威尼斯，师从贝利尼学习绘画。贝利尼手法新颖，善于捕捉光线，运用轮廓柔和的人物表现不同场景的人物情绪。年轻的提香一腔热情，早期作品色彩艳丽，充满热情，例如 1523 年完成的作品《巴克斯和阿里阿德涅》。他的笔触强劲有力让人联想到 18 世纪末到 19 世纪早期的绘画作品，他晚期的作品则启迪了印象派模糊柔和的绘画风格。

提香在 1516 年接替贝利尼成为宫廷画家。在接下来的 15 年里，他为威尼斯及其周边城市创作了几幅重要的祭坛装饰画。如 1518 年完成的大型板面油画《圣母升天》。这幅作品为维也纳方济各会教堂的圣方济会荣耀圣母圣殿所作，高 7 米，宽 3.65 米。在这幅作品中，提香采用了南方的对称风格，人物布局分为三层：地上的使徒仰望天空；马利亚在一群胖嘟嘟的丘比特簇拥下飞向天国；

在 16 世纪早期，威尼斯对颜料的划分最为细致。在《巴克斯和阿里阿德涅》（1520—1530）中，提香几乎用了所有可用的颜色。

天顶的圣父则在迎接马利亚。绘画的两年时间里，提香一直受到弗拉·杰尔马诺的质疑。杰尔马诺认为使徒的比例与圣母和圣父相比太大。提香解释说，从远处看的话人物的比例是正常的。杰尔马诺仍然不相信，直到别人说服了他。

1526 年，提香为同一个教堂创作了另一幅祭坛装饰画《佩萨罗圣母》。赞助人虔诚地跪在圣母坐像前。画作是传统的主题但是构图有很大的不同。不同于列奥纳多《最后的晚餐》和拉斐尔《雅典学派》的水平线和中心聚焦构图，《佩萨罗圣母》具有明显的倾斜布局。主要人物马利亚偏离中心，位于对角线顶部。

提香打破了传统的勾勒人物画法。这幅自画像（1562）中，提香采用了有力的笔触，画完后用指尖在画布上调和不同色彩的边界。

提香运用明亮的对比颜色和透视线，将观众的视线聚焦到马利亚的身上。他后期的作品更多采用了互补色，而非对比色。作品人物感情丰富，有的甚至性感诱人。例如著名的《乌尔比诺的维纳斯》采用柔焦绘画。维纳斯楚楚动人，斜躺在床上，目光直视观众。

提香一生几乎都待在威尼斯，很少外出。他曾经在罗马待了一年时间（米开朗基罗赞赏了他的颜色运用，但是嘲笑他的绘画技巧）。他曾短暂访问过意大利的几个城市，两次前往奥格斯堡为查理五世绘画。16世纪40年代提香完成了这位国王的画像。查理非常尊敬提香：据说有一次提香在为查理画像时，不小心把画笔掉在地上，查理五世跪下为他捡起了画笔。提香因为肖像画而出名，人们纷纷请他作画。他曾为16世纪许多重要的人物画过肖像，具体数字难以统计。

提香晚年在工作室绘画，常常对自己早期作品进行再创作。提香91岁时死于大瘟疫。当时一场瘟疫席卷了威尼斯，夺去了三分之一的人口，51000余人殒命。他的风格影响了同时代的威尼斯画家丁托列托和委罗内塞，以及17世纪的艺术家鲁本斯、伦布兰特和委拉斯开兹。提香柔和的绘画笔触和鲜艳的用色启发了早期印象主义者爱德华·马奈。马奈曾在卢浮宫花时间学习和临摹提香的杰作。

59. 尼古拉斯·克拉策 1486/1487—1550 后：皇家钟表匠和占星师

在 16 世纪早期，神圣罗马帝国、法国、低地国家和匈牙利纷纷追随意大利文艺复兴的古典和世俗价值观。英国在人文主义方面却落后于欧洲大陆。百年战争和内部纷争让英国人对于掌握拉丁修辞或希腊科学的兴趣寥寥。僵化的经院哲学在牛津大学和康桥大学占据主导，而一些在伦敦或南安普顿活动的意大利人主要是金融家，并不是人文主义者。他们在当地的业务活动还常常引发排外骚乱。

英国保守和边缘化的文化生活方式在都铎王朝早期开始有所改观。年轻的亨利八世热衷于国外艺术和时尚思潮，经常邀请精通新知识的外国人到访朝廷。尼古拉斯·克拉策就是被邀请者之一。克拉策出生于慕尼黑，是一名锯匠的儿子。1509 年克拉策在科隆大学获得第一个学位。此后他学习了一段时间的天文学，在维也纳附近的一个修道院抄写了一些手稿。伊拉斯谟赏识克拉策的学识，把他介绍给托马斯·莫尔和牧师卡斯伯特·康舒妥。这两位都是亨利八世派往低地国家的使者。康舒妥给亨利八世写信，说克拉策德语流利，能够作为高地德语国家的中间人或外交信使。

克拉策对此也早有打算。1517 年他前往英国，带了许多科学仪器，如星盘、浑天仪，还有托勒密的著作，以证明他在科学方面的才能。1520 年他谋得一份工作，教托马斯·莫尔的孩子们学习天文学和数学。次年托马斯·沃尔西成为克拉策的赞助人，克拉策开始在牛津大学教授基本天文学和星盘构造。1524 年

荷尔拜因为克拉策画像（1528）。画面中克拉策手持青铜多面日晷。这种日晷可能是最早的便携式计时器。

可能是因为忙于其他事务，他结束了教书工作。
此后克拉策只能靠为亨利三世占星和制造钟表、
日晷获得薪水。

　　克拉策年薪只有二十英镑，当时猎鹰训练师
的薪水是他的两倍，说明他在朝廷职位不高。这
可能是因为语言问题，因为克拉策服务亨利八世
三十年，国王仍嘲笑他说不好英语。克拉策最为
人称道的就是运用最新的天文学理论制造出复杂
的时钟。他将自己的第一个日晷放置到圣马利亚
教堂，纪念沃尔西红衣主教集会谴责路德。为庆
祝获得牛津大学硕士学位，他造了一个多面钟。
他在钟表上写着："亨利八世的天文学家，国王
待我很好，同时代的人都羡慕我"，"我常常像
德国人一样豪饮"。

　　克拉策也设计了机械时钟。其中一个时钟放

尼古拉斯·克拉策著作扉页（1529）。这
是克拉策预测日出、日落和太阳黄道位置
的手册。插图由荷尔拜因绘制。

置在汉普顿宫，由他和法国钟表匠尼古拉斯·奥尔森一起完成。根据太阳中心
说制作的时钟不仅显示时间，而且还显示日、月、太阳在黄道的位置、月龄，
以及伦敦桥的潮汐——这对于亨利坐船外出很有用处。这一伟大文艺复兴工艺
品的机械装置和装饰历经几个世纪不断变化，没有留下原型。克拉策制造的许
多日晷都已经遗失。现在仅在牛津大学保存了一个拳头大小的镀金黄铜多面体。
汉斯·荷尔拜因在他的两幅画作中再现了这一工艺品。克拉策带给英国最重要
的人文发现恐怕就是荷尔拜因本人了，他说服了自己的巴伐利亚同伴荷尔拜因
去亨利的朝堂谋差。当然荷尔拜因也使克拉策英名长存，因为他曾为克拉策画像，
画中克拉策身边有各种工具，手里拿着一个多面日晷。

60. | 伯纳德·范·奥利 1488—1541：
挂毯大师

1547 年英国国王亨利八世去世时，留下了 2700 多条挂毯，这些挂毯如果首尾相接，长度可达 5 公里。除了一些小尺寸的床毯，还有面积几百平方码的毯子。这些毯子价格不菲，其中一条价值达到 1500 英镑，足够买下一艘装备精良的战舰。拉斐尔为西斯廷教堂设计的挂毯让教皇利奥十世花费了近 16000 达克特，是米开朗基罗完成整个天花壁画报酬的 5 倍。文艺复兴时期的统治者常通过挂毯向世人展示自己的财富和权力。

除了亨利八世和利奥十世，神圣罗马帝国的查理五世对奢侈挂毯也是情有独钟。查理五世收藏了大量布鲁塞尔当地人生产的毯子，还有出自挂毯大师伯纳德·范·奥利的挂毯。范·奥利最初是浪漫主义学派画家。15 世纪晚期到 16 世纪早期，浪漫主义学派的形成源于一些北方艺术家将意大利元素融合到作品中。范·奥利并没有在意大利学习。他的父亲瓦伦汀也是一名艺术家，因此可以自己教授范·奥利。1515 年范·奥利开始为哈布斯堡家族服务。1518 年奥地利的玛格丽特委托他给查理五世等人绘制宫廷肖像。他还绘制了一些大型祭坛画，汲取意大利雕刻中的灵感，在画中融入了文艺复兴的风格和建筑设计元素。

16 世纪 20 年代早期，范·奥利成为低地国家的顶尖艺术家，在布鲁塞尔有一间有名的工坊。该工坊主营肖像画、祭坛装饰品和彩色玻璃。因为编织品利润巨大，他转入纺织业，结合意大利潮流并对佛兰德斯手工艺进行创新，创造出一种新颖的荷兰挂毯。

在此之前挂毯就像壁纸，缺乏艺术美感。挂毯通常由画家设计，就像当时的壁画一样，画面缺乏立体感，满是花朵、水果，兔子、猴子和独角兽。范·奥利为哈布斯堡皇室制作大型挂毯时，艺术家首先在与挂毯相同尺寸（大约 8 米 ×4.25 米）的纸上或亚麻布上画草图。开始前，工人在织布机上装上结实的素色经线，在绷紧的表面画出

阿尔布雷希特·丢勒所作的伯纳德·范·奥利素描（1521）。两位艺术家是好朋友。当时丢勒拜访了奥利在布鲁塞尔的家。

轮廓，以之前的草图作为参考，再用彩色纬线上下左右地编织。

16 世纪 20 年代范·奥利转入纺织业时，布鲁塞尔的纺织工已经采用佛兰德斯技术实现绘画的效果——轮廓、阴影和精美细节，如人的睫毛。范·奥利充分利用了这一新技术，完善了设计，再现精美的衣物、一缕缕的头发和人物手背上的血管。受到他的朋友阿尔布雷希特·丢勒的启发，范·奥利创造了逼真的景观，为挂毯注入了活力。他还借鉴了拉斐尔为西斯廷教堂设计挂毯的做法，运用比例和透视规则，让人物更具立体感。

挂毯既是奢侈品，也适用于城堡内部的保温和装饰。此外挂毯还可以被卷起来放进马车里运输，或者在狩猎季里装饰帐篷。1520 年亨利八世和法国国王

《帕维亚之战》系列之一：《弗朗索瓦一世投降》（1526—1531）。画面左侧法国国王被抓为人质。胜利者查理五世身着黑衣，在马背上检视战场。这一巨大的挂毯由羊毛和丝绸编制而成，金银线是挂毯的亮点。

弗朗索瓦一世在靠近加来的郊区举行为期七天的会议。两人竞相攀比炫耀，拿出各自的挂毯进行展示。场面阵势豪华，人们称之为"挂毯天地"。

挂毯象征着财富，也便于携带展示。范·奥利的《帕维亚之战》（1526—1531）由七个战斗场景组成，歌颂了意大利战胜法国的荣耀。这对于在战场上被俘的法国国王弗朗索瓦来说是可耻的失败。其中有一幅37平方米的画面，描绘弗朗索瓦被三名士兵从死去的战马上拖下的情形。范·奥利最著名的作品《狩猎的马克西米利安》（1530—1533），由12条挂毯组成，展示了哈布斯堡贵族狩猎、采摘和宴请的情形。挂毯的场景都是布鲁塞尔。其中一条《前往狩猎》，

以壮丽的城市全景作为背景。画面细节入微，可以看到正在修葺的教堂，由此推断出这条挂毯的制作时间在 1528 年至 1533 年之间。

在范·奥利死后数十年间，低地国家宗教改革呼声渐起，西班牙天主教国王菲利普二世对低地国家不断施压，奢侈品纺织业渐渐没落。纺织工和纺织品商人大多信仰新教，为逃离高压管制，逃散到不同的城市。1567 年菲利普率领万名士兵入侵，进一步干扰破坏了挂毯的生产和销售。之后六万人逃离该地区，大多数前往附近的日耳曼国家。这些分散的纺织工建立了新的小工坊，但是挂毯的黄金时代一去不返。

61. | 克里斯托福罗·德·梅中斯布戈 1490—1548：
奢靡宴会的大厨和管家

随着美第奇家族、埃斯特家族、斯福尔扎家族和贡萨加家族对古典文化和中世纪骑士精神的推崇，文艺复兴时期的宫廷文化从意大利和低地国家开始兴起，16 世纪传遍了整个欧洲。一直以来各大豪门贵族大肆炫耀财富，极尽奢靡，如卢多维科·斯福尔扎向列奥纳多·达·芬奇订制巨型骑马雕像；伊莎贝拉·德·埃斯特令人眼花缭乱的古钱币、奖章和雕像收藏；琳琅满目的古典图书馆（主人却压根不懂希腊语或拉丁语）；米兰公爵驯养了 5000 只猎犬的狗场；可容纳数百名演员的美第奇家族模拟剧场；20 岁的比阿特丽斯·德·埃斯特私人收藏的 84 件珍珠和黄金装饰的服装。

奢靡生活的另外一个重要部分就是美食。大型宴会从传统的社交活动变为伺机炫耀的场合。意大利君主们失去了战场对决的兴趣，15 世纪晚期，他们开始了无休止的饕餮大战。他们争相攀比，比拼谁家排场最奢靡，食物最丰富特别，娱乐活动安排最精心。

这样的攀比不可避免地催生了大厨和宴会管家。随着这些奢靡宴会大肆兴起，羡慕或嫉妒的欧洲君主们纷纷开始寻找自己的宴会管家，或者寻找与宴会

克里斯托福罗·德·梅中斯布戈指导宴会的木版画(1549)。这一木版图展示了各种肉类的制作和储存，厨师在烤肉上浇汁，周围是厨房服务生。（ 右页图 ）

相关的书籍。克里斯托福罗·德·梅中斯布戈是第一位对豪华宴会进行指导的主厨。他担任费拉拉的德·埃斯特家族的主厨近 30 年。他的出生地无人知晓。尽管他名字中的梅中斯布戈表明他可能是佛兰德斯人，但是他的品位、虚荣做作和癖好与费拉拉人并无二致，所以他也可能是费拉拉当地人。

梅中斯布戈对工作进行了详尽的记录，并将他曾指导过的重要晚宴进行总结，记录了许多独家菜谱。在他死后不久，这些内容经过整理并出版，书名为《宴会、菜肴准备和安排》。梅中斯布戈的宴会一般从晚上 9 点开始，直到凌晨 3 点或 4 点，包含 8 至 9 道菜式。每道含 12 个或更多菜品，有烤肉、煎肉、烤鱼、煎鱼，各种馅饼，汤和意粉。通常从开胃小吃开始，最后是水果、沙拉、甜点和上千只牡蛎。宴会最后还有精致的糖雕。厨房和后勤方面的消耗令人吃惊：1529 年一场招待 104 名客人的宴会上，需要 2835 个盘子以及堪比一小支军队的厨子、侍从和服务生，包括 3 名在每道程序间隙专门"清理餐桌，清洗、打扫和给用餐地点喷香水的"人员。

梅中斯布戈经常强调他的菜式具有法餐和德餐的特点，还包含了地中海特色，例如用肉桂、丁香和胡椒混合糖和醋制成的调味酱。虽然菜式混搭，连续的菜式中也会出现相同的鱼或肉，但都是为了用不同寻常的丰富菜式惊艳宾客。从这一点而言，梅中斯布戈的烹饪技艺类似于当时的复调音乐，乐章中包含了不协调的旋律。此外音乐在宴会中举足轻重。乐队演奏开启一场宴会，每道菜式前和菜式之间都有演奏。在大型场合，梅中斯布戈还会增加戏剧表演。表演分为几部分贯穿整个晚上。

梅中斯布戈不仅是一名厨师，而且还是经理和舞台总管，这也解释了他为什么能从厨师职位获得较高的社会地位。在服务德·埃斯特家族的漫长时间里，他与当地贵族妇女结了婚，1533 年查理五世封他为伯爵。在他去世时，他已成为欧洲第一名厨，他的名气使他死后出版的书籍也成为当时的畅销书。

62. | 维托丽娅·科隆纳 1490—1547：神圣诗人

维托丽娅·科隆纳的父母给她取名 Vittoria Colonna，寓意两大家族的结合带来了成功（Vittoria 意为成功、胜利）。科隆纳（Colonna）是古罗马辉煌的王朝。维托丽娅的父亲法布里齐奥是雇佣兵将领。她的母亲艾格尼丝·德·蒙泰费尔特罗是乌尔比诺公爵费德里科·德·蒙泰费尔特罗的女儿、米兰公爵弗朗切斯科·斯福尔扎的孙女，这两位公爵都是雇佣兵将领。正如名字的寓意，子孙们迎来了意大利军事、文化的辉煌时代。

事实上家族的成功则有所不同。虽然维托丽娅的哥哥阿斯卡尼奥是一名雇佣兵，但他大半生都在因为税负反抗教皇。维托丽娅颇具艺术天分，但她对于当时不断变化的政治形势也无能为力。迫于那不勒斯阿拉贡国王费兰特的压力，家人在维托丽娅 4 岁时就将她许配给费兰特 6 岁的儿子：费尔南多·弗朗西斯科·德·阿瓦洛斯。两人于 1509 年在阿瓦洛斯家族的封地——伊斯基亚岛完婚。他们婚后生活幸福，但一年后，新郎费尔南多·弗朗西斯科就前往意大利北部与法国人作战，两人不得不相隔遥遥互诉衷肠。除了短暂出席葬礼和其他正式场合，费尔南多再没有回到伊斯基亚生活。1525 年，费尔南多在帕维亚之战中受伤后死去。

维托丽娅痛失爱人，孤苦伶仃又没有后嗣，差点自杀。她抱怨当时的男人，"受疯狂的荣誉感驱使，什么都不考虑就投身危险当中，愤怒吼叫。而我们女

米开朗基罗所画的维托丽娅·科隆纳（1540）。除了这幅草图，米开朗基罗还为她画了几幅祷告图，包括受难图和圣母哀悼基督。

人整天提心吊胆，愁眉苦脸，等候自己的男人"。好在她身边不乏仰慕者甚至求婚者，像卢多维科·阿里奥斯托、彼得罗·阿雷蒂诺和巴尔达萨雷·卡斯蒂利奥内之类的诗人学者。她还有几个表妹一直跟她住在一起，安抚她走出悲痛。在那不勒斯湾美丽的岛屿上，她展露出自己的文学才华，开始写抒情和书信体诗歌。她早期的作品都是爱情诗。16世纪30年代中期，她已经写作了至少130首爱情诗。1538年，她出版了《维托丽娅·科隆纳诗集》。在这段时期，她与米开朗基罗建立了深厚的友谊。米开朗基罗当时在罗马创作《最后的审判》。他们互相写信写诗长达10年。米开朗基罗在几幅作品中都画了她的形象。

科隆纳因为爱情诗而出名，阿里奥斯托（意大利文艺复兴时期的著名诗人）称赞其无与伦比的甜美风格。后来她开始对宗教问题产生兴趣，决定写宗教题材的诗歌。她与朋友通信，讨论基督教世界的宗教分歧，写下超过200篇冥想诗。她将这些诗称为圣歌十四行诗。她搬到罗马，住到女修道院，但并没有宣誓成为修女。她与许多神学领袖和改革派牧师建立了联系，如贝尔纳迪诺·奥基诺、红衣主教雷吉纳尔德·博勒和彼得罗·本博。她受到宗教改革的召唤，以博勒为精神导师，并搬到他在维泰博乡间退居的地方。

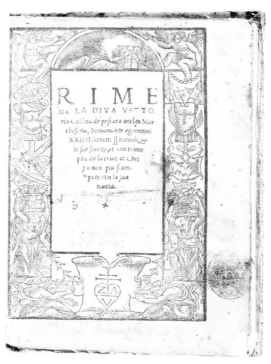

《维托丽娅·科隆纳诗集》（1510）。第三版的扉页上写着"增补24首十四行诗"。这标志着科隆纳的诗歌主题由爱情转向了宗教。

16世纪，王室和宗派之间冲突加剧，她寄予厚望的改革派在16世纪30年代成为红衣主教彼得罗·卡拉法所领导的天主教反击的目标。1542年贝尔纳迪诺·奥基诺逃往瑞士，声称自己是加尔文宗[①]。宗教统一的时代结束了，所有与改革者为伍的人都遭到怀疑，科隆纳也不例外。她哀叹道，这个"受诅咒的邪恶时代，荣誉、生命、时间和财富让人们眼花缭乱，心中却是一片空虚"。但是，时代已经终结。在她死时，特利腾大公会议正在进行。有传言，她也曾被宗教裁判所调查。

---

① 加尔文宗（Calvinists），亦称"长老会""归正宗""加尔文派"，是基督教的新教三个原始宗派之一。加尔文宗宣称人因信仰得救，《圣经》是信仰的唯一泉源。他们主张上帝预定说，认为人的得救与否，皆由上帝预定，与各人本身是否努力无关。

63. | 纳瓦拉的玛格丽特 1492—1549：
皇室作家 & 摄政女王

　　玛格丽特·德·昂古莱姆 1492 年出生时，父母非常失望。因为法国的王位只能传给男性继承人，而她的父亲昂古莱姆伯爵是第二位王位继承人，所以希望能生儿子。1494 年玛格丽特的弟弟弗朗索瓦出生，改变了她的一生。她的父亲两年后去世，留下尚在襁褓中的弗朗索瓦作为他的法定继承人。玛格丽特的母亲路易丝一生都在为确保儿子当上国王而操心，把玛格丽特也培养成承担弗朗索瓦母亲角色的人。路易丝受过良好的教育，负责教导玛格丽特、弗朗索瓦和伯爵的两个私生女。她亲自教孩子们学习西班牙语和意大利语。知名的人文主义学者和牧师教他们学习拉丁文、神学和哲学。课程既全面又严苛，但玛格丽特不费力气就超过了弟弟。

　　她接受教育的最大价值体现在日后的政治联姻上。年老的英国国王亨利七世向她求婚，但玛格丽特嫌弃英国国王太老，英国又多雾霾，因此选择了拒绝。此后，玛格丽特宣布自己将"嫁给年轻、富有的贵族，并且不用穿过海峡漂洋过海！"1509年她与阿朗松公爵查尔斯结婚，这次联姻解决了法兰西南部的领土纠纷。查尔斯

《纳瓦拉的玛格丽特》，弗朗索瓦·克卢埃作（1540）。玛格丽特比自己的弟弟——法国国王弗朗索瓦——更聪明。她的学识也被人文主义者所钦佩。除了写作畅销书外，她保护宗教改革者，支持弗朗索瓦·拉伯雷这样的作家。（右页图）

虽然符合玛格丽特的择偶要求，但是两人之间并没有什么共同爱好。她曾在一首诗中写道："他不看书，不学习，永远也成不了一位演说家。"

根据记载，玛格丽特是一名身材高挑、引人注目的女性，拥有紫罗兰色的眼睛，机智而迷人。她是弗朗索瓦最重要的帮手。与弗朗索瓦的妻子克劳德相比，玛格丽特扮演了更多的公共角色。王后克劳德忙于生孩子。玛格丽特与国家领导人保持联系，负责民政事务，有时甚至处理外交事务。最重要的一次交涉发生在 1525 年帕维亚之战后，弗朗索瓦被神圣罗马帝国军队击败并俘虏。玛格丽特前往马德里谈判将弗朗索瓦救出。她在女伴的陪同下，与神圣罗马帝国的查理五世当面谈判，保持了得体的礼仪。弗朗索瓦虽然丧失了勃艮第和意大利的领土，但他毫发未损回到了巴黎。

玛格丽特的丈夫也参加了帕维亚战役，但因此受了致命伤后去世。1527 年，35 岁的玛格丽特又与纳瓦拉国王亨利·德·阿尔布勒特结婚。纳瓦拉王国是在法兰西保护之下的比利牛斯山小国。丈夫比玛格丽特小 10 岁，喜欢虚张声势，喜欢赌博和"西班牙女人"。但他出众的才智吸引了玛格丽特。他们喜欢彼此的陪伴。婚后一年，她生下女儿珍妮，即后来亨利四世的母亲。玛格丽特 1530 年再次怀孕，错过了许多重要的政治场合。玛格丽特有次在给神圣罗马帝国皇帝的信里写道："带小孩让人沮丧。"她后来生下一名男婴，但是孩子 5 个月大时突然在圣诞节病倒，几个小时后就死掉了。玛格丽特遭受这一打击后就开始只穿黑衣。

她写了大量诗歌和剧作，失去儿子后，开始创作更为严肃的作品。1531 年，她发表了作品《罪恶灵魂的镜子》。这首诗透露了她的改革主义信仰，引起了保守神学者的愤怒。她支持伊拉斯谟的福音派运动。该运动主张改变天主教会，而不是与其决裂。玛格丽特热心支持法国人文主义作家，保护了弗朗索瓦·拉伯雷和勒菲弗尔·德·伊塔普雷斯。勒菲弗尔·德·伊塔普雷斯在 1523 年不顾巴黎大学神学院的禁令，翻译并出版了第一部法语《新约》。她说服弗朗索瓦创立法兰西学院，给激进的学者提供职位。这所高校目前仍以非正统课程而闻名。

　　虽然玛格丽特写作了大量的宗教诗，但她最出名的著作却是法语版的《七日谈》。这本书改编自意大利作家乔万尼·薄伽丘的《十日谈》，写了被山洪所困的旅行者所讲诉的 70 个故事。在等待洪水退去期间，五男五女决定讲故事以打发时间。他们讨论了 16 世纪的热点社会问题，包括男女之间的观念差异，例如女人谴责男性强迫少女，而男人则认为请求被拒是不识抬举。这部故事集中有张冠李戴、户外灾难和秘密幽会，故事情节从惊悚到闹剧再到令人心痛。玛格丽特本来计划像薄伽丘一样写 100 个故事，但是她还没写完就于 1549 年去世了。一个足智多谋的出版商于 1558 年出版了这部未完成的"十日谈"，命名为《七日谈》。

64. | 彼得罗·阿雷蒂诺 1492—1556：
"国王的灾难"

彼得罗·德尔·图拉的父亲是鞋匠，母亲是一名兼职做模特的妓女。他自称彼得罗·阿雷蒂诺，意为"来自阿雷佐（意大利城市）的彼得罗"。他出身平平，有些早熟，喜欢争论。他没受过什么教育，仅于十几岁的时候在附近的佩鲁贾学习了一段时间的艺术，后来决心成为一名诗人。1516年他在锡耶纳写了一篇讽刺小短文，哀悼教皇利奥十世死去的宠物大象汉诺。这引起了锡耶纳银行家阿戈斯蒂诺·基吉的注意。基吉后来到罗马做生意时，阿雷蒂诺也去了罗马。

教皇利奥十世任职期间，罗马是讽刺作家的沃土。这个城市充满了世俗的神职人员，宽容的银行家和虎视眈眈的新人，讽刺作家从来都不缺少嘲讽的对象。这些讽刺作家也有一个理想的嘲讽场所：他们把自己的嘲讽短诗和短文贴在无臂帕斯奎诺雕像上，帕斯奎诺雕像因而又被称为"会说话的雕像"。阿雷蒂诺到了罗马不久，就将这种半匿名的嘲讽形式演变为流行的社会评论方式，因此出名也由此树敌不少。

利奥十世去世后，教皇哈德良六世于1522年上任，罗马的自由宽容气氛戛然而止。在教皇选举前曾经大肆诋毁哈德良的阿雷蒂诺因此不得不匆忙离开罗马。不过哈德良六世的任期短，1523年朱里奥·美第奇就接替了哈德良成为教皇，即克雷芒七世。阿雷蒂诺返回罗马，期待这个新教皇能够像利奥十世一样对讽

阿雷蒂诺是提香的密友，提香曾为他三次画像。这是其中最有名的
一幅（1545）。作为回报，阿雷蒂诺将提香引见给欧洲的贵族们。

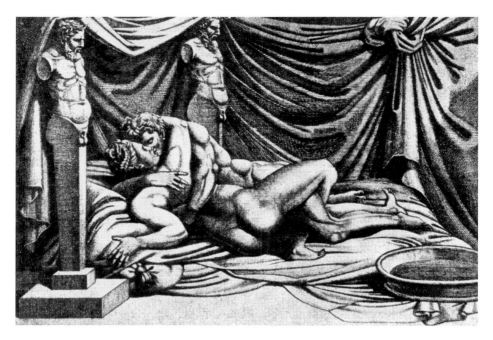

马可安东尼奥·莱蒙蒂的色情书第一版（1524），他因此被捕入狱。阿雷蒂诺为了捍卫这位艺术家，写了色情十四行诗，引发更大的麻烦。

刺作家们宽容仁慈。但此时罗马的局势正在发生变化，文化和宗教气氛并不像之前那样自由宽容。1524 年阿雷蒂诺的好朋友马可安东尼奥·莱蒙蒂因为印刷色情书《行乐图》被捕入狱。阿雷蒂诺为营救朋友奔走呼喊，在 1526 年出版了配莱蒙蒂色情图的色情十四行诗。他写了讽刺诗攻击那些公开反对的牧师们，甚至和一位主教公开叫嚣大打出手。后来这位主教派人刺杀阿雷蒂诺。当时教皇无意干涉此事，阿雷蒂诺于是决定永远离开罗马。

接下来的一年里，阿雷蒂诺在意大利北部四处游荡，1527 年他最终在威尼斯定居。阿雷蒂诺租住在大运河边上的公寓里，开始"埋头写作谋生"。许多效仿他的人都贫困潦倒。阿雷蒂诺的成功部分取决于他所在的新城市。威尼斯具有大都市的包容，印刷商们又急切渴望推广新的作品。讽刺作家和色情文学作家只要不诋毁共和国，在威尼斯都可以相安无事。阿雷蒂诺后来放弃诗歌而转向散文，写了大量有关礼仪、道德和神学的作品，以及戏剧和悲剧，还涉及一种全新的题材——写给欧洲伟大人物的半虚构的"书信"。在威尼斯自由宽容的氛围中，他可以自由地赞扬或谴责任何人。他一面出书赚钱，另一面得到统治者们为免于受其文章诋毁而支付的封口费。他曾夸口："我让每一位公爵、诸侯和君主为我的天才纳贡。"他说得一点不假。

一直以来，阿雷蒂诺的住所像一所向朋友开放的妓院。他一直过着花天酒地、放浪形骸的生活。据说他看见宠物猴子钻进靴子时，大笑不止而一命呜呼。他死后，一段恰如其分描写他的墓志铭四处流传：

> Here lies the Tuscan poet Aretino,
> 此处埋葬的是托斯卡纳诗人阿雷蒂诺，
> Who spoke ill of everyone, except for Christ,
> 他说每个人的坏话，除了基督。
> Excusing himself by saying: 'I never knew him.'
> 他为自己开脱的理由是："我从不认识他。"

65. | 威廉·廷代尔 1494—1536：
将拉丁文《圣经》翻译成英文的人

任何用过下面这些短语的人一定熟悉威廉·廷代尔的作品："让光芒普照大地""掌权者"和"社会中坚"。威廉·廷代尔是一位具有诗人气质的牧师，廷代尔根据最早的基督教《圣经》，写了第一部英语《圣经》，其中优美的散文风格影响至今。与马丁·路德一样，廷代尔也对天主教的《圣经》持异议。天主教会反对翻译《圣经》。廷代尔和其他改革者认为，相比基督教的原始文本，教会更偏向那些为了加强政权而改编的教义。虽然当时天主教的统治地位已开始动摇，但教会仍然有足够的影响力，1536年教会以异教徒罪名处决了廷代尔。

廷代尔出生于英国西南部，在牛津大学获得学士和硕士学位，并于1515年成为一名牧师。他也许还在剑桥大学学习过希腊语。伊拉斯谟根据原始希腊语《圣经》编写了第一部《圣经》。廷代尔也相信最初的《圣经》最接近上帝真实的意思。路德采用了伊拉斯谟的拉丁版新约，编写了著名的德文《圣经》。廷代尔希望能编写英文版《圣经》，去除拉丁版《圣经》中的曲解，还原《圣经》真实的发展过程和意义。英国官方因为路德运动在海外不断发展的势头而感到恐慌，禁止翻译《圣经》。没有人愿意资助这类项目。1525年，廷代尔前往科隆。在那里他完成了翻译，并联系了出版商。但是天主教官员在印刷期间突袭了书店，迫使廷代尔和他的助手草草收拾东西逃离了科隆。

1526年廷代尔最终完成了《新约》。他把书连同工具、玻璃器皿甚至葡萄

教会禁止母语《圣经》，因为母语《圣经》让人们可以绕过牧师，用母语阅读《圣经》。廷代尔
1534 年出版了修订版的《新约》后，于 1536 年被当作异教徒处决。

干和无花果放在一起，将书偷运回英国。这部具有开创性的文本，内容十分具
有吸引力。廷代尔精通多国文字，除了英文、拉丁文和希腊文，他还懂德文、
法文、希伯来文、西班牙文、意大利文以及一些其他语言。他有学习语言的方法。
为吸引更多的读者，他采用了生动的盎格鲁－撒克逊日常语言，写成了容易记
忆且富有韵律的散文形式，至今读起来仍津津有味。但是这部书也证实了保守
派的担心。像伊拉斯谟一样，廷代尔也发现了早期《圣经》与天主教义之间的
冲突。例如，官方的拉丁文通俗《圣经》中，使用了"牧师"和"苦修"这样
的词语。而最初的希腊文使用的是"长者"和"忏悔"，这与教会等级制度毫
不相关。

托马斯·莫尔是英国最热心的正统天主教捍卫者，他特别挖苦了廷代尔。年轻时莫尔曾经拥护方言《圣经》。但是随着改革运动的深入，他写了一篇反对异端的论文，谴责《圣经》翻译和廷代尔。廷代尔写了一本小册子予以回应，指出莫尔的信仰与《圣经》教义的冲突。廷代尔一定是触及了莫尔的痛处：因为莫尔写了50万字、逾2000页的著作予以还击，其中混杂着逻辑观点、人身攻击和嘲笑奚落。

1534年廷代尔在安特卫普（位于比利时西北部斯海尔德河畔）发表了修订后的《新约》。安特卫普虽然在天主教神圣罗马帝国的统治下，但它也是基督教人文中心，对于改革者而言相对安全。但是一个叫作亨利·菲利普斯的流亡者设下圈套诱捕了廷代尔。菲利普斯是一个破产的反对路德主义者。他收了政府当局的钱，设法将廷代尔引出来。他与廷代尔变得熟识后，邀请廷代尔前往城市别处共进晚餐，同时给当局通风报信。廷代尔满怀期待与朋友共进晚餐，未料在途中被抓捕，并被马车送到布鲁塞尔外的城堡。

廷代尔被监禁了一年多，直至1536年被宣判为异教徒并执行死刑。比起其他的异教徒，他死得更痛快：他被绑在火刑柱上，在点火前就被勒死。虽然英国教会对廷代尔翻译的《圣经》进行了一定的修改，但是他翻译的版本流传了下来。在詹姆斯国王版《圣经》[①]里，廷代尔的版本占到《新约》的84%，《旧约》的75%。廷代尔的英文版本影响了之后几乎所有的英文版《圣经》。而且英语中也有很多表达受到了他的影响，例如"断气（give up the ghost）""不义之财（filthy lucre）"和"为了信仰和原则而斗争（fight the good fight）"。

---

① 詹姆斯国王版《圣经》，詹姆斯一世曾下令编纂英文版的《圣经》。

66. | 弗朗索瓦·拉伯雷 1494—1553：
《巨人传》

　　弗朗索瓦·拉伯雷学过神学，掌握了多种语言，并热爱古典文学。他之后获得了医学学位，医术高超。虽然如此，奠定其历史地位的却是他的讽刺作品《巨人传》。这部书混杂了复杂的哲理和争议的神学，还描写了巨大的生殖器和"从摩擦中获得快乐"的交媾夫妻。

　　1510 年，拉伯雷加入了靠近法兰西西海岸的丰特奈勒孔特方济各会，在那里学习了古希腊文。对于激进的人文主义者来说，学习希腊文可以让他们阅读最初版本的《新约》。但是早期版本的《圣经》常常与权威的拉丁文通俗《圣经》有出入。因此希腊语被巴黎大学神学院认定是异端课程。巴黎大学神学院机构强大，监管着该地区的正统宗教。拉伯雷所在的方济各会没收了希腊语相关资料。

　　拉伯雷又到了旺代地区（法国一地名）附近没那么严格的本笃会修道院。在那里他继续学习希腊语，同时开始学医，其间他至少有三个私生子出生。他是少数几个能够读懂盖伦[①]和希波克拉底[②]古希腊著作的内科医生。这两位医学大师的著作尽管写于一千年前，但在当时颇具权威。拉伯雷于 1530 年离开修道院成为一名医生。因为修士禁止从医，他的选择被认为是宗教背叛，需要得到

---

① 盖伦，古罗马时期著名的医学大师，他被认为是仅次于希波克拉底的第二个医学权威。
② 希波克拉底（约前 460—前 377），被西方尊为"医学之父"的古希腊著名医生，西方医学奠基人。他曾提出"体液学说"。

弗朗索瓦·拉伯雷，16 世纪肖像，画家不详。写出《巨人传》的拉伯雷说："对我来说，做一个快乐的人、一个好朋友和一个好酒鬼就是荣誉和光荣。"

教皇的豁免。后来历经周折，耗费了不少时间和金钱，拉伯雷才最终与教会重修于好。

拉伯雷担任一位巴黎主教的私人医生。这位主教是一名温和的神职人员。法兰西东部的里昂是人文主义中心，拉伯雷后来在里昂一家知名医院供职。

1532 年他在里昂完成并出版了《巨人传》。这部书似乎反映了这名医生的倾向。开场白中嗜酒的叙述者的名字"AlcofribasNasier"是拉伯雷名字的变位词，这个叙述者吹嘘他的故事可以让痛风患者和出疹患者忘记病痛。故事朴实而直接地描述身体及其构造，例如年轻的巨人高康大爬到巴黎圣母院的顶上，为了好玩（par ris 意为好玩）

1537 年版《高康大》的卷首。这部书是拉伯雷的畅销书《庞大固埃》的续作。这部书既深奥又朴实，拉伯雷几乎吸取了当时所有的文学和文化传统。

脱下裤子，向下面的行人撒尿，意外地淹死了 260418 位市民。拉伯雷开玩笑道，这座城市因此得名"巴黎（Paris）"。文中用低俗的方式描写生殖器。卡冈都亚的男性祖先的"挖洞工具"长度可以"绕腰部五到六圈"。不幸的男人穿着"遮羞布"，里面 "除了风什么都没有，他们的女伴真可怜"。而女性生殖器令人恐惧，例如描写老女人掀起自己的裙子驱赶恶魔，还有人建议使用病态的会阴在巴黎周围建造一座防护墙。

但是在庞大固埃和高康大（《巨人传》中的主人公）的下流话里，隐藏着对教会、上流社会和守旧学者的敌意。这些人顽固地坚持中世纪的经院哲学。

拉伯雷嘲笑了巴黎一座非常著名的反人文主义图书馆，称其收藏了一些诸如《处女如何拉屎》《主教的春药解毒药》和《公众场合的放屁艺术》等图书。他同样讽刺贵族，将书中的贵族取名"Fartsniffer（屁探测器）"和"Kissmyass（亲吻我的屁股）"。书中还描写了一位傲慢的巴黎淑女粘了发情母狗的体液，结果 600000 只愚蠢的猎犬扑到她身上撒尿。

针对传统天主教义，拉伯雷将主顾称为绿帽子圣人，描述一名烹饪苹果而牺牲的烈士，并虚构了一个叫"St Nytouche"女人，意为"不要碰它"。一个名叫"Papalmaniacs（意为教皇狂热者）"的种族，热衷于空洞的仪式，将教会法凌驾于《圣经》之上，排队亲吻教皇的屁股。在人文主义者教育的一段著名论述中，拉伯雷拒绝承认拉丁文通俗《圣经》，推崇希伯来文《旧约》和希腊文《新约》。他还设想了一个乌托邦修道院，没有围墙，没有严格的规章，里面有一个藏书丰富的多语言图书馆。

《巨人传》以白话法语写作，在精英学者和中产阶级中广受欢迎。拉伯雷作品的流行让天主教当局深感不安。16 世纪 40 年代，索邦神学院禁止有异端倾向作者的作品，其中包括拉伯雷。拉伯雷得到纳瓦拉的玛格丽特（法国国王弗朗索瓦一世的姐姐）的支持。1546 年，拉伯雷在出版了他的第三部故事书不久，在索邦神学院管辖范围之外的帝国小镇待了一年。他为什么离开法国不得而知。但是在那段时间，许多法国人文主义作家和出版商被处死。

作为一名温和的宗教主义者，拉伯雷支持改革，但不赞同与教会决裂。他也攻击新教徒。1550 年约翰·加尔文攻击拉伯雷畏缩不前，而拉伯雷称加尔文教徒为"卑鄙的骗子"。他在第四部书中描写了大腹便便族，是一个北方战斗民族，他们喜欢崇拜一头有点像马丁·路德的深黄色飞天猪。拉伯雷的书风趣幽默、充满讽刺，常被抢购一空。16 世纪时他的著作有 100 多个版本，并且盗版泛滥。甚至在拉伯雷死后，拉伯雷式的散文仍不断出现，一些小作家利用他的名气，用自己的方式讲述那些荒诞不经的故事。

67. | 小汉斯·荷尔拜因 1497/1498—1543：
国王们的镜子

　　第一代德国文艺复兴艺术家包括丢勒、克拉纳赫和瓦尔德，但是随后二三十年却只出了一位真正的大师——小汉斯·荷尔拜因。小汉斯·荷尔拜因出生于奥格斯堡。他在 1515 年前往巴塞尔之前，得到父亲和叔叔的悉心教导，已经可以娴熟作画。在巴塞尔这样的商业和文化中心，汉斯创作了从木版画到彩色玻璃设计等各种艺术品，他卖出的第一幅作品是 1519 年为巴塞尔市长和他的夫人创作的画像。这些早期作品已经显现出荷尔拜因独特的绘画风格，即相比颜色和纹理，更加突出线条；三维画像的娴熟应用；平静的手势和表情。这些与德国传统哥特艺术和同时代艺术家阿尔布雷希特·丢勒的作品形成鲜明的对比。

　　在接下来的 10 年，荷尔拜因在巴塞尔大获成功，大约在 1517 年他曾到意大利北部做短途旅行。他与巴塞尔当地的一名寡妇结了婚，加入了画家协会，为书籍绘制木版画，其中包括马丁·路德的德文版《圣经》。他在经常出入印刷厂的人文主义者中间寻找客户。最初荷尔拜因像当时的大多数艺术家一样，靠为机构和私人创作宗教画谋生。但他很快开始结合佛兰德斯现实主义，突出表现绘画对象特性来创作肖像画，这种作画方式为他带来了更多的利润。他的早期客户包括著名的人文主义者伊拉斯谟。当时伊拉斯谟也在巴塞尔。伊拉斯谟订购了几幅画，打算送给自己的朋友和仰慕者。荷尔拜因的肖像画很好地满足了他的需求，塑造了伊拉斯谟用功、平静和孤独的作家形象。

IOANNES HOLPENIVS BA——— SILEENSIS
SVI IPSIVS EFFIGIATOR Æ: XLV.

小汉斯·荷尔拜因自画像（1542—1543）。荷尔拜因在去世前，用钢笔和彩色粉笔完成了这幅小型绘画。这幅画中人物显露出疲惫的神态。

　　在 16 世纪 20 年代左右，相比于委托作画，巴塞尔的民众开始更多地关注宗教改革。如伊拉斯谟所说："艺术在这个地方已经冻结。"伊拉斯谟鼓励荷尔拜因前往英国，并给好友托马斯·莫尔写了一封介绍信。尼古拉斯·克拉策是莫尔家的家庭教师，可能也写了一封类似的介绍信。在离开巴塞尔后的两年里，荷尔拜因一直为莫尔、莫尔家人和他的知识分子朋友绘画（莫尔称他为"美妙的艺术家"）。荷尔拜因收入颇丰，回到巴塞尔后就买了一所房子。在巴塞尔，他备受推崇，订单不断。但是四年后，可能是他厌烦了巴塞尔的宗教纷争，再次选择离开。

丹麦克里斯蒂娜公主，小汉斯·荷尔拜因作（1538）。该画像据说让亨利八世非常开心。克里斯蒂娜年仅 16 岁，因为丈夫米兰公爵弗朗切斯科二世三年前去世而身穿丧服。

　　1532 年他回到英国，发现莫尔已经失宠，于是迅速离开自己的老主顾。这让伊拉斯谟感到恼怒，抱怨道："他欺骗了推荐他的人。"但是这样一位天才艺术家很快就融入新的社交圈。荷尔拜因的新客户中包括德国路德教会商人，荷尔拜因在 16 世纪 30 年代早期为他们创作了许多肖像画。荷尔拜因的顾客还包括亨利的妻子安娜·博林和新首席部长托马斯·克伦威尔。荷尔拜因技法娴熟，能够生动地渲染绘画对象手上的书，或者穿的衣服，如丝绸、天鹅绒、金子、刺绣、羽毛和皮衣，他的肖像画通常有真人大小的尺寸。

　　1536 年荷尔拜因成为御用画家，参与了亨利宫廷的所有设计活动，从壁画到长袍，甚至包括设计纽扣、鞋扣、盔甲和图书装订。但是他突出的成就仍然在画像方面。凭借 150 幅皇家和廷臣的真人大小肖像画以及微型画细致入微的绘画，荷尔拜因的画作已成为贵族的一面镜子。荷尔拜因这一独特技能对于好色的亨利国王非常有用。他见到那些准王后们，为她们画像，并将画像带给亨利欣赏。其中一幅是新寡的丹麦贵妇克里斯蒂娜，据说她的画像让亨利非常开心，"因为他看到这幅画，他的心情比以往任何时候都要好，还让音乐家整天演奏乐器"。克里斯蒂娜则没有那么热情，她说："如果我有两个头，我会很高兴让其中一个同意英国国王的求婚。"荷尔拜因的画像甚至促成了珍·西摩、克利夫斯的安妮和凯瑟琳·霍华德的婚姻，虽然她们的婚姻并不幸福。

68. │ 尼科洛・塔尔塔利亚 1499/1500—1557：
│ 结巴学者

尼科洛・塔尔塔利亚原名尼科洛・丰塔纳，据说他小时候家里很穷，上学只学到字母 K 就辍学了。他非常自豪的是自学了剩下的字母和数学。1506 年他的邮递员父亲被杀后，家里穷困潦倒。六年后入侵的法国人占领并洗劫布雷西亚时，他遭遇了持刀抢劫，面部和下巴受了重伤，在母亲的照料下虽然慢慢恢复，但是面部毁容，无法清晰地说话。成年后，他留起了浓密的胡子掩盖伤疤，这成了他标志性的特征，他署名尼科洛・塔尔塔利亚（意为"尼科洛，口吃的人"）。

骄傲、数学天赋和远大志向并不能保证塔尔塔利亚在文艺复兴时期的意大利上好生活，真正的成功人士需要大学文凭和贵族的赞助。有一段时间他只能到维罗纳的一所"算盘学校"当老师。但是塔尔塔利亚的才能引起了当地军人的注意，因为他和这些军人积极讨论如何放置加农炮以达到最大射程。他认识到可以通过数学的方法解决这些问题。这在当时是一个巨大的突破，被认为是"自然法则"。他在 1537 年出版的《新科学》中发表了自己的见解。塔尔塔利亚是第一个运用数学方法解决运动物体问题的人。尽管他所学的亚里士多德学派知识无法让他完全理解动量或重力（伽利略是第一位理解上述概念的学者），但是他将数学和解决实际问题联系在一起，使其成为一门新学科。

16 世纪 30 年代晚期，塔尔塔利亚小有名气，运用数学方法解决了一些军事问题，如堡垒的设计、火药混合以及打捞沉船等。但他真正感兴趣的是纯数学

QVESITI ET INVEN-
TIONI DIVERSE
DE NICOLO TARTAGLIA,
DI NOVO RESTAMPATI CON VNA
GIONTA AL SESTO LIBRO, NELLA
quale si mostra duoi modi di redur una Città inespugnabile.
LA DIVISIONE ET CONTINENTIA DI TVTTA
l'opra nel seguente foglio si trouara notata.
CON PRIVILEGIO

APPRESSO DE L'AVTTORE
M D L I I I I.

1554 年版尼科洛·塔尔塔利亚的《一些问题和发现》。肖像显示塔尔塔利亚蓄着浓密的胡须，以掩盖下巴上的大疤痕。

问题，这也是成为大学教授的唯一途径。塔尔塔利亚率先将欧几里得和阿基米德的著作翻译为意大利语，并且解决了困扰古代和当代数学家的问题，得到了人们的认可。其中最主要的是他找到了 $ax^3 + bx^2 + cx = d$ 类型的三次方程的求解方法。意大利人将这一古老难题称为"立方"。在塔尔塔利亚之前，没有人能解出该方程。

塔尔塔利亚独立解决了"立方"问题，但根据当时的传统，他没有公开自己的公式。虽然没有公布求解细节，为了捍卫自己的解决方案，他与其他数学家展开了较量。他与另一位找到类似公式但不知道如何应用的数学家公开互相出题。这种"辩论"的结果是塔尔塔利亚解决了大多数的"立方"问题，因此声名鹊起。他收到了如杰罗拉莫·卡尔达诺等一些著名数学家的贺信。他的家乡布雷西亚也愿意聘请他任教。

16 世纪中叶，科学和数学学科竞争激烈。1539 年卡尔达诺邀请他到米兰。塔尔塔利亚不情愿地向他展示了"立方"问题的解决方案。卡尔达诺发誓不会泄露，但他在《大衍术》一书中公布了这个公式。尽管卡尔达诺写明公式是塔尔塔利亚的成果，但塔尔塔利亚仍对这样的食言深恶痛绝。1546 年他写了《一些问题和发现》予以回击。他在书中重新整理了一些早期弹道的研究，重点讲了"立方"的故事并诋毁卡尔达诺。塔尔塔利亚要求与对手进行另一场数学较量，通常这样的较量他都会赢。卡尔达诺只派出了一名学生。卡尔达诺与这名学生共同研究出了更加通用的"立方"求解方案。卡尔达诺的学生口齿伶俐，数学技巧娴熟，并且拥有更高级的公式，在比赛中打败了塔尔塔利亚。塔尔塔利亚不但口吃，而且也没能解出任何公式，只得灰溜溜地回到布雷西亚。消息传到他所任职大学校长那里，学校开除了塔尔塔利亚。塔尔塔利亚深感屈辱，但苦于没有任何主顾支持，他只得搬到威尼斯。在那里他只能以教商人的孩子们数学谋生。他深爱的"立方"问题和对数学的研究并没有给他带来太大的益处。

《科西莫·德·美第奇计划征服锡耶纳》，乔尔乔·瓦萨里作（1556）。在画上，科西莫是一个伟大的战略家。但是文艺复兴理想的勇士国王随着弗朗索瓦一世和查理五世的去世而消失。

The New Wave

文艺复兴时期最后几十年的最后一代人更加团结，也是被重新定义的一类人。在一个世纪前，最早的人文主义者写下了经典典籍，崇尚个人主义、公民社会和华丽辞藻，在意大利北部的共和国城邦受到欢迎。15 世纪早期艺术家的主顾多是商人，这些商人喜欢古典主义和自然主义的宁静风格。不可避免的是，公民人文主义和 15 世纪艺术随着这些城邦的衰落而落败。取而代之的是重视血缘、教养、信仰的宫廷文化。宫廷文化并不看重财富、修辞和共和经典主义。无论是文学还是艺术，风格重于内容。从那时起，人们将注重行动、色彩和冲突的表现形式称为"风格主义"①。

艺术和文化品位的变迁反映了世俗力量的广泛衰退。文艺复兴早期历经几代人挑战权威，放贷人、探险家、士兵、小贵族和"无名小卒"要么被现有精英阶层边缘化，要么被吸收进入精英阶层。最后洛伦佐·德·美第奇、弗朗切斯科·斯福尔扎、亨利·都铎、克里斯托弗·哥伦布和雅各布·富格尔等人并无意另立王朝，都选择加入了已有的王朝。这一时期，相比于新财富和创新，人们更看重土地和血统。许多新贵发现有钱就可以与没落的贵族家族联姻。贵族对于荣誉、形式、排场和文雅的痴迷在 16 世纪中叶逐渐恢复。

①　风格主义，也被译为"样式主义"和"矫饰主义"，它反对理性对绘画的指导作用，强调艺术家内心体验与个人表现。

　　伴随军队撤出意大利，德国的宗教冲突缓和，欧洲早期整体的动荡局势有所缓和，权贵们供养军队的传统义务得以减缓。他们转而开始炫耀豪宅和财富。他们争相聘请安德烈亚·帕拉第奥这样的建筑师设计新的房屋、别墅和花园，新古典主义从意大利北部传播到法兰西甚至英国。权贵们对于装饰的需要很快促使挂毯、玻璃和家具行业兴起。他们还渴望显赫气派地四处游历，这就促使马车制造技术的创新。匈牙利工匠们率先革新了马车制造技术，为贵族提供了宛如移动宫殿般舒适的车厢。拥有这样的马车大大提升了主人的地位。许多流行一时的贵族生活方式甚至传到佛罗伦萨。科西莫·美第奇和他的夫人埃莉诺在宴会、化装舞会、竞技和模拟战场上一掷千金。对其他贵族而言，佛罗伦萨具有夸张而等级森严的宫廷风格，这种风格日后形成了主导欧洲的巴洛克风格[1]。这种风格后来扩展到阿尔卑斯以北，并随着科西莫的远房堂妹凯瑟琳·德·美第奇于 1533 年嫁到法国皇室而进一步扩展。

　　罗马是这种风格的集中地。罗马尽管在 1527 年的洗劫中遭受重创，但是很快就大兴土木。独断的教皇和红衣主教一心要成为教堂的贵族，竞相兴建别墅和花园。这些天主教士的大肆挥霍让宗教改革者更加愤怒。宗教改革者主张自我拯救，对天主教义存有争议。马丁·路德在 16 世纪一二十年代开创的新教与新一代的倡议产生了更多的冲突，约翰·加尔文和胡尔德莱斯·慈运理的福音书在瑞士、莱茵兰、荷兰、苏格兰和法国大部分地区广为传播。教皇和教会的捍卫者查理五世花了几十年的时间来稳定局势，应对新教徒的挑战。1534 年保罗三世当选教皇，1542 年红衣主教彼得罗·卡拉法重新设立宗教裁判所。天主教和新教的矛盾已经难以调和。

　　1545 年特兰托宗教会议[2]召开，并在此后近 20 年内，讨论天主教改革。会

---

[1]　巴洛克风格，这种艺术风格以浪漫主义的精神作为形式设计的出发点，一反古典主义的严肃、拘谨、偏重于理性的形式，赋予了更为亲切和柔性的效果。

[2]　特兰托宗教会议，1545 年至 1563 年间天主教在意大利特兰托举行的宗教会议。会议历时十八年之久，时断时续。其目的是反对宗教改革运动，维护天主教的地位。

《特兰托宗教会议》，帕斯夸里·卡蒂作（1588）。这幅画宣告了对天主教会的忠诚，也表现了此次会议是高级神职人员的审议机构。

议于 1563 年结束，重申了教会的传统惯例和教理。天主教不愿与新教妥协，西欧不可避免地分裂成天主教和新教两大阵营。16 世纪中后期双方除了讨论领土归属问题外，鲜有涉及其他问题。宗教改革并没有维护天主教的团结，而是产生了新的宗教团体，引导和加强了下一代人的个人信仰。例如乌尔苏拉会为虔诚的妇女提供了当教师的机会，而戴蒂尼会、嘉布遣小兄弟会和耶稣会支持牧师向异教徒和无信仰者传道。从法国、意大利和德国的南部开始，这些热心的教会团体开始在全世界传教，西方的影响达到了之前未曾到达的地区。基督教传到哪里，欧洲军队就紧随其后出现在哪里。

69. | 保罗四世 1476—1559：
最让人憎恨的教皇

1555 年 5 月 15 日，当乔瓦尼·彼得罗·卡拉法当选教皇时，他和其他人一样惊讶。他已经 71 岁，不仅年纪大到无法管理教会，而且也不受欢迎。他自己也承认："我对所有人都没有好感。"许多人认为这位年老的红衣主教会拒绝这一职位，以免超过他的前任。他的前任马塞勒斯二世当选教皇仅 22 天后就去世了。但是卡拉法还是接受了教皇职位，决心成为统治者，不理会查理五世的坚决反对。

卡拉法出生于那不勒斯贵族家庭，一直受到担任红衣主教的叔叔奥利维耶罗·卡拉法的庇护。奥利维耶罗在 1494 年让卡拉法成为基耶蒂主教。卡拉法位高权重，曾下令逮捕西班牙大使馆的一位官员，由此引发了西班牙的敌对和仇恨。1524 年，卡拉法和同样虔诚的加埃塔诺·德·蒂内（后来的圣卡耶坦）成立了修道团，修道团从事慈善活动，活动经费由成员的圣俸支持。他们称自己为圣爱会，即后来的戴蒂尼会。

卡拉法自己的圣爱对象不包括他怀疑为异端的人。在 15 世纪 20 年代和 30 年代，天主教和新教的冲突依然存在。一些高级牧师似乎也受到路德的影响，

教皇保罗四世在弥涅耳瓦圣马利亚教堂的坟墓（1559）。保罗四世死后，他所有雕像被毁。这个新的纪念碑由皮诺·利戈里奥设计，由大理石碎块拼凑而成。（右页图）

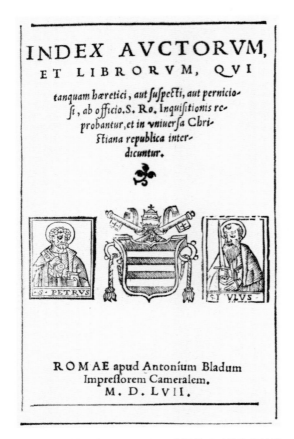

INDEX AVCTORVM,
ET LIBRORVM, QVI

tanquam hæretici, aut suspecti, aut pernicio-
si, ab officio. S. Ro. Inquisitionis re-
probantur, et in vniuersa Chri-
stiana republica inter-
dicuntur.

S. PETRVS　　　S. VLVS

ROMAE apud Antonium Bladum
Impressorem Cameralem.
M. D. LVII.

保罗四世的禁书清单（1557），这是他反对异教徒的措施之一。两年后罗马宗教裁判所在他的指导下公布了更多的禁书名录。

这让卡拉法十分恼怒。1542 年成为红衣主教后，他重新建立了罗马宗教裁判所。宗教裁判所盛行于中世纪，而在文艺复兴时期逐渐衰落。因为厌烦教皇官僚主义和急于追捕异教徒，卡拉法自己出资购买了必要的锁铐。他曾自我标榜："如果我的父亲是异教徒，我会亲手堆起木材烧死他！"

卡拉法当选教皇后，宗教裁判所盛行起来。许多新教徒不得不宣布放弃信仰或逃离意大利。他不仅激烈批评异教徒，而且还抨击鸡奸、赌博、卖淫和买卖神职。教皇保罗利用宗教裁判所的职权，铲除异端并抨击他认为离经叛道的行为。乞丐被赶出城镇，僧侣和修女返回修道院，主教们只能待在自己的教区。保罗还撤销了保护罗马犹太人的法令，将他们限制在靠近台伯河的围墙院落中。在教皇国的其他地方，宗教裁判所追捕所谓的马拉诺人（那些被迫改信基督教，但是暗地里恢复传统信仰的犹太人），并烧死了几十个马拉诺人。1557 年保罗进一步加强宗教裁判所的职权，发布了"禁书清单"。清单中包括 500 多名作家和几十家出版商。清单中的书不再是信息来源，而是犯罪证据。任何人哪怕被抓到只有一本禁书也可能被判定为异端。

尽管保罗希望通过禁书清单来净化天主教思想和清除异端，但实则让文艺复兴起源地的文化讨论成为一潭死水，并且让曾经繁荣发展的意大利印刷业转移到阿姆斯特丹和日内瓦。他残暴的理想主义与政治经济现实剧烈碰撞，类似情形不断上演。他仓促向西班牙那不勒斯宣战，致使教皇国亏空，引发国内饥荒，险些引发第二次罗马之劫。保罗拒绝承担战争惨败和社会失序的责任。1557 年台伯河洪灾过后，他公开谴责和羞辱自己的侄子卡洛·卡拉法，称其无能（他之前任命卡洛为总司令）。

保罗四世去世后，罗马人一片欢腾，以狂欢的方式表达喜悦。他们拆除了保罗四世的雕像，并将雕像的头当球踢。卡拉法徽章被从建筑上撕下。家族的许多领导成员被逮捕并被处死。尽管保罗四世见证了文艺复兴向反对宗教改革的转变，但他成为历史上最不受欢迎的教皇，甚至在多年以后，罗马人买酒时，坚持用"brocca"，而不用传统词汇"carafa"（卡拉法）。

70. 神圣罗马皇帝查理五世 1500—1558：
西方世界的君主

年仅 6 岁的查理·哈布斯堡已经统治了 13 个公国。16 岁时他成为欧洲最大、发展最快的王国的君主。19 岁时他成为神圣罗马帝国的皇帝。查理统治的帝国是古罗马历史发展巅峰时期领土的两倍，而他亦可以说是历史上最伟大的罗马皇帝。但是他统治下领土的获得只有很少一部分是通过征服，大多是通过王朝联姻和政治手段。这些政治谋略大部分在他出生之前就已经安排好。尽管他的个人座右铭是"超越"，但是查理的一生几乎都在不停地征战，不是为了扩张领土，而是为了捍卫自己的遗产。

欧洲皇室之间的联姻，通常将城堡、城市和公国作为嫁妆来进一步巩固联盟和集中权力，权力最终集中到一个男人身上（实际上可能是个男孩）。15 世纪随着君主制国家的出现，国家之间进行联姻集权。1496 年西班牙特拉斯塔马拉王朝的继承人乔安娜和哈布斯堡与勃艮第的继承人腓力四世联姻后，集权达到了顶峰。这对新人的结合将低地国家、米兰、那不勒斯和新大陆的广大领土统一起来。

对于当时的大多数人来说，1500 年这一新纪元诞生的超级帝国预示着统一的基督教帝国的回归。查理也是这样认为的。虽然还是一名少年，查理还是快速巩固了自己在荷兰的势力，他让体弱的乔安娜放弃了西班牙王位，并通过向富格尔家族借款，行贿当选为神圣罗马帝国皇帝。19 岁时他资助了斐迪南·麦

皇帝查理五世半身像，里昂·莱奥尼作（1553）。雕像展示了查理五世的英雄形象以及他不齐整的下巴。

《查理五世和克雷芒七世》，乔尔乔·瓦萨里作（1556—1562）。他们有时是对手，不过大部分时间都在尽可能避免彼此之间的冲突。

哲伦的环球探险，开始全球扩张领土。

但是因为当时的条件限制，查理所期望的世界帝国并没有实现。查理五世虽然出生于佛兰德斯，但是他的德语和西班牙语说得并不流利，因此难以在这两个地方施加影响力。他作为神圣罗马帝国皇帝的权力因为选举的特性而受到限制，而西班牙人也从未完全相信这位外来者和他的顾问团队。当时的欧洲君主没有固定的朝堂，查理不断在西班牙、德国、荷兰、意大利和突尼斯之间往返，寻求联盟，寻找资金，发起战争和解决危机。

危机永远都有。比起建立世界性帝国的模糊愿景，欧洲人更关心自由和收入。新的法国国王弗朗索瓦一世也感受到查理超级王国的威胁，法国为争夺意大利、佛兰德斯和洛林的控制权，于 1521 年开始与西班牙和帝国军队展开了一系列军耗庞大、代价惨重的战争。此外英国国王亨利八世和教皇克雷芒七世为了保持自己的地位，也通过不断的外交活动来阻止查理。更大的威胁来自于强大的扩张主义者奥斯曼土耳其。奥斯曼土耳其将哈布斯堡家族赶出了匈牙利和北非，甚至与信仰天主教的法国国王弗朗索瓦联盟。

对马丁·路德的宗教改革亦是困难重重。查理一直认为教义争端不过是牧师之间的口角，对德国的宗教争议并不重视，他将这个问题交给他的兄弟斐迪南一世处理。当他最终说服教皇在 1545 年召开特兰托宗教会议时，一切都已经太迟，不但教会已经发生决裂，而且他的国家也陷入了分裂。

面对那个时代软弱的官僚机构、低效的通信和不景气的经济，查理妄图以一己之力实现世界帝国的愿景让他不堪重负。为了应对反抗和入侵，军队开支庞大（经常欠饷）。到 1550 年他筋疲力尽，并饱受痛风和下颌突出（哈布斯堡家族几百年来近亲结婚的结果）的折磨。下颌突出让他无法咀嚼食物。1556 年他终于放弃自己的职位，将广大的哈布斯堡王朝土地分封给西班牙和德国，并在靠近马德里的修道院度过了人生最后的几年。

71. 本韦努托·切利尼 1500—1571： 伟大的雕塑家和自传作者

乔瓦尼·切利尼结婚 18 年后，他的妻子才给他生下一个男婴。他不断大叫："本韦努托！本韦努托！"（意为欢迎）他最后给孩子起名本韦努托·切利尼。在决定未来职业时，父子俩有一些分歧。乔瓦尼是佛罗伦萨城的一名乐器制作者和演奏者，他理所当然认为儿子应该追随自己的音乐之路。而本韦努托则抱怨："我讨厌音乐，只能按照要求歌唱或者吹奏长笛。"最后年轻的切利尼说服了父亲让他去做金匠学徒。

本韦努托是一名成功的金匠和雕塑家。同其他出身平平的工匠一样，他通过娴熟的手工技艺和良好的关系网，达到了职业的巅峰。这也体现了文艺复兴时期意大利的文化和社会流动性。他先是在罗马，后来到了佛罗伦萨，后去了法国，最终又回到佛罗伦萨。16 世纪权贵们的装饰需求旺盛，本韦努托为他们制作了大量花瓶、珠宝和金质、银质或铜质勋章。其中最著名并保留下来的是 1543 年为法国国王弗朗索瓦创作的金盐碟。

尽管切利尼自认为其才华可使其成为这一时代的米开朗基罗，但他在中年时才开始大规模承接得以成为重要雕塑家所必需的雕像委托。1540 年，国王弗朗索瓦请他装饰位于枫丹白露的皇家住宅，包括入口、喷泉和 12 个大型希腊诸神银雕像。但切利尼只完成了诸神中的 3 个（这些雕像后面被烧掉了），也没能完成喷泉。他后来为佛罗伦萨大公科西莫铸造了几个大型半身像，以及雕塑《珀

本韦努托·切利尼的《珀尔修斯》（1545—1554）。虽然切利尼自视为米开朗基罗的继承人，但是他接手的
纪念碑雕塑并不多。这是他创作的为数不多的雕塑作品中最出名的。

本韦努托·切利尼创作的盐碟（1543）。尽管作为盐碟尺寸过大（有 34 厘米宽），但它展示了切利尼作为金匠的高超技巧。

尔修斯》（1545—1554），这座雕塑目前仍矗立在原来的位置上——佛罗伦萨中心的兰齐长廊。

切利尼永远不会成为下一个米开朗基罗。他的声誉来自于他坚信：所有正直和真实的人都应该将自己的人生写下来。58 岁时切利尼写了自传，5 年后完成时已接近 500 页。虽然自传中花了大量的篇幅来谴责对手和细数个人成就，但是他写自传所取得的成就超过了他创作雕塑取得的成就。

自传在欧洲并不新鲜，但当时的自传是将人的生命看作一场精神旅程。切利尼与众不同，例如叙述中突然结尾，他写道："然后，我出发前往比萨。"在他的自传里，我们看到的是一个个性明显，有自身缺陷、脾气、傲慢和欲望的人，他的自传并没有试图掩盖这些缺点，而是将这些缺陷转化为创造性的艺术。他的自传是一部艺术自传，包含了切利尼对于设计、工艺和审美的热情，艺术家和主顾之间的理念冲突以及伟大艺术创作的具体细节。这部自传讲述了深刻的社会故事，勾勒了作者与同时代艺术家以及作者同宫廷之间的社会关系。

切利尼的生活也充满了变数。在 1527 年罗马之劫期间，切利尼曾经防守圣天使城堡，11 年后他因涉嫌一项控诉被关押在同一座城堡。1533 年他参加了罗马圆形大剧场举行的午夜通灵活动，证明自己在对抗一群恶魔时是多么坚强，巫师"尝试说服我加入他们，为恶魔写本书"。在许多年里，他既喜欢男人也喜欢女人，并且有至少 5 个孩子。他朋友很多，敌人也不少。他学会了打网球，很早就拥有了转轮滑膛枪。他承认为了争名夺利曾杀了 3 个工匠，还袭击了很多对手。在他的自传里，切利尼是一个自吹自擂、胆大、有灵感、充满自信和激情的人。因为这部书在 19 世纪早期的广为出版流传，而非因他的雕塑，人们很快赞誉切利尼是文艺复兴的杰出代表。

72. | 圣弗朗西斯·泽维尔 1506—1552：
东印度群岛的使徒和传教士

16 世纪，福音派的狂热一方面让许多欧洲人转信新教，另一方面也激励了那些坚守天主教的人士。其中一位就是弗朗西斯科·德·哈索，他出生于比利牛斯山泽维尔的巴克斯贵族家庭。西班牙人于 1512 年征服他的故乡后，他就成了孤儿。他移居到巴黎，自称"自泽维尔的弗朗西斯"。他在索邦神学院进修哲学，在那里遇到了另一名同学伊格内修斯，并被他深深吸引，全心投入伊格内修斯具有创造性的"精神训练"方法。他和伊格内修斯以及其他 5 名同伴共同创立了耶稣会，并于 1534 年 8 月 15 日共同立下宗教誓言。

其中一句誓言就是无条件服从教皇，"不管他是否将我们派往土耳其，或者印第安人的土地，或者异教徒和分裂主义者的地盘，或者任何其他地方"。他们的誓言很快受到了考验：葡萄牙国王若昂三世请求教皇保罗三世派传教士到东印度群岛传教。教皇保罗让泽维尔担任这项任务。1541 年 4 月 7 日，泽维尔离开了欧洲，历经 13 个月的舟船劳顿，终于到达印度西海岸的果阿邦。虽然葡萄牙国王若昂希望他在那些娶了当地女子已经本土化的葡萄牙裔商人和水手之间传道，但泽维尔希望向这些人的混血后代传道。他走在果阿邦街道上，摇响铃铛，吸引了许多人来听他布道。当得知自己的布道惹怒了不少果阿邦的葡萄牙人后，泽维尔决定离开果阿邦。此后他在锡兰和印度南部传道 7 年，为超过 20000 名采珍珠的人洗礼。

《圣弗朗西斯·泽维尔在果阿邦传教》，安德烈·雷诺索作（1619—1622）。该画强调泽维尔传道的普世性，他向基督徒和异教徒传道，这些人中既有葡萄牙商人，也有印度商人，还有妇女和儿童。

作为东印度群岛的教皇大使和信徒，泽维尔更愿意在印度人中传道。他后来十分厌烦葡萄牙裔果阿邦人，甚至要求宗教裁判所惩罚这些人。1544 年他向东行进，寻找那些未受西方价值观影响并且有着丰饶灵魂的异教徒。马来西亚西部的首府马六甲的情况只比果阿邦稍好一些，他又继续向东来到摩鹿加群岛，终于找到了理想的布道之地。尽管"这个地方非常危险，土著部落非常邪恶，在食物和水中投入各种毒物"，但是这里的人非常愿意听他布道，并且许多人改信了基督教。

彩饰雕像圣弗朗西斯·泽维尔，匿名葡萄牙艺术家作（1600）。该作品放在里斯本的圣罗克教堂。该教堂是耶稣会在葡萄牙的活动中心。

　　1549 年泽维尔前往日本。他发现这个社会几乎没有受到任何西方影响。虽然葡萄牙与日本的贸易往来不过十年，但他觉得日本人"相比其他人，在任何方面都易受到理性的引导"。尽管他们非常好斗，但是他们讲求礼仪文化并且对西方的实践和信仰非常好奇。他们热切地倾听泽维尔的基督教基本教义，如仁慈造物主的上帝允许邪恶和地狱的存在。当然日本人也提出了疑问。虽然泽维尔只能依赖翻译和图片来传道，但他仍然给日本人留下了深刻的印象。他利用自己的医学和科学知识吸引听众。即使这些人没有完全接受基督教义，泽维尔也为他们洗礼。他的方法获得了实实在在的成功。接受他洗礼的有数千人之多。泽维尔向日本人传播了关于西方新技术和先进武器的知识，在日本广受尊重。在内战影响下的日本，许多人因为政治原因接受了他的教义，希望与基督徒和葡萄牙贸易商建立同盟关系，因为这样可以带来物质的利益，葡萄牙人可以提供火绳枪、战舰和银币。

　　在日本布道是泽维尔最为大胆的冒险旅程。但他并不满足于此，很快再次起航，宣称"我们决定不惜一切代价进入中国"。他认为中国是东亚真正的法律、政治和宗教中心。1552 年他回到果阿邦准备组织前往中国的传道。但是他的计划并不顺利，准备进入广东时，他的葡萄牙同伴将他遗弃在离澳门不远的上川岛上，当时只有一名叫作安东尼奥的中国助手跟着他。1552 年 12 月他生病而死，还没有开始在中国传道就止步于中国的门槛前。

73. 安德烈亚·帕拉第奥 1508—1580：
伟大的意大利建筑师

1535 年意大利贵族吉安·詹乔治·特里西诺决定修葺家族在意大利北部城市维琴察的老宅。特里西诺对维特鲁威古典作品很感兴趣，于是决定像个建筑师一样密切关注老宅修葺。他发现一个叫作安德烈亚·迪·皮耶罗·德拉·冈多拉的中年石匠非常有才华，手艺高超而且建造时遵循维特鲁威原则①。特里西诺自认为是另一个皮格马利翁，将安德烈亚招入麾下，让这个女佣和碾磨工的儿子成为建筑这一高雅艺术的行家。安德烈亚热心又能干，很快开始新项目合作。特里西诺向朋友推荐安德烈亚，并带他去罗马实地学习现存的古迹。特里西诺欣赏安德烈亚的才能，甚至给他取了新名字帕拉第奥，取自智慧之神帕拉斯·雅典娜。

帕拉第奥所接受的新教育和广泛的人脉关系很快得到回报。1537 年他开设自己的工作室并收到来自维琴察和威尼斯贵族的很多订单，这些贵族希望让自己的别墅看起来有古典风格。帕拉第奥工作精力旺盛，在后来的 10 年里，完成了十几个这样的别墅。他在有生之年完成了大约 30 个别墅项目。大多数别墅都分布在维琴察田园诗般的乡村，形成了独特的艺术遗产，并被列入联合国教科文组织的世界遗产名录。其中一些别墅如圆厅别墅（1567—1591）和福斯卡里别墅（1558—1560）是以欢乐为主题的古典罗马风格。贵族们夏天到这里避暑

---

① 维特鲁威原则，维特鲁威最早提出了建筑的三要素"实用、坚固、美观"，并且首次谈到了把人体的自然比例应用到建筑的丈量上，并总结出了人体结构的比例规律。

休闲，干点农活作为消遣。还有一些别墅如巴巴罗别墅（1560—1570）则设计为高雅的工作场所。不管是哪种风格，帕拉第奥都会事先了解别墅主人、仆人以及雇农的想法。他设计的建筑通风效果好，比例和谐，层次分明。

　　不管是在建筑还是社会方面，帕拉第奥设计修建私人别墅都算是新鲜事物。意大利精英不断增长的私人财富和希望炫耀财富的自我表达催生了别墅修建的需求。此外他也承揽过传统建筑项目，如维琴察的奥林匹克剧院（1580）。这是古典时期以来的第一座有顶剧场。1550 年特里西诺死后，帕拉第奥很快结识了更尊贵的顾客，特别是红衣主教达尼埃莱·巴尔巴罗和威尼斯显贵马肯托尼欧·巴尔巴罗兄弟。巴尔巴罗兄弟和特里西诺一样赏识帕拉第奥。巴尔巴罗兄弟与帕拉第奥合作了几个出版项目后，送他回到罗马，后来又将他介绍给威尼

安德烈亚·帕拉第奥的作品：位于维琴察附近的艾美瑞歌·卡普拉别墅（1566—1620）。由于别墅主人相继破产和死亡，以及帕拉第奥于 1580 年去世，这座别墅耗时 50 余年才最终完成。

斯贵族。不久帕拉第奥就为最负盛名的教会工作，如圣弗朗切斯科大教堂（1564）、圣乔治马焦雷教堂（1565）和威尼斯救主堂（1577）。1570年他被任命为威尼斯首席建筑师，负责城中的所有建筑项目。

经过长期准备，1570年帕拉第奥发表了也许是有史以来最为重要的建筑设计图书：《建筑四书》。在这本书中，他不仅阐明了维特鲁威原则，而且提供了实际的应用方法：黄金矩形的适当应用、融合不同建筑形式的美学原则，以及根据主要特征规划建筑要素。这本书以帕拉第奥个人作品作为插图，强调简单构图，将建筑元素对称排列以营造出庄重的效果。虽然采用这种方法建造的别墅、宫殿和教堂略显质朴，但这些建筑很好地满足了新一代主顾的标准和愿望——他们争相模仿西塞罗和维吉尔，远离商业中心，前往乡下定居，享受农家生活。帕拉第奥死后不久，《建筑四书》受到英国人和荷兰人的热烈推崇。这种新古典主义建筑风格被命名为"帕拉第奥风格"，受到几代皇家贵族的热捧，一直盛行到19世纪。

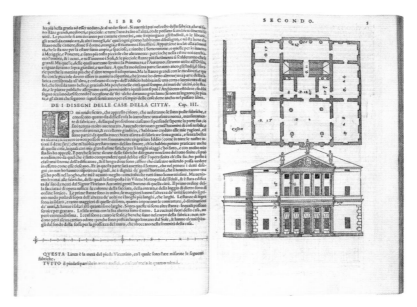

帕拉第奥的《建筑四书》（1570）。帕拉第奥不仅仅设计建造教堂和大型乡村别墅：这幅图是他为一名绅士设计的住宅，位于威尼斯附近的乌迪内。

74. 约翰·加尔文 1509—1565：命由天定

虽然人们常常把约翰·加尔文和日内瓦联系在一起，但他并不是瑞士人。他只是在日内瓦度过了自己的后半生。约翰·加尔文出生在阿尔卑斯山下的法国皮卡第地区。父亲送他去巴黎的人文主义学校学习，他不得不放弃神学，后来到奥尔良学习民法。在奥尔良，20 岁的加尔文得到宗教启示。虽然他已经完成法律学位，甚至出版了关于塞内卡的人文主义著作，但他对于宗教的热情和决心从未动摇。

15 世纪 30 年代早期，马丁·路德改革基督教教义和教会组织的倡议在德意志帝国获得了广泛的支持。但是宗教改革在法国并不被接受，遭到了王室和宗教裁判所的坚决抵制。加尔文曾经试图在巴黎大学开展宗教改革，却以失败告终，在天主教派强烈反对下，他不得不躲藏起来，尽管如此，他还是于 1534 年被放逐。有一段时间他在瑞士最北端的巴塞尔的大学城落脚。一年后他写出了第一版《基督教机构》。这部书解释并捍卫了改革信仰，启发和团结了改革者，让加尔文声名鹊起，同时也快速扩大了宗教分裂。他后来偶然来到日内瓦，这里的法国流放者请求他留下来改革当地教会。

加尔文教义反对天主教会教义，即加尔文认为参加圣事、善举和个人德行有助于基督徒救赎。加尔文写道："罪恶，不管是原罪还是个人背负的罪，只能由伟大的上帝'决断'，这可以通过《圣经》了解，而不受渺小的人类活动

影响。”在这点上加尔文很大程度上认同路德，因为加尔文有学习法律的背景，所以他的学说更为严谨。他认为，不论个人做什么，全能的上帝都已经预先决定了每个人是得到救赎还是受到诅咒。

这一鲜明的教义吸引了日内瓦民众，因为它打破了基督教一直以来对于个人救赎的痴迷——要求人们阅读《圣经》和参加弥撒来感知上帝的力量。虽然"加尔文主义者"认为没有任何事情有助于自身的救赎，但是他们与上帝之间的约定仍然需要有秩序的社会组织。在加尔文的敦促下，日内瓦管理委员会驱逐了天主教主教，暂停了弥撒，废除了修道院，并将其财产充公，同时宣布"该城市从此按照福音和圣言行事，废除所有教皇特权"。尽管加尔文只是一个牧师，他还是说服了日内瓦人设立一个部门来监管公民道德。这个神权政体与世俗政府平行，有四个不同的分支：牧师，负责祈祷和圣事；神学家，教授教义；长老，决定和管理宗教纪律；执事，管理公共慈善。

《神圣的早餐》，约翰内斯·菲沙尔特作（1580）。每个人对于争取救赎都不是特别认真。这个讽刺作品在 16 世纪晚期的德国非常流行，体现了加尔文对圣迹崇拜的嘲讽和攻击。

但是并不是所有人都支持这一神权政体。1538 年有些人认为加尔文的空想社会太过严苛，驱逐了他。加尔文随后搬到了德意志帝国城市斯特拉斯堡。

这幅加尔文的肖像画约 1555 年创作于荷兰，荷兰是加尔文主义思想产生最早也是最有影响力的中心之一。不过二三十年，加尔文的追随者就在荷兰发展兴起，并开始反抗西班牙统治。（左页图）

1514 年日内瓦又请回了加尔文。这时的日内瓦到处都是来自法国的改革者，加尔文后半生在这里一直扮演着新圣会非官方领袖的角色。他写作并发表了许多关于《圣经》的评注，这些评注得到广泛传播。他还翻译了基督教教义，孜孜不倦地传教——每天做布道，有时脱稿讲几个小时。1559 年他成立了一所学院兼神学院，为有抱负的加尔文主义者提供学习场所。许多从这里毕业的学生将改革的理念带回法国、荷兰、苏格兰和英格兰。加尔文福音传教士的纪律性、坚定性和保密性，导致他们在许多国家与耶稣会发生冲突。加尔文敢于谴责和对抗反对者，让日内瓦成为"新教徒的罗马"。

75. 格雷西亚 · 门德斯 · 纳思 1510—1569：塞法迪姆族 ^① 的夫人

　　如果有格雷西亚·纳思的肖像画留存至今，人们一定会看到一张精明坚强又富有同情心的脸。然而对于文艺复兴时期的犹太人来说，他们是不容许被画像的。我们有必要在纳思的通信和生意记录中勾勒出这样的照片。从这些资料来看，她是 16 世纪最为成功的金融家和政治家之一。16 世纪没有固定的定居国家或明确的宗教信仰是一件非常危险的事情，尤其对于女性来说。

　　尽管纳思是文艺复兴时期伟大的非贵族女性，但人们对她的早期生活知之甚少。她可能是西班牙籍犹太人的后裔，后来移居到葡萄牙。纳思在那里生活的时间和生平只能靠推测。唯一确定的是 1528 年纳思以西班牙名字比阿特丽斯·德·露娜嫁给了里斯本一位富有的商人弗朗西斯科·门德斯，他是一名信奉基督教的犹太人。婚后，门德斯和他的兄弟兼合伙人迪奥戈在葡萄牙的金融生意兴隆，变得越来越富有。他们买卖香料、银器和奴隶。弗朗西斯科和比阿特丽斯在 1534 年生下女儿安娜，小名叫雷纳（意为女王）。

　　1536 年初，弗朗西斯科·门德斯去世，遗产留给了比阿特丽斯。年轻的寡妇必须快速接手丈夫的生意，同时又要应对葡萄牙宗教裁判所带来的威胁。1536 年宗教裁判所进入里斯本，追捕那些秘密回归原信仰的基督犹太人。宗教裁判所特别追查那些富有的犹太人，一旦将其逮捕就可以没收他们的财产。

　　比阿特丽斯果断转移了门德斯的大部分财产，连同女儿、妹妹和几个侄子

---

① 塞法迪姆族，西班牙或葡萄牙籍的犹太人或其后裔。

从里斯本搬到了伦敦，最后搬到西班牙安特卫普的一个犹太社区。迪奥戈·门德斯以银行合伙人的身份在这里经营一家盈利的银行。比阿特丽斯在安特卫普待了八年。她通过世界各地的代理，高效地经营并发展了家族业务。在她的安排下，迪奥戈娶了她的妹妹布兰娜。1543 年迪奥戈死后，留下的财产由比阿特丽斯掌管。虽然她掌管着欧洲最大和最富有的商业公司之一，但是商业经营对比阿特丽斯而言并不算大问题。但是作为一名富有的单身女性，别人对她虎视眈眈。这些人想尽办法瓜分她的财富：强迫她的女儿嫁给西班牙贵族；指控她的丈夫曾信奉犹太教；强迫她向查理五世提供无息贷款。面对如此境况，无奈的比阿特丽斯带着妹妹和她们的两个女儿，以及能够带走的全部财产，秘密地逃到了威尼斯。

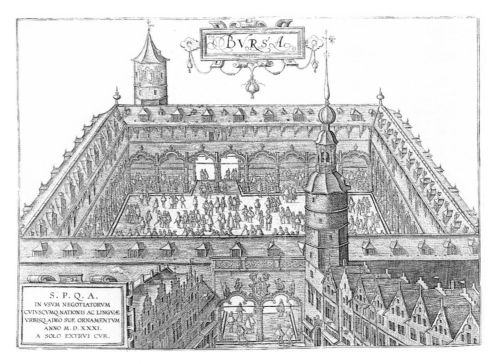

安特卫普证券交易所，洛多维科·圭恰迪尼作（1567）。安特卫普是欧洲北部最重要的商业中心，吸引了成千上万从伊比利亚流放的犹太人和改宗者。

　　因为她们公开承认是基督徒，所以两姐妹不用挤在脏乱的犹太人聚集区，可以租住在大运河附近的大房子里。但是在非犹太人区生活，比阿特丽斯却遭到犹太教信徒的指控。这些指控并非来自其他人，而是她的妹妹布兰娜。布兰娜为了拿回属于自己的财产，不惜将自己的姐姐送到宗教裁判所。家庭争吵很快升级。由于担心生命和财产安全，比阿特丽斯逃到附近的费拉拉。在那里她放弃了基督教信仰，重新起了犹太名字——格雷西亚·门德斯·纳思。1555 年保守的教皇保罗四世开始打击犹太人和异教徒，她不得不携家带口逃往君士坦丁堡。

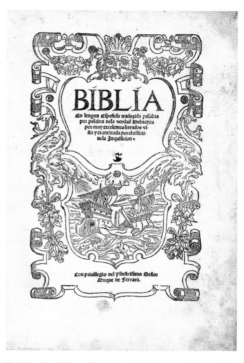

费拉拉《圣经》，出版于 1553 年。这是第一部拉地诺语（犹太－西班牙语）希伯来《圣经》。格雷西亚·纳思是该著作的主要资助者之一，她全力支持出版了针对普通西班牙犹太人的希伯来《圣经》第二版。

　　格雷西亚·纳思后来虽然没有保住全部财产，但还是保留了自己盈利的业务。她用剩下的大部分财产帮助伊比利亚的犹太人和改宗者重新定居，资助犹太人教堂和学校，设立犹太人奖学金。她在太巴列的巴勒斯坦海岸购买土地，在圣地建立第一个犹太复国主义定居点。她还资助翻译希伯来语《圣经》。出版商在费拉拉《圣经》引言中，将她称为"葡萄牙改宗者的心脏"。许多犹太人多年受益于她的照顾和慷慨，称她为"塞法迪姆族的夫人"。

76. | 安德里亚斯·维萨里 1514—1564：
御医及解剖学家

即使是在那个人才辈出的年代，安德里亚斯·维萨里也算是出类拔萃。他是查理五世私人医生的儿子，也是宫廷医师的孙子和曾孙。维萨里出生于布鲁塞尔，从小就志在从医。他 16 岁时被著名的卢万大学录取，学习了哲学和语言学。他同时自学了基本的解剖学，并在狗、猫和老鼠身上进行实践。19 岁时他前往巴黎大学，师从著名的医学教授雅克布斯·西尔维于斯。尽管在当时解剖尸体是一件见不得人的事情，维萨里还是通过贿赂育婴院的看守搞到一些尸体做解剖。他对人体骨骼了如指掌，打赌可以蒙住眼睛辨别出任何一块人骨。维萨里热衷于解剖实践，因此与古板的西尔维于斯格格不入。西尔维于斯更喜欢坐在椅子上教学，大声朗读古典解剖学家伽林的著作，雇一位医生在旁边做尸体解剖。当西尔维于斯提到某个器官的时候，这位医生就拿起解剖的器官让众人观看。

维萨里发现这种教学方法既胆小又无趣，他于是前往帕多瓦威尼斯大学。在那里他只用三个月就通过了考试，22 岁时被任命为医生。毕业后的第二天，他就公开进行了一场令人印象深刻的解剖，威尼斯当局当场任命他为帕多瓦的解剖学和外科手术主任。接下来的六年里，一名热心的帕多瓦法官为他提供死刑犯的尸体，维萨里得以一边教学，一边不断完善解剖技艺。他愈加确信伽林的解剖经验仅限于猿猴，不再崇拜伽林和那些古典医学，甚至开始质疑整个解剖学的基础。他傲慢而自信地声称："多少荒诞的事情打着伽林的名号……伽林的著作和医生们的

安德里亚斯·维萨里《人体结构》（1543）。这是著作的扉页，他在帕多瓦的大学手术室进行解剖，周围挤满了学生和老师。

维萨里肖像，摘自《人体结构》（1543）。维萨里看着读者，展示人体肌肉、血管和韧带。

谈论就是例证（例如，人体结构）。但是他们从来没有发现这些荒诞之处，继续接受伽林的错误教导。我对自己之前的愚蠢感到震惊……这完全是因为我对伽林的迷信。"

维萨里教学方法的关键就是准确绘制人体图。1540 年到 1543 年间，他将自己的发现整理成权威著作《人体结构》，其中包含说明和插图。这本书科学准确，图文优美，配有出自提香工场的图片。维萨里继续攻击根深蒂固的伽林教条。他全面驳斥了许多长久以来的权威讲义，既有浅显内容，如使用亚当肋骨造出的女人是否比男人多一块肋骨，又有深刻内容，如解释了血液循环的性质、神经系统的运作和肾脏的功能。对于神学家提出的问题——灵魂是否在心脏里，他回答道，他的研究只发现心脏有四个心室，并且也不是神经系统的源头。这与伽林认为灵魂和意识存在于大脑的观点大不相同。

《人体结构》一书引起了激烈的辩论。虽然西尔维于斯本人坚持认为无人可比肩伽林，但是这本书对于权威的伽林学说的瓦解震动了学界。维萨里在帕多瓦的同事也反对他，人们给他起了个双关外号"Vesanus（疯子）"（他本名为 Vesalius）。维萨里受到同事们的排挤，离开了教学岗位，回归了家族的老本行，成为哈布斯堡王朝的御医。他在 1543 年成为查理五世的随从。

维萨里在后半生一直为查理服务，处理一些战争创伤和宫廷疾病，随后为皇帝的儿子菲利普二世服务。不过他觉得在马德里与新的国王相处不如在布鲁塞尔自在。嫉妒他的同事们不断暗地里中伤他，传播谣言，说宗教裁判所正在调查他，因为他解剖了一个还活着的人体。1562 年维萨里离开西班牙，表面上是为了朝圣，但其实是想回到帕多瓦工作。他确实去了巴勒斯坦，但是返途中在桑特岛上生病去世。

77. │ 阿维拉的圣特蕾莎 1515—1582：
上帝的狂热门徒

阿拉维的特蕾莎回忆自己的少年时候："我沉迷于错误的事情。"她热切地阅读母亲的骑士浪漫故事，与堂兄弟们厮混，学习"穿衣打扮，希望通过外表取悦他人。我精心打理手指和头发，使用香水以及任何可以满足虚荣心的东西"。似乎"我对上帝没有敬畏"，过着充满八卦、虚荣和愚蠢幼稚的生活。

让特蕾莎从轻浮变得虔诚源于母亲的去世。当时 13 岁的她不再阅读浪漫文学，转而阅读宗教书籍，但是阅读过程非常缓慢，并且时不时停下来。她希望进入修道院，但是因为身体欠佳和父亲的反对未能如愿。直到 20 岁她从家里跑出去，加入了当地的加尔默罗修道院。但是即使在修道院，她的精神之路也非常坎坷。阿维拉的加尔默罗会与许多未经改革的修道会一样，遵循"轻规则"。在这里，较为富有的修女可以享受世俗生活，有仆人、宠物狗、珠宝、香水，并且可以自由地进行社交和旅行。因为所在的修道院缺乏坚定的宗教信念，特蕾莎很苦闷，后来又得了重病，差点死掉。因为病痛折磨，她几乎完全瘫痪。但是因为这次重病的经历打破了她从小养成的利己主义并为精神世界打开一扇门。据说当她面对巨大的痛苦时，曾质问上帝为什么要让她承受这样的苦痛。冥冥之中，上帝回答说他对自己真正的朋友都是这样的。特蕾莎大声呼喊，这就是上帝朋友很少的原因。

1543 年特蕾莎从疼痛和麻痹中恢复过来。她发现祈祷和沉思可以加强她与

目前已知唯一一幅阿维拉的圣特蕾莎肖像，弗雷·胡安·德·拉·米塞里亚作（1576）。当时，特蕾莎已经 61 岁。她后面的饰带上写着："我将永远为上帝的仁慈歌唱。"

上帝之间的联系。她吸取在生病期间的经验，自创了一套精神操练方法，可以将自己从外在牵绊和内心意识的杂乱之中解脱出来。通过沉思祈祷，她经常异常兴奋，热泪盈眶，狂喜不已。其他修女都知道特蕾莎能够达到这种精神状态，在听弥撒时，她可能会飘然世外，不得不压抑自己。

别人对特蕾莎的特异功能既感到好奇，又排斥抗拒。她严格遵循教规和表现出的兴奋狂喜让一些加尔默罗会修女感到威胁。流言传到修道院以外，甚至传到朋友和亲人那里。人们传言她的兴奋和狂喜是因为自己的狂妄以及恶魔的蛊惑。一些人说她的祖父胡安·德·托莱多是一名犹太人，被强制改信基督教。特蕾莎不寻常的血统让人们对她充满怀疑。作为回应，特蕾莎开始一场苦修，直到她的司祭予以干预。她对自己所经历的精神历程一直有所怀疑，直到1559年6月29日，她与上帝达到某种精神上的契合。吉安·洛伦佐·贝尔尼尼在他的《圣特蕾莎的狂喜》（1647—1652）中，描绘了那个幻想时刻。这次经历为特蕾莎的后半生指明了方向。

特蕾莎将这种使命感转化为改革加尔默罗会的力量。受到男性宗教修道团改革的启发，她请求教会当局授权她在阿拉维建立自己的赤脚加尔默罗修会机构。她建立的新规包括更为严格的祈祷和苦修，反映了特兰托会议后席卷欧洲的天主教的改革精神。许多最初不赞同特蕾莎的人也加入了赤脚加尔默罗修会。而富有的修女不想放弃奢侈生活，其他人也抱怨说新的修道会建立在特蕾莎神秘灵修基础上，违反了特兰托会议关于灵性和妇女在教会中的作用的新规定。当她在卡斯提尔创立一系列新规后，教皇特使突然出手干预。宗教裁判所开始对她神秘主义的正统性提出疑问。她的男导师曾精心教导她7年，教她如何表现得不那么具有威胁性。特蕾莎后来又被允许重新开始改革，她花费余生详细记录个人灵修经历。她的经历反映了天主教改革的理想，她在死后40年被追封为圣徒。

78. | 凯瑟琳·德·美第奇 1519—1589：
心机王后

　　新婚之夜，洞房中除了 14 岁的凯瑟琳·德·美第奇和她的丈夫亨利，还有她的公公法国国王弗朗索瓦一世。弗朗索瓦一世在旁坐镇，看看这对新婚夫妇是不是在"肉搏中显得勇猛"。很显然他们做到了：因为第二天就换作凯瑟琳的教皇叔叔克雷芒七世前来观阵，为这对新婚夫妇送上主教的祝福。如此严密的监控并不奇怪，因为这是一次非常重要的联姻。克雷芒称之为"世界上最伟大的联姻"——意大利美第奇家族（物质和精神财富富足）和法国瓦卢瓦王朝（统治法国超过 200 年）的结合。

　　凯瑟琳长相并不出众，身材瘦小，厚嘴唇，并且"拥有美第奇家族特有的鼓眼睛"。法国朝臣们嘲笑她是"商人的女儿"，为了和法国第二顺位王位继承人联姻，克雷芒许诺了丰厚的嫁妆和意大利的领地。结果联姻后不到一年，克雷芒就去世了。继位的教皇保罗三世拒绝了许诺给法国的领土和大部分的现金。弗朗索瓦一世很恼火："这个女孩赤裸裸地给了我！"年轻的凯瑟琳颜面扫地，她努力想赢得法国朝堂的同情，却让她的处境更糟。亨利王子因为新婚之夜的心理阴影，很快遗弃了凯瑟琳，投入其他女人的怀抱。由于亨利的漠视以及可能存在的不孕症，这对夫妇没能生下一男半女。这个问题在 1536 年变得严重。当时亨利的哥哥突然死亡。凯瑟琳成为王妃，她必须尽快生下儿子，否则就可能面临离婚。她询问了许多魔法师、占星师和医生，终于在 34 岁时生下一个男孩。

凯瑟琳晚年的肖像（匿名画作）。凯瑟琳神情冷静，陷入沉思，仿佛远离了宫廷的奢华富贵和四十年的朝廷争斗。

杜伊勒里宫的婚礼（1582）。凯瑟琳·德·美第奇坐在左边，在她的儿子亨利三世和新娘母亲之间。为庆祝婚礼，凯瑟琳的厨师发明了现在的马卡龙饼干。

亨利 1547 年继承王位后，公开和情妇生活在一起，凯瑟琳还是设法为他生下了 9 个孩子。其中 7 人成年：3 个成为国王，2 个成为王后。

在亨利统治时期，凯瑟琳并没有参与政治。1559 年亨利意外去世，她突然被推向了政治舞台。在接下来的一年多，她 15 岁的儿子弗朗索瓦二世成为有名无实的统治者，成为觊觎王位的吉斯家族的傀儡。弗朗索瓦二世后来因为耳部感染去世。凯瑟琳·德·美第奇一跃成为法国的摄政女王，统治法国 30 年，辅佐 9 岁的查理九世继位（死于 24 岁），之后是残疾的三儿子亨利三世。

此时的法国风雨飘摇。巴黎和其他省份之间，天主教和信奉加尔文主义的胡格诺派之间彼此分裂。同时吉斯和波旁两大家族争权夺利。吉斯家族站在天主教一边，而波旁家族则站在新教一边。亨利四世曾说："一个女人能做什么？""她的丈夫去世，留下五个年幼的孩子。法国两大家族觊觎王位。"她尝试理解让国家陷入分裂的宗教热情，并尝试寻求政治和解。她的曾祖父——伟大的洛伦佐曾在意大利诸侯之间成功达成和解。这些尝试失败后，她开始派人行刺或袭击两派的领袖。最为著名的是 1572 年的圣巴托罗缪大屠杀[1]。

从那时起，法国人认为她是个冷血、口是心非和邪恶的女人。但是没有人怀疑她对法国统一与和平的奉献。她成功地拯救了这个国家，主要通过团结王室为一个统一力量，在节日庆典、建筑雕像以及动辄出游一年以上的王室活动上豪掷千金。但是在为瓦卢瓦王朝培养继承人方面，她失败了。尽管她生养了不少继承人，但是她的儿子中没有一个能够胜任国王。在凯瑟琳弥留的最后几个星期，亨利三世才突然意识到，自己必须表现得像一名国王。但仅仅 8 个月后，瓦卢瓦王朝的最后一名国王就被一名精神错乱的修士刺死。

---

[1]　圣巴托罗缪大屠杀，法国天主教暴徒对国内新教徒胡格诺派的恐怖暴行，开始于 1572 年 8 月 24 日，并持续了几个月。由于胡格诺派不妥协且态度强硬，使该事件成为法国宗教战争的转折点。

79. | 路易丝·拉贝 1520/1524—1566： 竞技场的女诗人

在 1524 年为亨利举行的锦标赛上，一名骑士在竞技场表现英勇。未来的国王将这名骑士叫到面前并向他表示祝贺。但当这位骑士取下自己的头盔时，一头长发散落，惊艳了亨利和在场的观众。当天的冠军骑士就是路易丝·拉贝，一位来自里昂的女诗人。这个故事在法国广为流传，很有可能是真的。据说她曾与法国军队一起抵抗西班牙围攻佩皮尼昂。在这两个故事里，她的化名"拉·贝拉·亚马逊"和"卡皮泰纳·路易丝"颇具异国情调。

路易丝出生于 16 世纪法国出版业的中心——里昂。里昂靠近法国东部的罗纳河附近，更接近意大利，比起巴黎大学那些权势又顽固的牧师，里昂的人文主义发展迅速。她在富裕的中产阶级家庭中长大，是一名制绳商的女儿。尽管她的父亲是文盲，但是他让女儿和儿子一起接受教育。路易丝学习了拉丁文、西班牙文和意大利文，以及骑马和剑术。她的父亲非常传统，1543 年为她安排了一桩婚姻。她嫁给了一名比她大 30 岁的富有却没什么文化的制绳商。

路易丝与丈夫没有什么共同话题，于是经常组织里昂的文人聚会，这对文艺复兴时期的商人阶层主妇来说并不寻常。中产阶级不仅很少给女孩提供教育

1555 年露易丝·拉贝的木雕像，这是现存的唯一画像。（右页图）

机会，而且也不太容忍女性在公共场合抛头露面。但是里昂的城市氛围让路易丝可以接触文学，并且还出版了散文和爱情诗集。她是法国最早创作彼特拉克体十四行组诗的诗人之一，这类诗歌大多是色情诗。人们猜测这些诗并不是写给她年老的丈夫的：

> 亲吻我，再次亲吻我，用你最温润的亲吻。用亲吻表达你对我的爱慕，让我的爱火燃烧。我听到你的呻吟了吗？我回以更多的亲吻，只为你开心。我们在爱中，获得双倍的欢乐……

人们推测诗中的情人是露易丝的诗人朋友奥利维尔·德·马尼。而在另一首十四行诗中，她暗示了这段恋情的悲剧结局。当其他妇女指责她出轨时，她

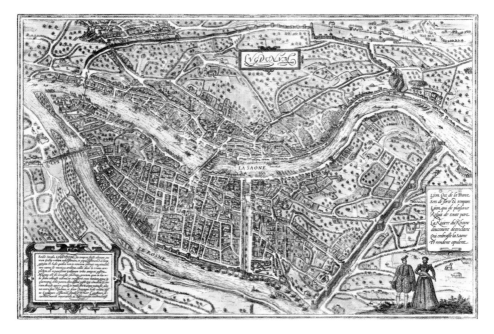

1572 年，相比于保守的巴黎，在布劳恩和哈根博格家族统治下的里昂为中产阶级女性提供了社交和教育机会，这让露易丝有机会写作并成为重要作家。

以诗回应："女士们，我请求你们看待我时，不要有恶意。我曾经爱过，知道爱的苦楚。它是燃烧的缎带，苦涩的毒药。"

露易丝的散文没有诗歌那样激情澎湃。其中最长的一篇是古典对话，名为《愚蠢女神和爱神的辩论》。它借用了中世纪和文艺复兴时期的风格元素：寓言、新柏拉图主义、神话，以及伊拉斯谟的风格和讽刺艺术。愚蠢女神指责爱神抢了世间浪漫故事的功劳，而其实愚蠢女神才是真正的导演。她们让丘比特来评理。丘比特宣称，她们互相离不开，因此必须学会与彼此相处。该作品最著名的部分是它的引言，此书献给一位名叫克雷芒丝·德·布尔日的年轻女贵族。今天看来这像是女权主义的宣言。这段引言激励德·布尔日小姐在里昂自由的文学环境中欣然学习，"男性制定的严苛法律不再阻止女性投入学习"。女性必须挑战自己，"将提升自己的精神置于女红和纺织之上"。这样女性才能被男性平等地看待，"而不是生来就是为服从男性的领导"。

1555 年露易丝的文集出版后，名声传到了法国以外，至少已经传播到日内瓦。在那里约翰·加尔文将她称为"一名普通的淫妇"。1556 年后她退居乡间。16世纪 60 年代初她年老的丈夫去世，1566 年露易丝去世，传说死时情人在她身旁。

80. | 托莱多的埃莉诺 1522—1562：
公爵夫人和派对策划人

　　1537 年，17 岁的科西莫·德·美第奇就被查理五世任命为佛罗伦萨公爵。尽管科西莫有国王的支持，但他在佛罗伦萨的根基并不牢固。他太过年轻，也不是本地人，财富不多，身边缺少朋友来帮他对抗那些希望复辟佛罗伦萨共和国的佛罗伦萨人。那些像本韦努托·切利尼一样认为科西莫只不过是"一个骑着高头大马的年轻人"（意为有吸引力，但是容易被操弄的傀儡）的人们，很快发现他们低估了科西莫。科西莫很快建立起一支军队，建立了僭主政治。他在公国的各个要职安插了自己的支持者。1539 年科西莫在佛罗伦萨树立起不可置疑的权威，这时他只需要后继有人来确保血脉相承。

　　这时科西莫需要有个妻子，他再次向保护人查理五世求助。查理五世给他介绍了那不勒斯总督的女儿埃莉诺·阿尔瓦雷斯·德·托莱多·奥索里奥。她是一个合适的人选。埃莉诺是西班牙人，金发碧眼，有椭圆形脸蛋和修长的身材。她是继卢克雷齐娅·托尔纳博尼之后，嫁入美第奇家族的最具吸引力的女人。她的家族关系让佛罗伦萨加入了哈布斯堡王朝阵营，助力意大利战争，并且进一步巩固了佛罗伦萨在西班牙统治的半岛中的地位。虽然并不是每一个佛罗伦萨人都对这样一名西班牙公爵夫人感到兴奋，但科西莫很快为埃莉诺神魂颠倒，而埃莉诺也接受了科西莫。在那个包办婚姻的年代，他们彼此忠诚，生育了许多子女：在 15 年里他们生下了 11 个孩子。与其他贵妇不同，她只要没有怀孕，就愿意陪着科西莫出行。据说如果科西莫出行时没有带她，她就会伤心欲绝，抓自己的头发。在分别的日子，他们彼此鸿雁传书，有时甚至一天写两封信。

埃莉诺常常安抚科西莫波动的情绪，她丰厚的嫁妆也帮助科西莫减轻了财政的负担。作为回报，她在科西莫的政治生活中也发挥了重要作用。这种新型配偶关系——既是伴侣也是参谋的关系很快在整个欧洲盛行起来。埃莉诺很早就认识到，为了保持安全和庄严，君主必须与统治对象保持适当的距离。1549年她购下亚诺河畔的皮蒂宫，把逐渐壮大的大家庭从城市热闹的街道搬到可以俯瞰佛罗伦萨的大宫殿。鉴于家族中之前有人被谋杀的经历，她说服科西莫减少与大众接触。为了保障他的人身安全和维持君王的神秘感，科西莫建造了封闭的通道，可以秘密地从领主宫的公爵府，穿过政府机关（现在的乌菲齐美术馆），跨过亚诺河上的维琪奥桥，到达皮蒂宫。埃莉诺几乎从来没有沿着城市散过步，但是她喜欢乘坐用帷幕遮挡的轿子。

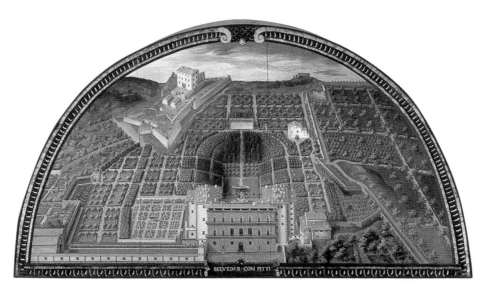

皮蒂宫、波波里花园和观景城堡，贾斯特斯·尤滕斯作（1598）。这是 17 幅美第奇宫殿和别墅系列画作中的一幅。

在皮蒂宫定居下来后，埃莉诺开始扩大和装饰这座宫殿。她增加了厢房，封闭并绿化了波波里花园。这座花园最终面积达到 5 公顷，包括许多石窟、圣殿和小径。她在花园的古典圆形剧场上演拉丁和希腊喜剧。在宫殿厢房围成的院子里，为尚武的年轻贵族举行正式的竞技。竞技场充满水时进行模拟海战。她管理美第奇剧场，建立了"国家剧院"的雏形——颇具排场、阵势奢华。这种范式的戏剧风格逐渐主导欧洲王宫，成为展示皇室宏伟、团结和奖励贵族阶级的一种手段。

托莱多的埃莉诺的才能并没有完全实现：她 40 岁时死于疟疾。但在她之后，宴会、舞会和娱乐，就像她引领潮流的珠宝和锦缎礼服一样，塑造了专制时代的贵族气派。王后凯瑟琳·德·美第奇和玛丽亚·德·美第奇遵循埃莉诺的先例分别建造了国家剧场，将她的风格进一步发扬光大。

埃莉诺和乔瓦尼·德·美第奇画像，安吉洛·布龙齐诺作（1545）。埃莉诺尝试通过绘画和其他公共事务，展示她的贤惠、得体和财富，从而融入佛罗伦萨的贵族圈。（左页图）

《穿着盔甲的菲利普二世》，安东尼斯·莫尔作（1557）。当时菲利普已经30岁，继承了父亲广袤帝国的大部分地区。在他漫长的统治期间，菲利普与英格兰、荷兰及土耳其长期作战，经历了四次国家危机。

The Framing of Modernity

1600 年 2 月 17 日，西方神秘学学者、敢于挑战权威的乔尔丹诺·布鲁诺被烧死，可以说文艺复兴这时已经结束。作为一名 15 世纪人文主义者，布鲁诺拥护尼古拉斯的宇宙论和马尔西利奥·费奇诺的新古典主义泛神论。布鲁诺不幸直接闯入了早期现代国家的禁区。虽然是宗教裁判所和罗马教皇下令烧死了他，但是其他人也希望他死。这个倒霉的哲学家大胆表露自己的想法，他既不遵循天主教义，身边又没有权贵的保护，因此被指控颠覆、叛国和异端等罪名，处处遭到追捕。布鲁诺无法像一个世纪前的费奇诺、劳伦佐·瓦拉和安东尼奥·德·内夫里哈那样轻松地进入大学、担任神职或在朝堂谋职，只能身单力薄被排斥在外，成为文艺复兴最后一名人文主义者，在不断两极分化的时代长期流亡。

保守主义在后文艺复兴时期的欧洲盛行。查理五世一心想要统一帝国，对宗教纷争兴趣寥寥。他于 1556 年退位，将神圣罗马帝国交给自己的兄弟费迪南德，将西班牙、意大利、荷兰以及美洲交给自己在西班牙出生的儿子菲利普二世。权力的交接结束了数十年的战争。1559 年法国和西班牙签订《卡托－康布雷齐和约》①，随着法国从半岛撤出，菲利普实际控制了意大利。只有威尼斯共和国可以称得上完全独立，但是威尼斯人忙着应对土耳其人对其东部的威胁，不敢冒险惹他们的新邻居。

西班牙控制意大利后，西班牙的价值观如等级、血统、顺从、虔诚和军国

---

① 《卡托－康布雷齐和约》，法国和西班牙于 1559 年签署，和约确认了西班牙在意大利的永久主权。

主义开始盛行，遏制了意大利城邦蓬勃的商业和学术活动。按照西班牙模式，许多意大利地区被重新"分封"，大型农场和养殖场代替了制造业和银行业。乡村的诸侯和男爵们开始自己制定法律，建立私军，沿袭西班牙荣誉至上的家族仇杀文化。结果，乡村的治安甚至比文艺复兴最动荡的政权时期还要糟糕，土匪遍地，贫穷落后，城市人口减少，半岛陷入萧条。更确切地说，这些问题成为西班牙严重的祸根，加上不平衡的殖民地经济、摩尔人叛乱和制造业的崩溃，菲利普的统治在 1557 年到 1598 年间，遭受四次严重的财政问题。

16 世纪 50 年代，德国也实现了和平。1555 年签订的《奥格斯堡和约》① 暂时平息了宗教冲突。各个邦国根据"统治者的宗教乃人民的宗教"这一原则，划分天主教和路德教派阵营。该条约在之后半个世纪一直发挥着作用，尽管这依赖于诸多邦国的反复无常，这一条约将人数日益增长的加尔文派排除在外。当这一和约在 1618 年最终瓦解时，宗教对抗非常激烈，以至于发生了持续 30 年的战争，波及众多欧洲国家，几乎毁灭了德国和神圣罗马帝国。

而在其他地方，后文艺复兴时期的景象主要是国内冲突和宗教骚乱不断。在法国占多数的天主教徒和少数的加尔文派（即胡格诺派）爆发公开冲突，终结了一度昌盛的瓦卢瓦王朝。意大利血统的凯瑟琳·德·美第奇凭借自己的三个儿子，摄政 30 年，勉强维持统治。她的三个儿子既没有生育继承人，也无力平息宗教冲突。伴随着此起彼伏的屠杀、刺杀和叛乱，这些不育的君主和他们年迈的母亲只能在剧团表演、杂技演出和宫廷阴谋中自娱自乐。1589 年最后一位瓦卢瓦君主去世，纳瓦拉国王和波旁王朝的创建者亨利四世继位。

从 1568 年起，令法国陷入分裂的加尔文派也让荷兰北方的七个省份陷入骚乱，开始全面抵制天主教西班牙领主。这一冲突持续了 80 年，很大原因是两派

---

① 《奥格斯堡和约》，神圣罗马帝国皇帝查理五世（1519—1556 年在位）同帝国境内德意志新教诸侯于 1555 年在奥格斯堡签订的和约。和约结束了天主教在德意志的一统局面，是路德宗新教同天主教在德意志平等存在的法律根据。德意志诸侯通过和约扩大了政治和宗教权势，邦国分立体制进一步巩固。

力量势均力敌，难决胜负。西班牙无敌的军队可以扫荡荷兰，但却无法阻止荷兰舰队袭扰西班牙及其海外殖民地。双方在筋疲力尽、疲惫不堪的情况下，最终于1648年将低地国家划分为西属荷兰（后来的比利时）和新的欧洲国家——荷兰共和国。

同时在英国，在新教徒爱德华六世（1547—1553）和天主教徒玛丽·都铎（1553—1558）的短暂统治期间，两派也发生了派系斗争。激进的圣公会和后来复兴的天主教在各自君主和拥护者的支持下，大力清除异己。在将近10年的时间里，两派都牺牲人数众多，在伊丽莎白一世的漫长统治下（1559—1603），两派积怨不断。就像在德国一样，最终新教和天主教达成临时协议，没有接纳分权而又教条的加尔文教徒。伊丽莎白打败了西班牙无敌舰队，挫败了耶稣会教士埃德蒙·坎皮恩的自杀式袭击，成功保卫了英国。但是后文艺复兴时期的英国与其他欧洲国家一样，清教徒的积怨最终影响了英国的历史进程。

《征服纳尔登》（1572）。在荷兰暴动期间，西班牙洗劫了数个叛乱城市，以此迫使其他地区屈服。纳尔登人并无意占领街区，却惨遭西班牙人屠杀。

81. | 劳拉·巴蒂费里·阿曼纳蒂 1523—1589：
| "时代的萨福"

很少有人能够像劳拉·巴蒂费里那样代表意大利北部文艺复兴价值观的变化。当她在 16 世纪 50 年代成名之时，意大利北部两个世纪以来以商业、共和政体和人文主义为主的文化氛围已开始消退。新的价值观开始出现在宫廷社会，相比于美德、创新和才能，人们更看重等级和职位。劳拉在新的等级社会看起来并没有什么优势。劳拉的祖母是乌尔比诺一位医生的私生女，劳拉的父亲是私生子，而劳拉也是私生女。她没有什么达官贵人的亲戚。

尽管如此，她在一些方面还是具有优势。教会在 16 世纪早期对那些上进但是出身不好的人持比较宽容的态度。劳拉的父亲乔瓦尼·安东尼奥·巴蒂费里就是这样一个有雄心的人。乔瓦尼·安东尼奥跟着叔叔来到罗马，接受了一流的人文主义教育，为红衣主教朱里奥·德·美第奇，即后来的克雷芒七世服务。当时他有几个妾，劳拉是其中一个妾的孩子。乔瓦尼·安东尼奥圣俸丰厚，在乌尔比诺和靠近梵蒂冈的地方各有一座房子。房子的立面由他的好朋友——画家拉斐尔装饰。相比两个不上进的儿子，他更喜欢女儿。他亲自教女儿古典知识，对其厚爱有加，把他的大部分财产都留给了她，对她期望很高。

劳拉虽然是私生子的后代，但她仍然是那些地位稍低于意大利贵族圈的精英阶层追求的对象。劳拉的第一任丈夫维多里奥·塞雷尼是一名音乐家，与乌尔比诺公爵相熟。在他们短暂的婚姻期间，她是一个好妻子，"温顺、孝顺、

亲切、尊敬、忠诚并且爱他"。塞雷尼 1549 年去世，这激发了劳拉写诗的冲动。但是她真正的伴侣是巴尔托洛梅奥·阿曼纳蒂。当劳拉还是少女时，他们就认识。据说劳拉 15 岁时，巴尔托洛梅奥住在离她家很近的地方，为乌尔比诺公爵工作，当时他对劳拉一见倾心。他们于 1550 年结婚。

巴尔托洛梅奥和劳拉婚后 10 年一直住在罗马。即使在当时的阶级社会中，他们也富有且朋友众多，日子过得不错。劳拉的父亲将巴尔托洛梅奥介绍给新的佛罗伦萨教皇朱利叶斯三世。劳拉结识了年老的米开朗基罗，米开朗基罗对她的诗歌天赋感到钦佩。在巴尔托洛梅奥供职梵蒂冈时，劳拉也不断完善十四行诗写作。他们受到罗马文学界和知识界的欢迎。受到称赞和鼓励的劳拉继续自己的写作。她非常喜欢这座城市，特地写了一首诗抒发自己的感情："我凝视这七座骄傲的山丘和神圣的峡谷。"

1555 年随着教皇朱利叶斯三世去世，这对夫妇也失去了保护人。劳拉夫妇不得不搬到佛罗伦萨，投奔科西莫·德·美第奇。她没有子女，初来乍到感到寂寞，但是这座城市的文化圈对夫妇二人表示欢迎，让她颇感欣慰。在公爵夫人埃莉诺的鼓励下，劳拉写了十几首雅致的十四行诗，赢得了整个意大利，以及西班牙和奥地利宫廷的钦佩。她写的诗歌中，有的是歌颂尊敬的人，有的是悼念逝去的人，诗歌起承转合，包含了隐喻和抒情。1560 年她出版了第一部诗集，包括 146 首诗歌，这部诗集立即获得了成功，也为她在诗坛赢得了一席之地。但是不久，劳拉放弃了世俗诗写作和参与宫廷社交——这两个领域在过去数百年一直排斥女性参与，后来才向有才华的女子敞开。因为埃莉诺和她父亲在内的许多亲近的人突然离世，劳拉转而投向宗教。她后半生过着虔诚的隐居生活，这是一个多世纪前意大利女性的生活方式。她的诗歌都献给了丈夫、精神追求和耶稣会。她把耶稣会看作是新的庇护和引领。

《劳拉·巴蒂费里·阿曼纳蒂》，安吉洛·布龙齐诺作于 16 世纪 50 年代。劳拉手拿彼特拉克的抒情诗集。布龙齐诺将劳拉和彼特拉克联系起来：两人都是诗人，此外劳拉与彼特拉克的爱人同名。（左页图）

82. 大彼得·勃鲁盖尔 1525—1569：农民画家

彼得·勃鲁盖尔在史料记载中一直默默无闻，直至 1551 年他加入安特卫普的画家协会。一位 17 世纪的传记作家认为勃鲁盖尔出生在荷兰南部的布雷达或者周边；他善于画农民形象，所以人们认为他是农民出身，但这些假设都没有任何实际证据。事实上勃鲁盖尔看起来非常有教养并且经常旅行。他曾经师从小有名气的画家皮耶特·库克·范·阿尔斯特。皮耶特在安特卫普和布鲁塞尔均有工作室。勃鲁盖尔学成后，旅行到罗马和意大利南部，甚至到过西西里岛。他后来的作品非常明显地受到当地艺术和阿尔卑斯山脉风景的影响。这些都成为他绘画作品的主题。

1553 年回到安特卫普后，勃鲁盖尔在耶罗尼米斯·库克的出版社担任木版画设计师。在早期的绘画中，勃鲁盖尔深受荷兰画家、幻象大师耶罗尼米斯·博斯的作画风格和立体作画的影响。博斯死于 1516 年。而博斯对勃鲁盖尔的影响之深，以至于库克将勃鲁盖尔的第一幅木版画《大鱼吃小鱼》（1556）与博斯的名字联系在一起，希望借助博斯的名气促进销售。勃鲁盖尔在描绘人类堕落和愚蠢的题材上，并没有完全放弃博斯式的怪异、怪物和暴力的意象。他开始尝试将这种怪异的动物寓言与意大利绘画风格和荷兰绘画特点结合起来。他常常摒弃博斯那种带有说教意味的鸟瞰视角，转而采用较低和更亲近的视角，运用更明亮的色彩，并偏爱描绘景物。

勃鲁盖尔的《画家和业余爱好者》（1565）。该作品也叫《画家和买家》，可能是一幅自画像，表现了艺术家和主顾之间的紧张关系。

勃鲁盖尔的《农民婚礼》（1568）。勃鲁盖尔善于传神地表现乡村生活。画中的风笛手贪婪地望着端过去的食物。

　　勃鲁盖尔在绘画中对自然和人物的处理方式与中世纪人物绘画传统完全不同，并且其绘画具有荷兰艺术形式的典型特点。在勃鲁盖尔的绘画中，浩渺苍穹之下的人类显得微不足道，映衬着巍峨的阿尔卑斯山巅或壮阔的平原，人类繁衍生息。即使是在经典主题绘画上，如《贤士朝圣》和《受难之路》（都作于 1564 年），他将主要人物缩小，以至于观众必须在人群中努力搜寻。他的作品《有伊卡洛斯坠落的风景》（1555）描绘了一个农夫、巨大的太阳和主角伊卡洛斯在水中扑打水花的脚。

　　这种漫不经心地表现人类伟大又愚蠢的绘画风格引发了荷兰民众的共鸣，勃鲁盖尔的作品受到了热捧。他事业有成并与雇主的女儿梅肯·库克结婚。1563 年他搬到宫廷文化氛围浓厚的布鲁塞尔。勃鲁盖尔不满足于过去的成就，很快开始了新的创作。1565 年他受托绘制六幅大型绘画作品，表现人类与自然的和谐关系。他画了农民在不同的季节劳作。他非常喜欢乡村生活，布鲁塞尔人称其为"农民画家勃鲁盖尔"。相传他乔装打扮去参加乡村的庆祝活动，悄悄观察农夫并给他们画像。

这些传说不论真假，都标志着勃鲁盖尔作品向农民题材的转变。1566 年后他开始创作农民题材绘画，画作没有任何道德判断，生动鲜活地表现农村生活的质朴浪漫。他先后创作了《婚礼舞会》（1566）、《安乐乡》（1567）、《绞刑架上的喜鹊》（1568）、《农民婚礼》（1568）和《农民舞蹈》（1568）。每幅图的人物更少，但是篇幅更大，表现了乡村生活的节奏和幽默的男男女女。他人生的最后几年画作颇多。勃鲁盖尔创作的不仅是个体画像，也表现了一种生活方式。他用简单和谐与生来快乐的农民绘画题材回应了荷兰日益激烈的唯物主义和宗教冲突。大彼得·勃鲁盖尔为荷兰艺术的黄金时代指明了方向，但遗憾的是，他没有等到那一天的到来就去世了。

83. 迪克·塔尔顿？—1588： 女王的喜剧演员

当英国位高权重的男人们希望得到女王伊丽莎白一世的帮助时，他们常常求助于女王最信任的侍臣。这位侍臣并不是她的顾问，而是她的宫廷小丑——迪克·塔尔顿。一位放松的君主更容易接受别人的意见，所以这些有求于女王的人汇报时，常常让这位喜剧演员随行。一位 17 世纪的历史学家评论道，塔尔顿对女王自有一套：他可以"用自己的快乐感染忧郁的女王"，而且他的幽默能够"比医生更有效地治愈女王的忧郁"。

据说这位伟大的喜剧演员是在他父亲的猪圈里被发现的。他"让不快乐的人快乐"的智慧给一位贵族的仆人留下深刻印象。随后他被带往伦敦。1583 年他成为伊丽莎白资助成立的演出团体"女王的男人"的管理者，那时他已经非常有名。因为塔尔顿的天才表演，"女王的男人"成为当时最成功的演出团体。演出时他常扮演为他量身打造的傻瓜角色，不过他以即兴发挥和常常偏离主题而闻名。

塔尔顿一个人也表演即兴笑话、社会讽刺，以及模仿容易上当的乡巴佬。他出名的装扮包括宽大的黄褐色外套、有扣的帽子、短靴、音乐管和小鼓。观

作为当时最知名的演员，塔尔顿在字母书中代表字母"T"（1588）。作为伊丽莎白一世最喜欢的喜剧演员，他被认为是莎士比亚《哈姆雷特》中的小丑尤里克的原型。（右页图）

众很快就能看出这是典型的乡巴佬装扮。他弯着腰，戴上宽而平的大鼻子，扮出眯眯眼——一种喜剧脸。常常演出还没有开始，他刚把头伸出帷幔，就立刻引得观众狂笑。

尽管塔尔顿写了许多剧本、书籍和民谣（大部分已经遗失），但他最出名的还是即兴诙谐诗，即"塔尔顿诗"。他可以按照观众的要求，对任意主题进行发挥。他发明了一种押韵小调，可以随着鼓点一起朗读。他也是一名剑术大师。他运用剑术来展现幽默。一次他用一根木头作剑，一扇腌肉作盾，假装与女王的小哈巴狗进行了一场决斗。他虚张声势的动作让可怜的小狗狂吠不已，假装害怕的塔尔顿请求伊丽莎白叫住她的"猛犬"。女王大笑不止，不得不让塔尔顿下场以恢复镇静。

作为皇家的宠儿，塔尔顿被免除戏谑女王的惩罚。他"比牧师更尽责地指出女王的缺点"。但他有一次在表演中过了头，他声称沃尔特·雷利和罗伯特·达德利对女王有不正当的影响力。这段嘲讽引发了其他宾客的鼓掌，但是被惹恼的女王并不欣赏这段笑话，将塔尔顿赶出了宴会。

威廉·莎士比亚应该非常熟悉塔尔顿，虽然并不清楚他们是否真正见过面。塔尔顿 1588 年去世时，莎士比亚才 24 岁，在戏剧界还未成名。莎士比亚描写的傻瓜通常具有塔尔顿表演的特征，比如福斯塔夫的台词看起来都是即兴的，事实上都是精心编排的"塔尔顿式"台词。哈姆雷特对尤里克的吊唁词"无尽俏皮话、最花哨的伙伴"，被认为是向塔尔顿致意。

女王的男人剧团在塔尔顿死后就日渐衰落，但塔尔顿一直深受欢迎。商人们把他的肖像贴在宴会用品上，好让顾客将他们的用品与欢乐联系起来。他的名字在儿歌、笑话书和流行歌曲中继续流传。无数酒馆以他的名字命名。大厅门口放上好斗的雄鸡雕像，就像塔尔顿一样"在上场前，振翅发出雷鸣般的声响"。

84. 乔瓦尼·皮耶路易吉·德·帕莱斯特里那
1525/1526—1594：圣乐的救世主

　　相传乔瓦尼·皮耶路易吉小时候曾把自家帕莱斯特里那农场的蔬菜拉到罗马市场去卖。一名罗马唱诗班指挥在听到乔瓦尼演唱赞美诗时，被他的完美嗓音所折服，立即将他招入圣马利亚马焦雷大教堂的唱诗班。乔瓦尼的名字确实出现在 1537 年唱诗班的花名册里。7 年后他被任命为家乡帕莱斯特里那教区的风琴演奏者和指挥。他就像文艺复兴时期的大多数艺术家一样，既有才华又适逢好时机。1550 年帕莱斯特里那主教乔瓦尼·马利亚·达·蒙特当选教皇朱利叶斯三世，于是邀请唱诗班指挥乔瓦尼到圣彼得大教堂两大唱诗班之一的无伴奏唱诗班担任声乐指导。

　　从文艺复兴早期起，梵蒂冈唱诗班就被法国人和佛兰德斯人所垄断，因此乔瓦尼·皮耶路易吉算得上是一个外人。而且他还是一个已成家的人，当时规定唱诗班歌手必须是圣职人员。朱利叶斯免除了这些规定，同时免除了对乔瓦尼的入门测试，这让其他歌手大为恼怒。他们因此给乔瓦尼取各种外号，把他称作"来自帕莱斯特里那的男孩"。朱利叶斯三世 1555 年去世，乔瓦尼很快找到了另一位热心的庇护人——教皇继任者马塞勒斯二世。但事情并没有好转。马塞勒斯二世继位仅 22 天就去世，而他的继任者是保守的教皇保罗四世。保罗四世不赞成非神职人员担任宗教角色，于是乔瓦尼就职没几周就被解雇，只拿到一点点津贴。

乔瓦尼的著作《第一部弥撒书》（1554）。在扉页，一名作曲家正在为教皇朱利叶斯三世（教皇马塞勒斯二世的前任）呈上自己的作品。朱利叶斯是乔瓦尼最大的主顾，也是著名的酒色之徒。

　　乔瓦尼因此备受打击，大病一场。1555 年 10 月，他谋得了罗马圣乔瓦尼大教堂唱诗班指挥的职位，这让他快速恢复了健康和作曲的精力。16 世纪 50 年代，他创作了一系列的圣歌、轮唱和对唱。罗马的圣周仪式很快采用了乔瓦尼的作品。有些作品直到今天仍然是主要的庆典曲目。乔瓦尼变得非常自信。当圣乔瓦尼大教堂拒绝提高他的薪水要求时，他立即辞职，转而在圣马利亚马焦雷大教堂获得了一份工资更高的工作。

　　16 世纪 60 年代，乔瓦尼成为梵蒂冈主要的作曲家，他的作品塑造了新一代

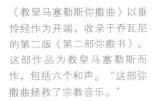

《教皇马塞勒斯弥撒曲》以垂
怜经作为开端，收录于乔瓦尼
的第二版《第二部弥撒书》。
这部作品为教皇马塞勒斯而
作，包括六个和声。"这部弥
撒曲拯救了宗教音乐。"

文艺复兴圣乐。他的礼拜作曲非常有名，直抒情谊，旋律流畅，具有格列高利
圣咏和情感真诚的风格。乔瓦尼的作曲手法在天主教改革期间"拯救"了教会
音乐。当时许多清教徒牧师如保罗四世一样责备现有的佛兰德斯音乐过于世俗，
精心作曲的复音让神圣的礼拜仪式变得费解。有一些传言称要禁止在做礼拜时
奏乐，有些新教派别甚至已经开始禁乐。但乔瓦尼的作品，尤其是他为教皇马
塞勒斯做的六声弥撒音乐《教皇马塞勒斯弥撒曲》（1562），没有影响或混淆
祈祷词。在这部作品中，乔瓦尼小心翼翼地避免了之前作曲家改编自爱情小夜

曲或饮酒歌的"淫荡或不纯"的主题，采用稳定的原始旋律和对位技巧，呈现出令人愉悦的礼拜仪式。

与许多文艺复兴时期艺术家不同，乔瓦尼很少外出旅行，部分原因是当别人邀请他出去表演（曼托瓦和费拉拉的公爵曾请他表演），教皇为留住他就会开出更高的薪酬。

1571 年教皇庇护五世请乔瓦尼领导无伴奏唱诗班。教皇庇护五世曾要求使用统一规范的弥撒经书。尽管牧师歌者（他们很显然没有原谅这位罗马的后起之秀）予以抗议，但是乔瓦尼后来一直领导无伴奏唱诗班，直至去世。1580 年妻子去世后，乔瓦尼陷入深深的抑郁当中，有段时间他曾考虑加入修道团，这可能缓和他与唱诗班的关系。但他突然决定与一名富有的寡妇结婚，这让他即使不作曲也不用为钱操心。乔瓦尼服务过 12 位教皇，创作了 700 多部作品，包括 100 首弥撒、140 首情歌、300 首圣歌和大量其他圣歌。在培养了几十名学生后，乔瓦尼开设了一所纯粹的意大利圣乐学校。圣彼得大教堂在他死后为他竖立了一座石碑（现已丢失），上面写着：音乐国王。

85. 朱塞佩·阿尔钦博托 1527？—1593： 以自然元素创作人物肖像

朱塞佩·阿尔钦博托的早期职业经历并无法说明他后来的成就。他是一位小有名气的米兰画家的儿子。阿尔钦博托早期资质平平，22 岁才获得第一份工作，为米兰大教堂设计彩色玻璃窗户。之后 10 年他为科摩大教堂绘制了一些天花壁画和卡通挂毯。哈布斯堡王朝的国王马克西米利安二世很赏识阿尔钦博托，到 1562 年马克西米利安成为神圣罗马帝国皇帝后，阿尔钦博托被任命为宫廷画师。他从此开始了 25 年之久的宫廷画师生涯，先后为两任皇帝服务，先是在维也纳，后来在布拉格。

他在米兰时，就以对"各种古怪"感兴趣而出名。这些古怪事情也许其中包括类似列奥纳多·达·芬奇 15 世纪 90 年代在米兰画的奇形怪状的肖像讽刺画。他到了维也纳后就立即开始追求这种稀奇的画风。这在他的作品《图书馆长》（1562）中得以充分表现，作品中用书籍构成一个人的肖像。阿尔钦博托随后转向马克西米利安宫廷的其他成员，《法官》（1566）肖像画由家禽和鱼尾构成；《厨师》（1570）肖像画由乳猪和烤家禽构成；《园丁》（1590）肖像画由一碗蔬菜构成。

从一开始，阿尔钦博托就将这些作品看作是像智力谜题一样的讽刺画。就像《厨师》和《园丁》的肖像画展示一堆肉和一些农产品一样，他有很多大胆的绘画，带给人们视觉冲击，并发人深思。他的一些系列画作非常出名，如《四季》。在这一系列作品里，他采用春夏秋冬四季的自然景物，包括鲜花、水果、蔬菜

和树枝，创造了一个人在四季的不同形象，代表了人从孩童到老年时期。在《元素》（1566）中，他展示了亚里士多德的典型元素分类——空气、大地和水，并将它们绘制成由小鸟、游戏和鱼构成的肖像。而第四个元素火，则是由火焰、火柴和加农炮构成。

尽管阿尔钦博托的画作意图隐晦，但他的才华是显而易见的。他采用明亮和对比鲜明的颜色，凭借熟练的静物渲染技巧，与同时代的画家相比截然不同。他也深受低地国家和北方风格主义的影响。阿尔钦博托所作的肖像具有耶罗尼米斯·博斯画作的诡异风格。他采用自然元素构造的人类形象表现了人类一面拼命维持自身存在，一面又渐渐分化成宛如蛆虫扭动的鸟或鱼。

阿尔钦博托所作的肖像虽然有些恶心，但是需求量非常大。他带了许多《四季》和《元素》的副本到维也纳和欧洲其他地方销售。原件则由马克西米利安建立的帝国艺术馆收藏。该艺术馆后来由他古怪的儿子兼继承人鲁道夫二世扩建。在一堆油画、古董、动物标本和地质标本的古怪收藏中，阿尔钦博托怪异的画作（每个季节由对应的元素构成）独享其尊，如同用扭曲的视角打量着这杂乱无章的自然世界。

阿尔钦博托无论在维也纳，还是后来在鲁道夫的新首都巴格达，他的大部分精力都花在宫廷杂务和乐队指挥事务上，作画的时间很少。马克西米利安和鲁道夫都喜欢阿尔钦博托用奇异古怪的风格设计迎宾、舞会、婚礼和宴会——上空悬着天鹅或汽笛形状漂浮物的仪仗队，让宫廷的淑女们穿戴夸张的衣服、帽子，配以夸张的发型。后来阿尔钦博托厌倦了这份工作，在生命的最后几年回到了米兰。他于 1590 年开始创作他最后一幅肖像画《鲁道夫二世》，堪称最好的一幅。他在画中将鲁道夫二世塑造成罗马花园之神，由甜菜等四季各种蔬菜拼凑他的肖像，暗示着他的富裕和权力。据说这幅画送达巴格达时，立即成为国王最喜欢的收藏品，国王甚至几个小时坐在那里兴高采烈地观看这幅画。

阿尔钦博托系列肖像画中的鲁道夫二世（1591），这可能是他表现最为大胆乐观的画作之一。1648 年瑞典士兵洗劫布拉格时，这幅画被抢走，如今这幅画和许多其他阿尔钦博托的作品被收藏于斯德哥尔摩。（左页图）

阿尔钦博托 1573 年版的《四季》，这是他最出名的人格化静物画。这位画家曾创作过多套以四季为主题的作品。这套作品现收藏于巴黎卢浮宫。

86. | 索福尼斯巴·安圭索拉 1532—1625：以女性视角作画

安圭索拉家族是意大利北部城市克雷莫纳的小贵族，常常以古代迦太基的英雄为自己取名。父亲阿米尔卡雷给儿子取名哈斯德鲁巴，给大女儿取名索福尼斯巴。让家族出名的可不是因为这些名字，而是因为索福尼斯巴。索福尼斯巴从小在绘画方面聪慧过人。14 岁时她说服父亲将她送到当地著名艺术家贝尔纳迪诺·坎皮的工作室，付费学习作画，这对于一个贵族女孩是不可想象的。她跟着坎皮学习了三年肖像画。肖像画在 16 世纪的意大利贵族阶层已经变得相当时髦。1549 年当坎皮去其他地方工作时，索福尼斯巴已经能够创作出非常精美的作品。克雷莫纳的游客已经称赞她是"这个时代出众的画家"。

尽管她天资聪慧，但她的画家之路并非一帆风顺。在意大利历史上鲜有女性画家。在整个欧洲文艺复兴时期，女性都是绘画的对象，而不是画家。她的性别限制了她接触陌生男人、研究男性裸体，因而她也无法创作大型宗教或历史主题作品，而这是画家功成名就的必由之路。作为一名受尊敬的贵族女性，她只能画画肖像作品。她反复画兄弟姐妹、父母和自己，逐渐形成一种表现贵族个体活泼亲切的绘画风格。一些家庭成员的肖像显示出她对细节和日常交流的关注，暗含了卡拉瓦乔派和荷兰田园画的静物绘画风格。

阿米尔卡雷热衷于推销自己的女儿。他将她的油画和素描作为名片，送给那些有可能成为顾客或导师的人。他将一幅大笑女人的素描寄给 82 岁高龄的米

索福尼斯巴自画像（1610）。索福尼斯巴花费了半个世纪的时间为位高权重且富有的西班牙、西西里岛和热那亚贵族绘画。她在 78 岁时创作了这幅作品。快 90 岁时，她创作了另一幅自画像。（上图）

索福尼斯巴·安圭索拉自画像（1556）。这幅作品作于罗马，其时她会见了米开朗基罗，正准备去马德里。这幅作品体现了她的智慧、魅力和自信。（左页图）

开朗基罗。米开朗基罗要求她画一名哭泣的男孩。索福尼斯巴·安圭索拉正好画过一幅弟弟被螃蟹夹住的画。米开朗基罗对这幅画印象深刻，于是给她寄了些图画，让她临摹或复制。1554年她来到罗马见到了米开朗基罗。受到米开朗基罗的影响，索福尼斯巴的画也开始受到克雷莫纳的米兰领主们的注意。领主们建议她去投奔西班牙新国王菲利普二世。他正在寻找宫廷画师，同时也在为他14岁的王后——伊丽莎白寻找侍女。索福尼斯巴正好可以同时胜任这两项工作。

到了马德里后，索福尼斯巴与年轻的王后关系亲密，部分原因是伊丽莎白是凯瑟琳·德·美第奇的女儿，算是半个意大利人。索福尼斯巴在西班牙朝廷绘制朝臣、伊丽莎白和菲利普的肖像，还教王后绘画。伊丽莎白22岁去世后，索福尼斯巴继续留在马德里绘画，帮助养育伊丽莎白的女儿，后来她与一名西班牙贵族结婚。丈夫在一次海难中丧生后，她于1578年回到克雷莫纳。虽然她已经是一名四十多岁的寡妇、经验丰富的朝臣，但她的生活还远远没有结束。

在乘船到北部的西西里岛时，索福尼斯巴遇到并爱上比自己年轻许多的船长——热那亚贵族奥拉齐奥·洛梅利诺。1580年初他们结了婚，并定居在热那亚。凭借奥拉齐奥的关系和菲利普给的养老金，索福尼斯巴成为一位受人尊敬的肖像画家，在那里生活了40年，彼得·保罗·鲁本斯接替她担任马德里的宫廷画师。他于1607年拜访她并向她致敬。8年后索福尼斯巴夫妇决定搬到巴勒莫。奥拉齐奥在那里有投资。1624年，索福尼斯巴在那里接见了最后一名仰慕者和学生——年轻的安东尼·范·戴克。他曾看过她在热那亚的作品。他为她素描，写道："她已经92岁了，头脑敏锐，记忆很好，有宫廷气质，可能是由于年龄原因，她的视力不好。"她非常热心地建议他专注肖像画，并将自己从米开朗基罗那里学到的技巧传授给他。她在米开朗基罗和范·戴克之间架起了一座桥梁，米开朗基罗曾在洛伦佐·德·美第奇宫廷学习，而安东尼·范·戴克将服务于查理一世并见证英格兰内战的开始。

87. | 米歇尔·德·蒙泰涅 1533—1592：
　　　创作内省的文学艺术

　　米歇尔·德·蒙泰涅分不清卷心菜和生菜，喜欢玻璃杯，不喜欢金属杯，并且赞美食人族。这些信息源自他创作于 1572 年至 1587 年之间的散文作品。这些文集具有自传性质，但并不全是自传。文章讲述的不是人生故事，而是作者的思考方式。蒙泰涅将这部文集命名为《随笔》（Essay），这在当时是一个没有任何文学含义的词语。Essay 在法语里是"尝试"的意思。正是由于蒙泰涅的不朽作品，这个词语才有了现在的含义。他的 107 篇短文标志着新的文学类型的诞生。这是一种随感而发的文学形式。他的写作技巧让人不敢恭维，但是也闪烁着智慧的光芒，反映了古典智慧、个人体验和整体环境的思想碰撞。

　　蒙泰涅出生于法国西南部一个富有的知识分子家庭。他的父亲是一名人文主义者。他在 6 岁前只被允许说拉丁文。后来他进修了哲学和法律，当了多年的法官，并且担任了两届波尔多市市长。37 岁时他放弃了宫廷和公共服务的辛苦生活，搬到城外的城堡。他把书房搬到城堡的石塔上。在那里他忙于写作和思考，度过了自己的后半生。

　　担任忙碌的法官和市长时，他特别渴望安静和与世隔绝，可真正安静下来却又徒生不少烦恼。他写道，"无所事事"，大量空闲时间让头脑像"脱缰之马"，满脑子都天马行空幻想"各种怪物野兽"。为了控制住头脑中的野兽，他决心将想法写下来，"希望让我的头脑为此感到惭愧"。蒙泰涅早期的散文

1685 年蒙泰涅木版画，图中画有天平。他在自己书房的大梁上刻了 54 个发人深省的座右铭，其中一个是："任何观念都有一个同等分量的相反观念与之对应。"

以自己为主题，主要是写读书的感想。后来这些作品越来越具有个人特点，他的写作越来越自信，特别是他首次出版的 57 篇随笔获得了盛赞。

过去人们有在金属奖章上刻座右铭的传统，蒙泰涅在奖章的一面刻着"我知道什么？"在另一面刻着"我不做判断"。确实他的开放思想贯穿了所有随笔。蒙泰涅酷爱阅读关于遥远异域的故事，写了关于巴西图皮印第安人，甚至在他的随笔中采用了他们的诗歌。这个部落的战士在打败敌人后，会吃掉他们。但正如他在《关于食人族》中指出的，这并不比我们自己的传统糟糕。至少图皮人在吃人之前，先将人杀死。而欧洲基督教徒是活活烧死自己的敌人。1562 年他遇见一位被带到鲁昂的图皮酋长，这位酋长对于一些法国人"坐享其成"，而另一些法国人"沿途乞讨，因为贫穷和饥饿而瘦骨嶙峋"感到震惊。蒙泰涅仔细反思个人信仰，不再单纯信奉它们，而是更深地思考。最后他得出结论，图皮人不是野蛮人。他认为"人们将自己不习惯的事物称为野蛮"。

蒙泰涅自己很喜欢旅行。在他看来，"不断面对新的未知事物，可以让我们的灵魂保持兴奋"。在参观瑞士、德国、奥地利和意大利时，他做了详细的记录。人们后来发现了他的笔记本并于 18 世纪 70 年代发表了这些笔记，学者对他热衷于研究本地人及当地的桥梁、喷泉和农作物感到困惑。他在罗马待了六个月以感受罗马文化。他看到一个犹太孩子的割礼，注意到当地妓女的行事方式，发现意大利人比法国人饮食更节制。在异国他乡时，他入乡随俗，不怕挑战。有人问他为什么要忍受旅行的不便，他的回答是未知世界可以带来惊喜。他写道："我知道我在逃避什么，但我不知道我正在追求什么。"

　　蒙泰涅于 1592 年去世时，名声已经遍及法国。一位莎士比亚圈子里的成员于 1598 年开始翻译英文版《随笔》。蒙泰涅的写作也对吟游诗人的作品产生了影响。事实上，本·琼生在《狐狸》中指责英国作家大量剽窃蒙泰涅的写作内容。17 世纪的作家，如弗朗西斯·培根采纳了蒙泰涅的写作方式。这种风格在 18 世纪大为盛行，代表人物有约瑟夫·艾迪生、塞缪尔·约翰逊等。19 世纪时，拉尔夫·沃尔多·爱默生将蒙泰涅称为最坦诚的作家，他的写作"深入精髓……透过这些文字，一针见血，文字鲜活有力"。

蒙泰涅故居。虽然蒙泰涅在靠近波尔多的家族庄园长大，但他开始只说拉丁语。后来在写作《随笔》时，他开始用法语，就像是给朋友写信。在一段时间的公众生活后，他于 1571 年退居自己的城堡。

88. | 阿尔坎杰洛·图卡洛 1535—1602：
    贵族的杂技演员

对于和平时期的法国人来说，统治者必须让他们得到锻炼，这是凯瑟琳·德·美第奇给她小儿子查理九世的建议。她警告说，没有经常的舞会或运动的话，就要让他们寻求"其他危险的活动"来鼓舞士气。为了帮助宫廷成员强身健体，查理邀请意大利杂技和舞蹈专家阿尔坎杰洛·图卡洛来到巴黎，传授杂技，让凯瑟琳舞台熠熠生辉——这种充满意大利风格、阵势豪华的表演形式于 16 世纪在法国流行起来。

1535 年图卡洛出生于意大利中部的拉奎拉。他作为杂技大师曾在维也纳为神圣罗马帝国皇帝马克西米利安二世服务。1570 年他与皇帝的女儿一起前往法国，在她与查理的婚礼上表演杂技。查理对他的表演印象极为深刻，聘请他为"杂技之王"。于是图卡洛开始教授 20 岁的查理、其弟亨利和其他皇室成员如何翻筋斗。作为庆典编舞大师，图卡洛精心编排了戏剧、比赛、节日庆典和舞会。凯瑟琳这些奢侈表演活动让竞争对手眼花缭乱。

然而真正奠定图卡洛历史地位的是他的著作《关于空中飞跃和起跳实践的三段对话》（1599）。这是古典时期以来第一本关于体操的书。16 世纪以来出现了众多"学习指南"，反映了人们对自我完善的日益关注，以及表现出对物质世界的新的兴趣。图卡洛采用了经典的对话形式：通过对话展开主题，讨论了体操的历史、好处和操作。该著作大部分内容是教授年轻杂技演员系统的学

LE II. DIALOGVE

Or ayant les pieds donné la batture en vn inſtant, les bras
& mains ſerrees & eſtenduës à la faueur de la teſte attireront le
reſte du corps eſtendu en haut, eſtant la partie ſuperieure quel-
que peu renuerſee en arriere, en ceſte façon.

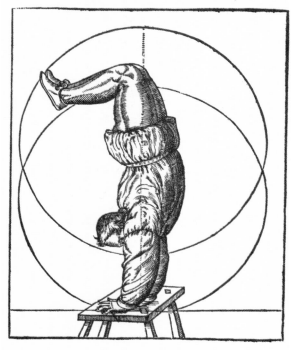

DV Sr. ARCANGELO TVCCARO.　125

I i iij

图卡洛在他的著作《三段对话》中展示了几十种绝技。在左图中，他跑上倾斜木板，然后表演向后
旋转空翻；在右图中，他在凳子上后空翻，从站立变为手倒立。

习方法。其中解释了一些绝技，例如，"后空翻翻过猴子"，以及其他一些从简单到令人惊艳的绝技。在用拉丁文和古希腊文写作时，图卡洛经常引用提倡杂技锻炼的古典人物，如柏拉图曾称赞杂技是一种强身健体、修身自律的方法。

古典时期之后，体操杂技渐渐失去了光环。而到了中世纪，杂技表演虽然吸引了大量的人群，但杂技演员本身又被认为是叫卖者，甚至异端。有些人认为，他们的特技看起来魔幻而神奇，如果不是耍了什么诡计，那么一定是与恶魔签订了某种协议。而图卡洛在《三段对话》中一步步地解密杂技，并且配了几十张插图，图中一个留着胡子、肌肉发达的人可能就是作者本人。插图中还有几何图形，图卡洛要求新手按照"数学测量规定的比例"进行跳跃。他经常用弧形、角度和圆圈来描述杂技动作，他认为杂技运动反映了行星运动。这种人类模仿天体运动的观念在文艺复兴时期的思想界非常流行，影响了许多艺术家、科学家、哲学家、国王甚至杂技演员。他认为体操运动员的跳跃反映了天体的运动。

图卡洛在六十多岁时仍可以进行表演，1602 年还出版了一部诗集。几年后他去世时已经在全欧洲非常出名。他的著作《三段对话》成为之后几百年里杂技演员的主要教科书。

89. | 埃德蒙・坎皮恩 1540—1581：
"英格兰的钻石人物"

　　埃德蒙・坎皮恩是一个伦敦书商的儿子，上学时曾获得过奖学金。他非常聪明，13 岁时就曾为第一次到访的女王玛丽・都铎致欢迎辞。他毕业于牛津大学，获得圣约翰学院学位，后来成为一名讲师。他的课深受学生欢迎，很多人从很远的地方前来听他讲课，并自称是"坎皮恩的崇拜者"。女王玛丽的妹妹和继承人伊丽莎白一世在 1566 年访问牛津大学时，对坎皮恩的演讲和辩论印象深刻。她的随从、皇家首席顾问从威廉・塞西尔，称赞坎皮恩是"像钻石一样才华横溢的人物"。

　　但是坎皮恩自己却深陷苦恼。作为一个大学讲师，他已经宣誓支持自己的女王并与教皇对立，但是实际上他内心并非如此。在坎皮恩看来，随着伊丽莎白就任英王而胜利的新教徒们，在削弱天主教地位[1] 的同时，也是在"谴责他们所有的祖先——所有古代的牧师、主教和国王，他们曾经是英国的光荣"。坎皮恩不愿背弃天主教仪式、传统和教理。两种信仰之间的紧张关系最终导致了战争的爆发。1569 年，信仰天主教的北方伯爵们发起反叛，准备以苏格兰女王玛丽代替伊丽莎白。第二年，教皇庇护五世将伊丽莎白逐出教会，默许英格兰

---

[1]　16 世纪宗教改革时期，英格兰新贵族和资产阶级希望加强王权、削弱教会，摆脱教宗的控制。1533 年，国王亨利八世禁止英格兰教会向教廷缴纳岁贡。次年，他又促使国会通过《至尊法案》，规定英格兰教会以国王为英格兰教会的最高元首，并将英格兰教会立为国教。

R. P. Edmundus Campianus, Soc: JESV, pro Fide occisus Londini in Anglia, Anno M D LXXXI Die i. Dec:

坎皮恩木版画，约翰·马丁·莱尔希作于 17 世纪 70 年代。在这幅画里，一根绳子绕着坎皮恩的脖子，一把刀插入他的胸膛，身后是行刑的图画。

天主教徒反叛她的政府。作为回应，伊丽莎白结束了自己的宽容政策，宣布代表罗马讲道是叛国大罪，将处以死刑。

1571 年坎皮恩从英格兰逃到西班牙控制下的荷兰城市杜埃。在那里他加入了新成立的英格兰大学，这是一所由拒绝英格兰国教的牛津学者组成的流亡大学。坎皮恩在那里获得神学学位后，就出发前往罗马，在那里加入了耶稣会。根据该修道会的传统，他被派往需要传教的地方——捷克地区和奥地利帝国。坎皮恩在布拉格和布尔诺定居并传道 6 年，让许多胡斯教徒转变了信仰。

1580 年耶稣会派坎皮恩和另外两个教士前往英格兰传教。他们向英格兰的天主教徒传教，特别是地主们，让他们准备推翻伊丽莎白和英格兰国教的统治。这一传教过程错综复杂，充满了双重间谍、虚拟身份、秘密藏身和侥幸逃脱等情节。英格兰政府在坎皮恩离开杜埃前就知道他的意图。但他还是逃脱了当局的追捕，并且发表了一篇千字文《挑战枢密院》，文中并没有直接针对 1570 年伊丽莎白被罗马教廷开除教籍一事，称辩护是出于宗教目的，而不是政治目的。之后坎皮恩陆陆续续传道、逃亡一年时间，之后在 1581 年 6 月发表了《十个理由》，在这篇文章中，他视自己的信仰胜过英格兰国教。他的论据并不充分，其中一条仅仅是犹太人和土耳其人更仇恨天主教。但是一个违法的耶稣教士公然出版了这样的文章，这已经让

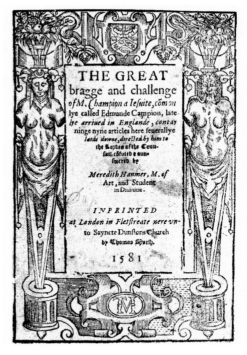

在反驳坎皮恩的《挑战枢密院》时，威尔士教士梅雷迪思·汉默将坎皮恩的《挑战枢密院》称为"吹牛大王"，这个名号一直流传至今。汉默的《吹牛大王和坎皮恩的挑战》出版于 1581 年。

英格兰政府感到心神不安了。

政府开始追查，后来坎皮恩被押解到伦敦，遭到暴民虐待，并关进臭名昭著的小黑屋：牢房极其狭小，人在里面既不能站直也不能躺下。他遭受严刑拷打，身心憔悴，仍坚持为自己的教义辩论。仅仅是传道和牧师工作，他在法律上就已经犯了叛国罪，但是法官又收买证人，进一步构陷他意图谋刺伊丽莎白。坎皮恩最终被定罪。他高唱赞美歌，勇敢面对死亡。他死得异常惨烈。1581年12月1日，他被押到泰伯恩刑场，被绞死后挖空了内脏，并惨遭分尸。有些人说坎皮恩最后流下了恐惧的眼泪，但是他的死只是耶稣会向英格兰传教活动的开始。许多志愿者被他的死所激励，前赴后继加入传教队伍。在接下来的二三十年间，有超过300名耶稣会教士追随坎皮恩的足迹，进入英格兰传道，其中超过半数被公开处决。虽然耶稣会教士英勇无畏，但是天主教还是逐渐在英格兰失去根基，尤其是1588年英国海军打败西班牙无敌舰队之后。对于英格兰国教而言，更大的挑战并不是来自坎皮恩所在的耶稣会，而是那些自称为清教徒的加尔文主义者。

90. ｜ 卡泰纳？—1581：
　　｜ 偷马贼、强盗和土匪头子

　　罗马警察一般不会折磨抓到的每一位囚犯，但是他们非常乐意折磨马里奥·帕帕雷洛。1580 年 11 月 25 日，帕帕雷洛在前往佛罗伦萨的路上被抓。当时他身上带着剑、匕首、毒药、两把刮胡刀和一把剪刀，大量现金以及装着蛇毒与鸦片的小包。帕帕雷洛被带到罗马审问，刚开始他怒吼冷笑，为自己携带的非法武器找各种蹩脚的理由。最后，警察对他施以吊刑。他们将他的手腕绑在后面时，帕帕雷洛吹嘘道："我很勇敢，已经准备好了。"但当他被吊起来后，他马上开始大喊："圣马利亚，救救我！让我下来！我的上帝！圣母啊！放我下来，我说实话，我什么都说！"警察又把他往高吊了一点，他大声喊道："我是卡泰纳！"

　　就这样警察抓住了当时最臭名昭著的罪犯，这完全是个意外。他的真实名字是巴尔托洛梅奥·瓦伦特，但是，人们称他"卡泰纳"。米歇尔·德·蒙泰涅当时接手了这个案子，称卡泰纳是"著名的小偷、强盗头子，他让整个意大利陷入恐惧，也是可怕的谋杀犯"。看守实施几次吊刑后，卡泰纳就开始滔滔不绝，如实招供。他的故事在 16 世纪的欧洲非常常见。土匪在西西里岛到西班牙瓦伦西亚，从比利牛斯山到林堡和苏格兰低地到处横行。那里中央权威薄弱，宗族势力强大，有大量的退伍军人和失地农民，这些人渐渐形成了团伙，他们藐视法律，随意抢劫，然后在沼泽、山林或边境地区躲藏。

卡泰纳出道也很典型。18 岁时，他因为复仇射杀了一个人，然后逃到乡下躲了起来。后来在逃亡的路上，随着朋友和亲戚的加入，他们发展为十几人的团伙。10 年间他们偷牲畜，抢劫或绑架行人，甚至杀人。单卡泰纳身上就背负了 44 条人命。他们通常使用火枪，有时也使用砍刀。通常这些命案都是买凶杀人。但是这些帮派也会谋杀那些伤害过帮派成员及其亲戚或客户的人，或者被怀疑是"敌人探子"的人。复仇杀戮非常恐怖，人们通常会被砍头。有一次，在杀死一名牧羊人后，卡泰纳吹嘘如何"杀掉他的 200 多只羊，以惩戒他叔叔的不敬。他杀死了我们的同伴"。

帮派的主要勾当是绑架。卡泰纳解释道："你应该知道我必须绑架并索要赎金，来维持我的帮派。因为敌人和官府对我虎视眈眈。"商人和旅行者是最佳目标，但是卡泰纳也绑架普通农民和牧羊人。通过卡泰纳被捕时身上搜出的现金来看，土匪的生意收入不错。这些土匪大摇大摆进城，每个人都带着手枪，肩上背着步枪、匕首和砍刀。他们梳着土匪典型的长辫子，"8 根或者 10 根辫子……蓄胡，一个比一个长……并且将帽子歪着戴"。

在拦路抢劫或者乡村暗杀后，卡泰纳的帮派通常藏身于罗马警察无法进入的教皇国某个封建领地。当地领主对他们放任不管，甚至雇佣他们进行暗杀活动，"只要我们不惹任何麻烦"。但是最后，卡泰纳与他的领主们的关系变得越来越棘手。于是他前往托斯卡纳区，寻找新的保护人。就在这时，他的好运气到头了。他的供述持续了一个月，讲述罪行供述同伙。1581 年 1 月 11 日，卡泰纳被行刑。他坐着马车穿过熙熙攘攘的人群。因为他臭名昭著，人人都想看看他长什么样。现场的观众有三万多名，"他被勒死时没有任何表情，但是，当他被斧头砍成几块时，人群中发出一声哀号"。不到一个星期，有人就将他的冒险故事写成了民谣。

法国酷刑木版画，简·米勒斯·德·苏维尼作（1541）。司法酷刑在文艺复兴时期的欧洲非常普遍，用于确定被告和证人是否说了实话。在这种酷刑下，卡泰纳坦白了自己的身份。（左页图）

91. │ 维罗妮卡·弗朗科 1546—1591：
│ 妓女作家

16 世纪早期大约有 10 万人生活在威尼斯。根据当时的记载，大约 11650 人是妓女。一个世纪后，一位英国旅行者称在威尼斯谋生的妓女多达 2 万人。撒尼斯玛（威尼斯地名）因为性工作者而闻名，特别是优雅的交际花，其中最出名的是维罗妮卡·弗朗科。1546 年维罗妮卡出生于中产阶级家庭，跟着三个兄弟一起接受了私塾教育。在 16 岁或 17 岁时，她嫁给了一名医生。因为是包办婚姻，一年后她就离开了丈夫。1564 年弗朗科怀孕，并许了愿。这是当时怀孕妇女的一种风俗。她说一名富有的贵族是孩子的父亲，但"只有上帝才知道"谁是真正的父亲，这似乎也印证了她高级妓女的身份。

1565 年弗朗科的名字出现在一本高级妓女目录里，她显然是一名职业妓女。这本目录是"威尼斯最红妓女"指南，目录列明了她们的名字、地址以及价格。弗朗科的介绍中说明，费用需付给她的母亲。她的母亲以前也是一名高级妓女。高级妓女不仅仅提供性服务，还为威尼斯上层男性提供陪伴服务。当时贵族女性被限制在家里，受过教育的高级妓女则不受限制地渗透进各个领域，从哲学、

《维罗妮卡·弗朗科》，丁托列托创作的肖像画（1575）。高级妓女们衣着华丽，谈吐优雅，与贵族妇女很容易混淆。为了避免混淆，威尼斯统治者禁止像维罗妮卡这样的高级妓女穿着昂贵的衣服，不过这项法律并没有被执行。（右页图）

历史到文学，她们以自己的智慧和美貌吸引男性。高级妓女的陪伴价格不菲：弗朗科的一个吻就值 5 个斯库多，这是威尼斯工人一个星期的工资。全套服务的约会要价 50 斯库多。法国作家米歇尔·德·蒙泰涅曾对威尼斯之行感到沮丧，原因是与高级妓女交谈要另外收费。

这些高级妓女美貌迷人，口才也好。弗朗科更胜一筹，她还是一位知名作家，定期与著名的作家们会面交流，并且出版了两本书：一本书信集和一本诗集。她的诗直白而慎重，大多是写给特定的人。在一首写给爱人的诗中，她自夸床上本事超群：在床上"我是如此甜美和可人……我带来的快乐超过任何其他快乐"。同时，她也称赞对方的技巧"出人意料的优秀"，让他成为"我生活的主人"，他勇猛地将她拉到他膝间。两人如胶似漆，就像"钉子钉入硬木"。当有人匿名攻击她的诗歌淫秽，称她是疾病缠身的普通妓女，并称她为"一头可以满足整个犹太贫民窟的母牛"时，她也作诗为自己辩护。这样的攻击是一种双重污辱：犹太人在维也纳被迫生活在犹太贫民区；而与犹太人通奸的基督徒则会遭受殴打和驱逐。与诋毁者的粗俗不同，她宣称自己遵从美德，并号召所有的女性抵制这种攻击。她写道，女性们还没有认识到，如果她们"下定决心，可以与你殊死搏斗"。诋毁她的人后来成为科孚岛主教，也是她文学圈的一员，最终死于梅毒。

相比其他城市，威尼斯高级妓女较少被起诉，可能是因为威尼斯妇女吸引了远方的游客，交纳了不少税赋，甚至可以维持 12 艘军舰的运行。她们精致的生活方式和奢侈的装扮与贵族妇女没有明显的差别，男人们不知道"如何将她们区分开来"。1562 年颁布一条法规禁止妓女和高级妓女穿着丝绸衣服和佩戴昂贵的珠宝。但是只有少数高级妓女遵守这条法规。在弗朗科肖像画上，她就带着一大串闪闪发光的珍珠项链。

1575 年至 1577 年，一场瘟疫席卷了威尼斯。弗朗科逃到农村，然而汪达尔人洗劫了她的住所，并偷走了她不少值钱的东西。威尼斯三分之一的人口在这场瘟疫中死亡。包括高级妓女生意在内的威尼斯商业受到很大影响。弗朗科的收入在后来几年逐渐减少。1580 年她遭遇最大的麻烦，她的一名雇员指控她练习巫术，表演魔术，迷惑一些德国商人。她还被指控违背了法律，在斋戒日吃肉，玩禁止的游戏，忽视圣礼。在宗教法庭面前，她成功地为自己洗脱了每一项指控。弗朗科虽然没有受到惩罚，但是她的名声受到影响，财务状况变得更糟。1582年她与许多贫穷的妓女生活在同一个小区。1591 年，她在发烧 20 天后离开了人世。她设法为两个孩子留下了足够的生活费，同时为那些希望金盆洗手的妓女们设立了一项基金。

92. | 第谷·布拉赫 1546—1601：
观星堡的主人

　　第谷·布拉赫还是个小男孩时，就曾经历了一次没人预测的日食，这之后他对天文学充满好奇。尽管那次日食在哥本哈根历史上并没有记载，但是毫无疑问，第谷从小就对星象着迷。他的书房里堆满了星图和行星表。他17岁时，就已经研究并对比了所有的星图，失望地发现这些星图各不相同，就像绘制这些星图的天文学家一样观点迥异。

　　因此他计划开展"一个长期项目，用几年时间在单个地点观察天空以绘制星图"。他一方面是受到好奇心的驱使，另一方面也是受当时普遍观念的影响，即天象控制并反映地球上的事件。他认为更准确地记录星相可以更好地理解人类的命运，包括预测天气、控制政治事件和治愈疾病。此外第谷的另一终身爱好是炼金术。

　　多亏第谷财富显赫（他是丹麦的首富），他才能够购买最好的星相观测仪器。16世纪60年代他在德国旅行时，发现那里的工匠能够造出绘制星相的瞄准装置，精度可达到1弧分（满月平均为31.5弧分）。他后来设计并建造了巨大的象限仪，半径超过5米，每次记录时，都需要一小队仆人进行调整。这些象限仪建于1571年，放在赫文德修道院的天文观测台中。不到一年，他的努力就得到了回报，一次千禧年天文奇观发生了。仙后座一颗超新星（即现在的SN-1572）出现，其亮度超过金星。第谷对这颗超新星仔细观察了两年（两年里肉眼可见），并于 1573 年写下了非常有影响力的手册《新恒星》，证明 SN-1572 不是一颗彗星，因为它每天晚上的位置都是固定的。当时的人虽然不懂彗星的形成原理，但是对彗星相对熟悉。根据这一现象，他断言，托勒密 - 亚里士多德世界观的基本观点"天空是固定不变的"是不正确的。

超新星观察让第谷跻身欧洲顶级天文学家之列，丹麦国王腓特烈二世因此担心第谷（这位丹麦最富有的公民和最著名的科学家）会到德国的大学。为了让第谷留在丹麦，腓特烈二世为他在赫文岛上建了

高 1.5 米（5 英尺）的第谷星象仪。建造和装修这一星象仪就花费了 10 年，第谷一生认真地在其表面标注了超过 1000 颗恒星的位置。

个天文台。这座岛屿在丹麦和瑞典之间的狭长分界水道上。有了自己的地盘后，第谷迅速开始建立他称之为"天文学的缪斯城堡"的乌兰尼堡。几年后，他在岛上建造了第二个更大的天文台，命名为"观星堡"。第谷的天文学与炼金术研究中心有超过 100 名学生，在欧洲极负盛名。通过精确绘制行星视差（地球旋转导致观察到的行星位置出现弧分偏差），他解答了许多哥白尼模型悬而未决的问题，特别是不同行星距离地球的位置。尽管他的数据清楚地证明了哥白尼的日心说，但是第谷并不完全接受日心说。他利用自己的观测技术手段，提出了托勒密 - 哥白尼的混合假说。在这个假说中，其他行星绕着太阳旋转，而太阳围绕固定的地球旋转。

EFFIGIES TYCHONIS BRAHE O. F.
ÆDIFICII ET INSTRUMENTORVM
ASTRONOMICORVM STRVCTORIS
Aᵒ DOMINI 1587 ÆTATIS SVÆ 40

后来第谷的学生约翰尼斯·开普勒在乌兰尼堡观察到行星与太阳的正确位置关系。直到伽利略将望远镜对准月球、木星、金星和太阳，天文学才最终从占星术中脱离出来。这一突破性进展将天文学研究从占星术的幻想，转到对实际物理实体的研究。这些天体与地球一样，受到相同运动规律的影响。第谷·布拉赫去世后第 9 年，伽利略发表了《星际使者》，阐述了上述观点。在此之前第谷和前人们对星座中神秘的点点星光依然感到迷惑不解。

乌兰尼堡的技术人员围着第谷工作。第谷坐在墙壁象限仪边上，指着左上角小窗户，阳光从窗户中投射进来以便进行观察和测量。摘自《新天文学仪器》（1598）。〔左页图〕

17 世纪创作的布鲁诺肖像雕刻，根据布鲁诺 1595 年的肖像画创作。布鲁诺来自那不勒斯附近的诺拉，因此，题词上显示拉丁名字 "Nolanus"。

93. 乔尔丹诺·布鲁诺 1548—1600：献身科学

　　1572 年布鲁诺被任命为多明我会神父，并且很快成名。他有关训练记忆的著作非常吸引人，于是他被允许离开那不勒斯的修道院，到罗马向教皇展示他的方法。然而，布鲁诺否认天主教的三位一体，将圣人的图像从他的房间扔出去，而且被发现在屋外厕所阅读禁书。1576 年听说宗教裁判所正在调查他，布鲁诺逃离了罗马。六个月后，因为被怀疑杀死了一名多明我会教士，布鲁诺再次离开。他开始了意大利逃亡之旅，首先到达热那亚，随后依次经过威尼斯和帕多瓦，最后达到贝加莫。一路上他试图"多赚点现金，确保生存"，最后又总是在污辱某位大人物如"蠢驴"后不得不匆匆离开。他接受过数学或哲学教育，但是缺乏社交技巧，找不到固定的职位，只能担任临时讲师。虽然还是一个修士，但他穿着俗人衣服，这让其他多明我会教士感到很恼火。不过布鲁诺因为穷困潦倒也不得不留在多明我会。

　　1578 年布鲁诺决定到法国碰碰运气。经过日内瓦时，他转信了加尔文主义，并且在大学里当了几个月的教授。随后他因公然谴责一名高级教授被捕，后来被迫离开日内瓦，经里昂和图卢兹，最后到了巴黎。在巴黎他因为记忆方法而出名。像许多具有出众才能的文艺复兴人物一样，布鲁诺被指控使用巫术帮助人们记忆。但他在国王亨利三世面前解释了他的记忆方法是如何运作的，说服了亨利三世，得到了国王的支持。随后几年，布鲁诺在巴黎，随后在英格兰度过了一生中最为安稳的日子。

1582 年在抵达巴黎后不久，布鲁诺开始出版有关记忆术和形而上学的著作，如《思想的影子》和《赛丝之歌》。他认为敏锐的记忆技巧不仅能够驯服过量的信息，而且可以平息大脑中无数图像造成的混乱，找到图像背后隐藏的形式。布鲁诺作为一个新柏拉图派哲学家，坚持认为普遍的灵魂或精神遍布于自然界的一切事物中，在没有经过训练的大脑里，表现为事物，而在哲学家那里，表现为思想（这点对于教会来说是离经叛道的）。

布鲁诺抵达英格兰后，没能在牛津大学获得职位，他开始转向宇宙学。布鲁诺借用尼古拉斯 - 库萨[①]的多世界论，宣称哥白尼是正确的，地球是运动的，但是哥白尼没能进一步进行阐述。地球、太阳以及所有的行星不但都是运动的，而且不是在托勒密和哥白尼所认为的有限、同心圆轨道上运行。它们是在由同一种物质构成的无限宇宙中运行，即无限神性的逻辑表现。不过，或者是因为他表现浮夸，他发现他很难向学者们推广"后哥白尼时代宇宙学"。人们嘲笑他，"这可怜的意大利人尝试发扬哥白尼的观点，即地球是运动的，而天空是静止的。事实上是他的头在运动，而他的脑子也没有闲着"。

布鲁诺在英格兰碰壁，在法国失宠后，前往德国拜访了许多著名大学以寻求教授职位，又因为不断顶撞教会，不断换地方。他被天主教、加尔文派、英格兰新教和路德派驱逐。1591 年，布鲁诺感觉自己"渺小无助，总是被排斥流放，四处游荡，被命运戏弄，没人支持，被势利愚蠢自大的暴民仇恨和排挤"。他做出了一个非常不明智的决定：返回意大利。但他很快被宗教裁判所逮捕，并受到了长达 7 年之久的审判。布鲁诺多次拒绝放弃自己的观点，最终这位自称"没什么学派的学者"被活活烧死。

---

① 尼古拉斯 - 库萨（Nicholas of Cusa），德国天主教红衣主教、中世纪最伟大的神秘主义思想家、法学家、天文学家、实验科学家、哲学家、数学家、光学家、古典学家、医师和近视眼镜（1451年？）的发明者。

布鲁诺《赛丝之歌》中记录的记忆工具（1582）。布鲁诺吹嘘，这种图形记忆工具可以帮助读者记住最多 24 个不相关的事实，并且非常容易回忆。

94. | 伊莎贝拉·安德烈尼 1562—1604：
天生的舞台演员

尽管叫作即兴喜剧，但是它与艺术或喜剧没有太大关系。对于 16 世纪中期意大利的演员和观众来说，喜剧是一种戏剧形式，而即兴喜剧是一种"职业戏剧"，演员以自己的表演技巧为生。与更为传统的文艺复兴舞台作品（通常基于古典戏剧，由业余爱好者为君主和大臣们表演）不同，即兴喜剧植根于街巷、广场和集市。表演时缺少道具、舞台和服装，甚至也没有剧本。演员主要是即兴创作，与观众互动，创造一个简单的情节（场景），其中主要的转折点都非常明显且随意，留有大量的空间进行讽刺表演、性展示和针砭时弊。

即兴喜剧在威尼斯等一些城市迅速流行起来，在红灯区新开的剧场也有一席之地。一些比较出名的演出公司也陆续出现。有一家早期演出团体来自博洛尼亚，名叫"嫉妒喜剧演员演出公司"。这家演出团体广为人知，在 1577 年曾到法国演出。当时 15 岁的女孩——伊莎贝拉·卡纳利加入了剧团，她来自帕多瓦，父母不详。伊莎贝拉聪明健谈又颇具魅力，迅速走红，剧团原来的女一号很快就退出了。不到一年，伊莎贝拉就嫁给了剧团的男主演弗朗切斯科·切雷切，并同他一起经营演出团。弗朗切斯科因为伊莎贝拉·安德烈尼还特意为自己取了艺名"安德烈尼"。

杰洛西演出团的四个演员正在表演，匿名佛兰德斯艺术家作于 16 世纪 90 年代。舞台中间是两个恋人：跪着的弗朗切斯科·安德烈尼在对手的嫉妒目光下，给他深爱的妻子伊莎贝拉递纸条。（右页图）

在即兴喜剧中，主要有十个角色：两对情侣，两个好色的老男人，一个冲动易怒的船长，两个狡猾多端的仆人，一个有心机的女仆。这些角色固定，男性角色通常戴着面具表演，一来容易辨认，二来缺少人手的演出团中一人可以分饰多角。伊莎贝拉·安德烈尼不管是男性角色还是女性角色，都可以轻松驾驭。她通常扮演不戴面具的女情人，这能更好地展现她的美貌。几百年后女性才被允许在英格兰或苏格兰舞台上表演，然而像伊莎贝拉这样的女演员在当时就已经受到意大利公众的欢迎，尽管一些修士认为表演中淫秽的对话、暴露的服装和道德败坏对观众席中的年轻人产生了不好的影响。

伊莎贝拉比一般的女主角要更胜一筹。一般的女主角有些是演员，但大部分是妓女。伊莎贝拉还写了许多作品，既有舞台剧本，也有诗歌。在加入杰洛西演出团不久，年轻的伊莎贝拉就写出了著名的喜剧《黑莓》，致敬她的朋友兼保护人托尔夸托·塔索所写的《阿明塔》（1573）。伊莎贝拉声称"我开始写这部作品时也没有当回事"，但是这部充满古典田园牧歌风格的戏剧让杰洛西演出团有了适合在宫廷聚会上演出的戏剧形式，不同于那些在大街或公共剧场演出的粗俗闹剧。

到 16 世纪 80 年代末，伊莎贝拉增加了剧团的经典剧目，如《疯狂的伊莎贝拉》。在这部剧中，她说多国语言，与观众互动，模仿和客串各种角色。杰洛西演出团不停地在意大利北部各宫廷巡回演出。在 1574 年法国国王亨利三世访问威尼斯时，在费迪南多·德·美第奇公爵的婚礼上，以及两次在巴黎亨利四世的宫廷中，杰洛西演出团都参与了表演。在 1604 年剧团的第二次法国巡回演出返程途中，怀着第八个孩子的伊莎贝拉不幸因流产而死。她丈夫弗朗切斯科二十多年来一直扮演船长角色，管理着杰洛表演出团。伊莎贝拉死后，他决定关闭剧团，因为他认为没有女主角，剧团无法再继续。后来詹巴蒂斯塔·安德烈尼（伊莎贝拉唯一留在剧院的儿子，她的其他儿子都加入了修道团）将之前的嫉妒喜剧团改造成自己的表演团，名字改为"忠诚喜剧团"，这可能是为了纪念自己的母亲。

图书在版编目（CIP）数据

文艺复兴人 / (英) 罗伯特·戴维斯
(Robert Davis), (英) 贝丝·琳达史密斯
(Beth Lindsmith) 著；祝羽捷译；郭红校译. —— 南京：
江苏凤凰文艺出版社, 2019.10
书名原文: Renaissauce people
ISBN 978-7-5594-4010-5

Ⅰ.①文… Ⅱ.①罗… ②贝… ③祝… ④郭… Ⅲ.
①文艺复兴 – 艺术史 – 欧洲 – 通俗读物 Ⅳ.
①J150.93–49

中国版本图书馆CIP数据核字（2019）第195144号

文艺复兴人

［英］罗伯特·戴维斯 (Robert Davis)　　［英］贝丝·琳达史密斯 (Beth Lindsmith)　　著
祝羽捷 译　郭红 校译

出 版 人　张在健
责任编辑　唐 婧
装帧设计　棱角视觉
责任印制　郝 旺
出版发行　江苏凤凰文艺出版社
　　　　　南京市中央路 165 号，邮编：210009
网　　址　http://www.jswenyi.com
印　　刷　北京盛通印刷股份有限公司
开　　本　710 毫米 ×960 毫米　1/16
印　　张　25
字　　数　343 千字
版　　次　2019 年 10 月第 1 版　2019 年 10 月第 1 次印刷
书　　号　ISBN 978-7-5594-4010-5
定　　价　168.00 元

江苏凤凰文艺版图书凡印刷、装订错误可随时向承印厂调换
电话：（010）83670070

RENAISSANCE PEOPLE

LIVES THAT SHAPED THE MODERN AGE